신앙의 논리

그리스도교 신학의 넓이와 깊이

이 도서의 국립중앙도서관 출판시도서목록(CIP)은

서지정보유통지원시스템 홈페이지(http://seoji.nl.go.kr)와

국가자료공동목록시스템(http://www.nl.go.kr/kolisnet)에서

이용하실 수 있습니다. (CIP제어번호 : CIP2019005619)

Mysteries of Faith

신앙의 논리

그리스도교 신학의 넓이와 깊이

마크 매킨토시 지음 · 안에스더 옮김

비아
VIA

| 차례 |

일러두기

· 역자 주석의 경우 *표시를 해 두었습니다.
· 성서 표기와 인용은 원칙적으로 『공동번역개정판』(1999)을 따르되 원문과 지나치게 차이가 날 경우에는 대한성서공회판 『새번역』(2001)을 따랐으며 한국어 성서가 모두 원문과 차이가 날 경우에는 옮긴이 임의로 옮겼음을 밝힙니다.
· 단행본 서적의 경우 『 』표기를, 논문이나 글의 경우 「 」, 음악 작품이나 미술 작품의 경우 《 》표기를 사용했습니다.

들어가며

성공회 사제이자 위대한 시인인 조지 허버트George Herbert는
기도에 관해 아래와 같이 썼습니다.

> 별들 너머로 교회의 종소리 들리고,
> 영혼의 생명, 아득한 미지의 나라,
> 무언가 어렴풋이 이해되네.

기도가 "무언가"를 "어렴풋이 이해"하는 활동이라면 신학은 기
도를 통해 이해한 바를 말로 표현해내려는 지난한 활동이라고
할 수 있습니다. 신학을 순전히 명제와 논증을 다루는 활동으로
본 것은 그리스도교 역사에서 비교적 최근의 일입니다. 물론 명

제와 논증은 언제나 신학의 중요한 요소들이었습니다. 그러나 오랜 기간 신학은 둘 만큼이나 순교자들의 직관적 통찰, 성인들의 체험적 이해, 예배와 기도에 헌신했던 이들의 관조적 지혜를 중시했습니다. 저는 신학이 하느님의 삶, 생명이라는 신비를 나누는 활동이라고 믿습니다. 그리고 이는 하느님의 말씀이 육신이 된 신비로운 사건이 성령을 통해 우리 안에 활동함으로써 이루어집니다. 오랜 세월에 걸쳐 교회는 예배와 기도의 삶을 통해 얻은 깊은 직관을 바탕으로 신학을 일구었습니다.

사명 의식을 가지고 신학과 기도의 일치를 보여준 모든 신앙의 선배들에게 깊은 감사를 드립니다. 그들의 활동, 그들의 저작은 이 책의 중요한 영감이 되었습니다. 특히 프랭크 그리스월드Frank Griswold 주교와 로완 윌리엄스Rowan Williams 대주교에게 깊은 감사를 전합니다. 부족한 원고 때문에 오랜 기간 고생한 캐넌 제임스 그리피스James Griffiss에게도 감사의 인사를 전합니다.

콜리 출판사의 신시아 섀턱Cynthia Shattuck과 비키 블랙Vicki Black에게도 깊이 감사드립니다. 두 편집자는 독자들이 편히 읽을 수 있도록 인내심을 가지고 내용을 좀 더 분명하게 다듬어주었습니다. 로욜라 대학교 시절 제 조교였던 브라이언 홀Bryan Hall도 큰 도움을 주었습니다.

많은 교인과 성직자가 이 책의 내용에 귀를 기울여 주었고 많은 조언을 해주었습니다. 특히 일리노이주 엘진에 있는 구세주 교회에 다니는 로버트 와스키Robert Warski, 로렐 와스키Laurel Warski

부부에게 감사드립니다. 두 분은 제 원고를 꼼꼼히 읽고 논평을 해주었습니다. 또한 랜들 헤이콕Randall Haycock 사제, 메리 해리스Marry Harris 부제, 구세주 교회의 모든 교인에게 감사드립니다. 이 책은 구세주 교회에서 봉사하고 헌신하며 예배드리는 가운데 나온 열매라 할 수 있습니다.

마지막으로 사랑하는 가족, 특히 아내 앤Anne, 우리 아이들, 리자Liza, 네이선Nathan, 형제들과 누이에게 감사를 전합니다. 제게 더불어 사는 법을 가르쳐 준 장인 프레드릭 네이글Fredrick Nagle, 장모 엘리자베스 네이글Elizabeth Nagle, 어머니 캐서린 매킨토시Katherin McIntosh와 지금은 세상을 떠난 아버지 길버트 매킨토시Gilbert McIntosh에게 이 책을 바칩니다.

제1장

신앙의 신비

여러분은 그리스도 예수께서 지니셨던 마음을

여러분의 마음으로 간직하십시오.

- 필립비인들에게 보낸 편지 2:5

이 책은 신학에 관한 책입니다. 이 책을 통해 저는 여러분이 신학을 하게 되기를, 신학이라는 학문을 모른다고 할지라도 이미 신학적 활동을 하고 있음을 발견할 수 있게 되기를 소망합니다. 그러니 이 책은 전문적인 신학자들이 무슨 말을 했는지 살펴본다는 의미에서 신학에 '관한' 책은 아닙니다. 그보다 이 책은 이른바 '신학 함'doing theology, 즉 신학적 활동을 한다는 것이 무엇인지, 이러한 활동을 통해 우리가 알게 되는 것은 무엇인지를 살피는 책입니다.

저는 처음으로 그랜드 캐니언을 봤던 순간을 잊을 수 없습니다. 정말이지 믿을 수 없을 만큼 거대하고 아름다운 풍경이었습니다. 드넓은 공간 자체가 자아내는 장엄함, 그 울림은 보는 저의 가슴에까지 닿았습니다. 하지만 얼마 되지 않아 그러한 감격이 순식간에 사라져 버렸습니다. 그랜드 캐니언 절벽의 가장자리에서 겨우 몇 발짝 벗어났을 뿐인데, 저는 그러한 거대한 광경이 제 눈앞에서 펼쳐졌다는 사실을 완전히 잊어버렸습니다. 그러한 풍경이 그토록 쉽게 잊히다니, 이 또한 놀라운 일이었습니다. 신학이란 저 놀라움을 향해, 저 가장자리를 향해 다시금 걸어가며 눈 앞에 펼쳐지는 신비mystery를 발견하는 것이라 할 수 있습니다.

신학이 '신비'를 다룬다고 말한 이유는 신학이 숙고하는 대부분의 요소는 눈으로 볼 수 있는 것이 아니기 때문입니다. 이를테면, 마구간에서 한 아이를 달래는 가난한 여인은 우리 눈에 보이지만, 그 의미는 그렇게 선명히 보이지 않습니다. 로마제국에 의해 죽음을 맞이하게 되는 한 유대인은 눈에 보이지만, 그 의미는 우리의 이해를 넘어섭니다. 그러므로 신학은 이러한 신앙의 신비들에 다가가 그 깊이를 들여다보는 것이라 할 수 있습니다. 여기서 '신비'란 언젠가 해결해야 할 문제나, 풀어야 할 퍼즐을 뜻하지 않습니다. '신비'란 우리 삶의 의미가 머무르는 삶의 깊은 차원을 뜻합니다. 삶의 대부분의 시간 동안 우리는 우리를 둘러싼 사물들, 우리 주변에서 일어나는 사건들의 표면적인 충위에서 살아가면서, 그 정도면 됐다고 만족해합니다. 하지만 삶의 여정 가운데 누구나 한 번쯤은 쭉 뻗은 길이 아닌, 뒤틀리고 구부러진 길을 걷기 마련입니다. 그리고 그 길에서 우리는 자신이 희망, 두려움, 고통, 용기, 혹은 사랑과 같은 거대한 의미의 가장자리에 있음을 발견하게 됩니다. 18년간 함께했던 이와의 관계에 실패하여 결혼생활이 파국을 맞는 경험을 하기도 하고, 새로운 직장을 얻어 새로운 관심사와 기술의 세계가 열리면서 삶이 변할 때도 있습니다. 할머니의 장례식에서 한 소녀가 풋풋하고도 진심 어린 말투로 시를 읽을 때, 가을철에 접어들어 햇살이 눈부신 날 장미 위로 잠자리가 맴돌 때 이러한 순간들은 소소하지만 우리 뇌리에 강한 인상을 남깁니다. 이러한 크고 작은 순간들을 통해 신비는 우리에게 손짓하며 말을 건넵니다. 신비란 우리 일상과 멀리 있는 무언가가 아닙니다. 오히려 우리 일상 속에 감추어진 진리, 우리 삶의 참된 의미입니다.

신학이란 바로 저 신비의 손길과 건네는 말에 반응하고 귀 기울이는 것, 삶 표면 아래 자리한 깊이, 그 의미를 찾는 것입니다. 그것도 임의로 부여한 의미가 아니라 하느님께서 주시는 의미로 말이지요. 장미 주변을 맴도는 잠자리의 움직임이나 돌아가신 할머니를 위해 시를 읽는 소녀의 행동이 하느님에게 어떠한 의미를 지닐까요? 매 순간 하느님과 함께하는 삶이란 무엇이고, 그럴 때 어떤 의미가 일어나게 되는 걸까요?

이러한 질문을 던지고 싶어지는 순간, 그리고 감히 그러한 물음에 답을 구하려 애쓰는 순간에 신학은 요긴한 도구가 되어 줄 것입니다.

물론 어떤 이들은 삶에 아무런 의미도 없다고 생각합니다. 혹은 그러한 의미를 찾는 것은 순전히 개인에게 달려있다고 여기는 이들도 있습니다. 그렇지만 대다수 사람은 크든 작든 삶에 어떤 의미가 있다고 느낍니다. 삶이라는 큰 틀에서 볼 때 제가 쓰는 토스터는 어릴 때 그 아래서 책을 읽곤 하던 호두나무에 견주면 별다른 의미가 없고 신비감도 덜합니다. 이렇듯 삶에는 깊이가 있고 어떤 사물이나 인물, 사건에 따라 의미의 차원을 여는 강도, 세기도 다릅니다. 저는 토스트를 즐기기에 매일 토스터를 쓰지만, 그렇다고 해서 제 삶에서 유년기 기억에 각인된 호두나무보다 의미 있었던 적은 없습니다.

어떤 사건의 의미, 순간의 의미는 그 사건, 순간을 겪는 개인의 느낌이나 감정이 아니라 주어진 배경, 혹은 맥락context에 달려있습니다. 이를테면 직장에서 열린 생일 파티에서 누군가에게 꽃을 주는 것과 고등학교 졸업 파티에서 누군가에게 꽃을 주는 것은 그 의미가 다를 수밖에 없습니다. 신학은 하느님과 함께하는 삶이라는 배경 속에서, 그 맥락 아래서 삶과 만물의 의미를 찾는 활동입니다. 친구들과 함께하는 식사는 보통 즐거운 일입니다. 오늘날 문화적 상황에서 친구들과의 식사란 대개 그런 의미지요. 하지만 '하느님과 함께하는 삶'이라는 배경, 맥락 아래에서, 식사라는 행위는 그 이상의 의미를 지니게 됩니다. 특히나 이러한 식사가 성찬이라고 불리는 깊은 나눔의 장에서 이루어질 때는 더욱 그러합니다.

이 장에서는 신학이 신비를 탐구하는 세 가지 방법, 삶에서 일어나는 사건들, 혹은 이 세계를 이루는 만물들 안에 있는, 혹은 이들을 통해 흐르는, 또한 이들 너머에 있는 하느님의 삶에 귀 기울임으로써 삶의 의미를 탐구하는 방법을 제안하려 합니다. 이를 두고 신학적 여정theological journey에서의 세 가지 순간moments, 혹은 세 단계stages라고 말할 수도 있습니다. 이 순간들은 차례로 일어나기도 하지만, 서로 겹치기도 하며 한 순간에서 이전 순간으로 되돌아갈 때도 있습니다. 오랜 친구와 만날 때마다 그 만남이 우리를 변화시키고 그 관계는 깊어지며 삶을 풍요롭게 해주듯 말이지요.

첫 번째 순간 - 다르게 보기

위에서 언급했듯 신학은 우리의 삶을 하느님의 삶 안에서 일어나는 것으로 보고 일상에 담긴 깊은 의미를 숙고하는 활동입니다. 물론 때로 우리는 직관적으로 매우 중요하다고, 성스럽다고 느끼는 순간들을 겪습니다. 달리 말하면 만물의, 사건들의 보이지 않는 깊은 차원 즉 신비가 우리 앞에 드러나는 순간이 있습니다. 아브라함과 야곱이 경험했던 것처럼 말이지요. 이때 우리는 우리의 삶에 하느님께서 함께하심을 깨닫습니다. 숨이 멎을 정도로 아름다운 고요한 호수 위로 보랏빛과 붉은빛으로 하늘을 물들인 석양이 지는 순간, 늦은 밤 자고 있는 아이의 방에 조용히 들어가 이불 아래서 바스락거리는 딸을 보며 자신의 먼 과거를 회상하다 마음이 아려오는 순간, 극심한 아픔을 겪고 있는 환자를 구하려고 밤새도록 일하느라 피로와 수면 부족으로 얼굴빛이 회색이 된 젊은 인턴 의사를 보고 그를 위해 기도하는 순간… 이런 순간들, 혹은 이와 같은 순간들을 알고 있다면 여러분은 이미 신학을 시작했다고 할 수 있습니다. 이러한 순간들은 우리를 신비의 가장자리로 인도하기 때문입니다. 마치 별생각 없이 거닐다 문득 그랜드 캐니언의 가장자리에 서서 거대한 풍광을 맞닥뜨리게 되듯, 우리는 이러한 순간을 통해 자연스럽게 삶의 의미와 그 삶을 어루만지시는 하느님의 손길에 대해서 생각해 보게 됩니다. 물론 모두가 알고 있듯 우리 삶에서 대부분의 순간은 그렇게 극적이지 않지요. 하지만 우리가 알고 있든 알지 못하든 간에 우리 삶에 하느님께서는 언제나 함께하시며 우리가 살아가는 모든 시간에는 신비가 자리하고 있습니다. 경이감, 경외심을 불러일으키는 특정 순간들에만 의존하여 이를 깨달으려 해서는 안 됩니다.

설사 이를 깨닫는다 하더라도, 따라서 삶의 모든 순간이 영원으로 물든 것 같아 보인다 할지라도, 모든 순간, 만물에서 활동하시는 하느님을 본다 할지라도 그것들이 의미하는 바가 무엇인지 어떻게 알 수 있을까요? 다른 사람의 집에 방문했을 경우를 생각해 봅시다. 그 집에 가면 눈에 보이는 것 중 대부분은 그 사람의 삶에 어떠한 식으로든 의미를 지닌 요소들일 것입니다. 그러나 그 집에 사는 사람이 어떤 사람인지 잘 모른다면 그 의미는 알려지지 않은 채 닫혀 있을 수밖에 없습니다. 책상에 큰 종이가 펼쳐져 있는데 종이 위에는 크레용으로 어지럽게 선들이 그려져 있습니다. 어린아이가 그린 것으로 보이지만, 도대체 이 그림은 왜 책상 위에 있을까요? 그 의미는 무엇일까요? 아이가 오래전 어버이날 선물로 그린 것일까요? 제가 집 주인에게 이야기를 들을 때까지, 집주인이라는 사람을 알게 되기 전까지 그 집에서 보이는 것들의 의미는 헤아리기 어려울 것입니다. 이때 우리에게 필요한 것은 배경과 맥락입니다.

그리스도교인들에게 이 세상에서 이루어지는 삶의 배경과 맥락을 규정하는 것은 이 세상에서 활동하시는 하느님에 관한 이야기입니다. 우리에게는 천국이 열리고 하느님의 나라가 오는 것으로 마무리되는 이야기가 필요합니다. 무無에 생명을 불어넣고자 하시는 하느님의 갈망에 관한 이야기, 이집트의 노예 생활에서 이스라엘 백성을 건지시는 이야기, 우리 가운데 예수로 오셔서 성령의 활동으로 우리를 당신께서 뜻하시는 바대로 이끄시는 이야기 안에서 우리의 삶은 자리를 잡고 의미를 얻습니다. 이 이야기는 신학이 삶의 의미를 탐구할 때 배경과 맥락이 됩니다. 이 이야기, 우리와 함께하시는 하느님의 이야기는 우리가 만물, 모든 사건 가운데 활동하는 사랑의 신비를 알아차리고 감지할 수 있게 해주는 심원한 배경입니다.

어떤 소설을 몰입해서 읽어본 적이 있다면 제가 무엇을 말하고 있는지 감이 잡히실 겁니다. 저는 패트릭 오브라이언Patrick O'Brian의 해양소설을 정말 좋아합니다. 19권이 넘는 이 시리즈의 매력에 흠뻑 빠져 있다가 마지못해 책을 내려놓고 나면 (소설의 주인공인) 잭 오브리Jack Aubrey 선장의 시선으로 제 주변 현실이 보였지요. 희망을 품고, 이전과는 다른 날카로운 관찰력으로 주변을 바라보고, 자신을 내세우지 않는 새로운 마음으로 친구들의 성공을 축하하고 그전까지는 듣지도 않던 보케리니Boccherini의 첼로 소나타 곡들을 만끽하게 됩니다. 물론 컴퓨터를 하면서, 아기 기저귀를 갈면서, 일정한 일들이 반복되는 지루한 일상에서 이러한 관찰, 친절함, 대담함은 점차 희미해집니다. 그렇지만 그 와중에도 오브라이언이 창조한 허구의 세계에 있는 친구들, 인물들을 떠올릴 때면 기운이 나고 팍팍한 현실에서도 웃을 수 있게 되지요. 또한 저의 일상에도 이 놀라운 이야기들을 통해 경험한 희망과 경이로움이 아로새겨져 있음을 알게 됩니다.

오브라이언의 소설이든, 좋아하는 영화든, 유년 시절에 접한 이야기든 이러한 이야기들은 우리가 삶을 보는 방식을 형성하며 우리 주변에서 일어나는 일들, 우리 주변에 있는 사물들을 해석하는 틀, 배경과 맥락을 제공합니다. 어느 좋은 소설이 우리의 생각에 그런 생기를 불어넣을 수 있다면 소설가의 근사한 상상이 아닌 실제로 일어난, 우리 삶의 참된 모습을 보여주는 이야기

(구유 안에서 우는 갓난아기, 십자가에 매달려 죽는 한 젊은 유대인에 관한 이야기)는 우리 모두의 모든 삶을 완전히 다시 해석할 수 있게 해줍니다. 요한 복음서는 예수를 하느님의 말씀, 그리스어로는 '로고스'λόγος라고 말합니다. 이는 '근거'rationale, 혹은 '의미'meaning라고 번역할 수도 있습니다. 예수의 탄생, 삶, 죽음 그리고 그가 우리 앞에 열어놓은 부활은 신성한 의미, 우리 삶에 의미를 주는 삶의 의미 그 자체입니다.

창조와 구원의 이야기는 우리의 삶, 그리고 이 세계에서 일어나고 있는 일들의 진실을 볼 수 있게 해주는 이야기입니다. 복음서를 살펴보면 예수 역시 짧은 이야기들(비유parable)을 사용합니다. 어떤 율법 교사가 예수에게 무슨 일을 해야 영원한 생명을 얻을 수 있겠냐고 묻자 예수는 율법서에 뭐라고 적혀 있냐고 되묻습니다. 그는 하느님과 이웃을 사랑하는 것이라고 적절하게 답한 다음 다시 질문을 던집니다.

그러면 누가 저의 이웃입니까? (루가 10:29)

이 물음은 이웃의 '의미'를 묻는 물음이라 해도 좋을 것입니다. 그리고 이에 예수는 사제, 레위 사람, 선한 사마리아인에 관한 이야기를 들려줍니다. 이들은 모두 강도질을 당하고 두들겨 맞은 뒤 반쯤 죽은 상태로 길가에 버려진 한 사람을 발견하나 다른 반응을 보입니다. 이야기를 들려준 다음 예수는 질문한 율법 교사에게 되묻습니다.

그러면 이 세 사람 중에서 강도를 만난 사람의 이웃이 되어 준 사람은 누구였다고 생각하느냐? (루가 10:36)

이 놀라운 비유는 이 세상을 보는 눈을 열어줍니다. 이 비유에 따르면 '이웃'이 되는 것은 같은 종교를 갖거나, 괜찮은 사람이 되는 것과 아무런 상관이 없습니다. 누군가의 이웃이 되는 것은 그에게 측은지심을 갖느냐의 문제라고 이 이야기는 지적합니다.

예수는 비유를 통해 청중이 자기 행동의 의미와 진실을 감지할 수 있는 배경, 맥락을 만들어냅니다. 이 비유 한 편에는 무시와 두려움이, 다른 한 편에는 자기를 내어주는 사랑이 있습니다. 이 같은 구조는 우리가 다른 누군가와 어떻게 관계 맺는지를 보여줍니다. 교회에서 친교 시간 중 몇몇 사람이 어색하게 서 있습니다. 제가 그 모습을 보았음에도 불구하고 더 중요한 일, 교회 일을 해야 한다며 그들을 지나친다고 가정해보지요. 저 자신만을 배경으로 놓고 이 상황을 본다면 저는 그저 교회위원회 회의 시간에 맞추어 도착하고자 했을 뿐일 겁니다. 제 행동은 그렇게 해석되겠지요. 하지만 착한 사마리아인의 비유를 배경으로 삼아 저의 행동을 본다면 더 깊은 차원의 신비가 분명히 드러날 것입니다. 제가 가진 두려움, 낯선 이에 대한 불신, 강도 만난 이의 이웃이 되어 주지 못함이라는 다른 차원이 드러나게 되겠지요.

그렇게 제 현실이 드러나고 예수의 이야기가 제 마음에 아로새겨진다면 공동체에서 가장자리에 있는 낯선 이를 향한 그리스도의 측은지심이 저를 인도할 것입니다.

강력한 이야기, 좋은 이야기는 그 이야기를 아는 이들의 삶에 새로운 의미, 더 깊은 의미를 더해줍니다. 하지만 하느님의 이야기는 이런 이야기들과 또 다른 면이 있습니다. 그분이 전해주시는 이야기는 우리가 지나치게 이야기에 심취해 도리어 혼란스러워지거나, 필요 이상의 생각에 빠지도록 내버려 두지 않습니다. 이야기를 통해 우리 중심에 말씀하시는 그 하느님께서 당신이 뜻하시는 바를 따라 당신의 이야기를 들을 수 있도록 우리 마음에 그분의 영을 부어주시기 때문입니다. 이 위대한 이야기에 이끌려 우리는 의식하지도 못한 사이 우리 삶이 이 이야기를 배경으로 삼아 계속 이루어져 왔음을 발견하게 됩니다. 성령은 우리 마음을 열어 삶에서 일어나는 진실을 보게 합니다. 이는 한편으로는 불편하면서도 매우 신나는 일입니다. 하느님의 이야기가 우리 마음에 아로새겨지면, 이전에는 합리적으로 생각해서 조절하고 관리하면 된다고 여겼던 일들이 그 정도 차원의 일이 아니라는 것을, 매 순간 하는 우리의 선택이 영원한 의미를 지니고 있다는 것을 감지하게 됩니다. 전에는 피하기만 하려 했던 어떤 중독 문제를 가진 직장 동료를 대할 때도 그 사람의 이웃이 된다는 것이 무엇인지, 그를 위해 그리스도께서 죽으셨다는 것이 무엇을 뜻하는지, 우리가 그 사람을 새롭게 보게 된다는 것이 무엇을 뜻하는지, 그 모든 의미를 숙고해 보게 됩니다.

신학은 하느님의 삶이 우리 삶의 배경, 우리 삶의 맥락이 되고, 그 맥락 속에서, 하느님의 사랑이라는 신비의 빛에 비추어 우리 삶을 해석하는 것입니다. 그렇게 할 때마다 신학 활동이 일어납니다. 그분의 신비가 우리가 사는 세상을 비추고 밝힐 때, 예기치 못한, 우리 인생을 변화시키는 삶의 의미와 목적이 밝히 드러납니다. 바울이 말한 "그리스도의 마음을 간직하는" 일이란 그런 것입니다(필립 2:5). 그리스도의 영은 우리의 정신과 마음을 새롭게 하여 그전까지 일상에서 우리가 거의 식별하지 못했던 의미의 영역을 감지하게 합니다. 그리스도의 마음을 나눔으로써 우리는 주변에서 일어나는 일들을 그리스도의 눈으로 바라보게 됩니다. 성령이 그리스도의 마음으로 교회를 가득 채우면 그분의 비전은 우리에게 분명히 드러나고 우리는 우리를 둘러싼 모든 사람에게 자리 잡고 있는 깊은 갈망, 그들이 품고 있는 놀라운 가능성을 바라볼 수 있게 됩니다. 또한 측은지심에서 나온 작은 행동, 별다른 생각 없이 저지른 배신조차 엄청난 영향을 미칠 수 있음을 인지하게 됩니다.

그러므로 신학의 첫 번째 '순간'은 하느님께서 말씀하심으로써 이 세계를 창조하시고 이스라엘이라는 한 백성을 부르신 사건입니다. 그 말씀을 듣고 응답한 이스라엘 백성의 이야기, 그들이 하느님과 함께한 이야기를 통해 우리는 그분의 말씀을 듣습니다. 그 신성한 말씀이 우리가 들을 수 있게, 이스라엘의 이야기라는 형태로 나타났습니다. 하느님께서는 (그렇게) "여러 번 여러 가지 모양"(히브 1:1)으로 말씀하셨지만, 그리스도교인들은 그분께서 예수의 삶과 죽음, 부활을 통해 결정적으로 말씀하셨다고 믿습니다. 예수는 인간의 삶으로 기록된 그분의 말씀이자 의미입니다. 하느님께서는 그리스도를 통해 우리 삶에 배경과 맥락을 주시고, 우리는 이 배경과 맥락을 바탕으로 삶에 자리한 깊은 신비를 알아차립니다. 현대 문화라는 배경과 맥락에서 버스 옆자리에 앉아 있는 사람은 이름 없는 타인에 불과합니다. 그러나 하느님의 이야기라는 배경과 맥락을 놓고 보면 그 사람은 우리처럼 그리스도께서 대신해 죽으신 형제자매, 불멸의 운명을 지닌 사람입니다. 이렇게 우리의 앎은 성장합니다. 이와 관련해 C.S.루이스C.S. Lewis는 인상 깊은 이야기를 남긴 바 있습니다. 그에 따르면 우리가 삶에서 만나는 모든 사람은 하느님께서 계획하시고 이루시는 구원 활동이라는 영원한 드라마에서 일정한 역할을 맡고 있으며 그렇기에 모든 관계는 헤아릴 수 없을 만큼 중요한 가치를 지니고 있습니다. 모든 이의 삶에는 숨겨진 신비의 차원이 있으며, 하느님의 말씀과 활동이라는 빛을 통해 우리는 이를 엿볼 수 있습니다. 루이스는 이러한 하느님의 삶을 배경과 맥락으로 삼아 이 세계를 본다면 우리는 다음을 기억해야 한다고 말합니다.

우리가 만나는 더없이 우둔하고 지루한 사람이 언젠가 둘 중

하나가 될 것입니다. 미래의 그 모습을 볼 수 있다면 당장에라
도 무릎 꿇고 경배하고 싶어질 존재가 되거나, 지금으로선 악
몽에서나 만날 만한 소름 끼치고 타락한 존재가 되거나. 이 사
실을 꼭 기억하고 살아야 합니다. 온종일 우리는 서로가 둘 중
한쪽으로 다가가도록 어느 정도 돕고 있습니다. 우리는 이 두
가지 엄청난 가능성을 염두에 두고 모든 사람을 대해야 합니
다. 서로에게 합당한 경외심과 신중함을 갖고 모든 우정, 사랑,
놀이, 정치 행위에 임해야 합니다. 평범한 사람은 없습니다.[1]

그러므로 신학은 기쁘고도 진지한 활동입니다. 신학의 출발점
과 원천은 하느님께서 우리가 사는 세상을 품기로 계획하셨다는
사실입니다. 이는 우리가 행동하고 생각하는 모든 것이 신성한
배경 아래 일어나며 이 배경과 맥락을 통해서 그 의미가 발견될
수 있음을 뜻합니다. 또한 이는 우리 삶이 영원의 차원에서 중대
한 의미가 있음을 뜻합니다. 하느님께서 당신의 은총으로 우리
의 삶이 중대한 의미가 있다고 여기시기 때문입니다. 우리는 하
느님, 그분의 삶이 펼쳐내는 드라마에 속해 있습니다. 이 드라마
는 우리 삶을 통해 진행되고 있습니다. 하느님께서는 우리 삶의
배경과 맥락이 되는 이야기를 말씀하십니다. 이것이 신학의 첫
번째 '순간'입니다. 신학의 두 번째 '순간'은 하느님의 말씀을 우

---

[1] C. S. Lewis, 'The Weight of Glory' in *The Weight of Glory and Other Addresses* (1949, rev. paperback ed., New York: Macmillan, 1980), 18~19. 『영광의 무게』(홍성사)

리가 듣는 것, 그분의 말씀을 우리 삶의 참된 의미로 받아들이는 것입니다. 우리는 신학을 통해 첫 번째 '순간'을 계속 상기하면서 두 번째 '순간'으로 나아갑니다.

두 번째 순간 - 삶의 습관으로서의 신학

신학의 두 번째 순간(하느님의 말씀을 듣는 것)은 우리가 하는 활동으로 보이기 때문에 이 과정에서 하느님께서 하시는 역할을 간과하기 쉽습니다. 그러나 초기 그리스도교인들은 우리가 하느님의 말씀을 들을 때도 하느님께서 하시는 역할이 있다고 이야기했습니다. 그들은 성령이 우리에게 영감을 불어 넣어주기 때문에 그분의 말씀을 들을 수 있다고 말했습니다. 이 세상에서 일어나는 이야기를, 그 바탕을 하느님의 이야기로 읽도록, 그렇게 말씀하시고 이끌어 가시는 분은 하느님이십니다. 이 하느님의 말씀을 교회의 삶, 교회를 이루는 구성원인 우리의 삶으로 가져오는 것은 성령이 하는 일입니다.

소설을 읽을 때 소설이 우리에게 남기는 강렬한 인상을 예를 들어 설명해보겠습니다. 한 소설 작품은 작가의 생각을 전달합니다. 작가의 생각은 소설을 통해 우리의 마음과 정신에 이르고 그 결과 우리 삶에 생기를 불어넣습니다. 이 과정은 기계적으로 이루어지지 않습니다. 소설을 읽는다고 해서 우리가 소설에 등장하는 인물을 무작정 따라 살지는 않지요. 이 과정은 좀 더 유기적입니다. 이야기의 비전과 의미는 독자에게 영감을 주어 독자의 생각과 행동을 조금씩 변화시켜 나갑니다. 이렇게 본다면 한 이야기의 의미는 독자의 삶에서 태어난다고, 피어난다고도 할 수 있습니다. 수백만 명의 사람들이 에베레스트 산을 오르는 이야기를 다룬 책을 읽는다고 해봅시다. 이를 통해 사람들은 어떤 궁극적인 곳을 향한 여정, 그곳을 향해 나아가는 모험 정신을 갖게 됩니다. 자신의 삶을 '여정으로서의 삶' 혹은 '모험으로서의 삶'이라는 배경과 맥락으로 해석하게 되고, 때에 따라서는 삶의 흐름과 율동에 변화를 주기도 합니다. 그렇게 삶의 의미와 목적은 달라지고 모든 요소가 새로운 중요성과 의미를 얻게 됩니다. 이야기는 이처럼 삶에 생기를 가져다줍니다.

하느님의 이야기는 이보다 훨씬 경이로운 방식으로 일어납니다. 우리 삶에 영감을 주고 우리 삶을 다시 빚어내는 하느님의 이야기에 담긴 힘과 능력은 글이 일으키는 반향에서 오는 게 아니라 하느님의 영 그 자체, 성령을 통해 옵니다. 하느님의 영은 우리에게 와 머무르며 우리에게 하느님의 말씀을 듣는 귀를 주시고, 말씀이 삶에 가져오는 의미를 다른 이들과 나눌 수 있게 하는 혀를 주십니다. 성령 하느님은 우리로 하여금 당신의 이야기와 조우하게 하시고 그 이야기가 우리 안에서 살아 숨 쉬게 하십니다. 그리하여 하느님의 이야기는 우리 마음과 정신을 새롭게 하고 우리의 이해를 뛰어넘어 삶의 의미를 꿈꾸게 합니다. 루가 복음서(누가복음)에서 마리아는 가브리엘 천사의 말대로 예수를 잉태하게 됩니다.

성령이 너에게 내려오시고 지극히 높으신 분의 힘이 감싸 주실 것이다. (루가 1:35)

성령은 우리의 삶이 하느님의 말씀을 잉태하도록, 서로에게 '말씀을 나르는 자'가 되도록 그분의 힘을 우리에게 실어줍니다.

조금은 두렵고도 떨리는 일입니다. 이는 하느님의 뜻을 듣고 받아들이는 일이 일요일 아침에 예배 한 시간 드린다고 해서 이루어질 수 있는 것이 아님을 뜻하기 때문입니다. 우리 삶에 의미를 주는 하느님의 뜻은 의자에 편안히 앉은 채 내키면 보고 내키지 않으면 꺼버리는 텔레비전 뉴스 같은 것이 아닙니다. 하느님의 말씀을 듣고 받아들이며 우리 삶의 진실이 드러나게 하는 것은 매우 적극적인 활동입니다. 우리 삶에 일어나는 실질적인 것들에 관심을 기울일 때 우리는 저 말씀을 들을 수 있습니다. 이는 그리 새로운 생각은 아닙니다. 용기와 사랑처럼, 우리가 추상적으로 생각하거나 말한다고 해서 정말로 '안다'고 할 수 없는 중요한 가치들이 많이 있습니다. 사전에 나온 기쁨의 정의를 외우는 것과 우리가 실제로 기뻐함으로써 기쁨의 의미를 아는 것은 다릅니다. 이 세상의 의미를 아는 것 역시 그 의미가 우리 삶의 흐름 속에 녹아내리고 퍼져서 펼쳐지지 않는다면 이를 온전히 안다고 할 수 없습니다.

그러므로 신학의 두 번째 순간은 습관과 관련이 있습니다. 하느님의 신비로운 계획을 알 수 있도록, 그것이 이 세상의 의미를 밝히는 것을 익히기 위해 우리는 특정한 마음과 정신의 습관을 길러야 합니다. '습관'habit이라는 말은 상태나 성격을 뜻하는 라틴어 하비투스habitus에서 유래합니다. '무언가를 갖다', '보유하다'라는 뜻을 지닌 라틴어 동사 하베레habere의 한 형태이지요. 그러니 신학을 습관화하는 것은 우리가 신학을 우리 성격의 일부로 만드는 것, 우리를 이루는 정체성의 근본적인 무언가로 갖는 것, 보유하는 것을 뜻합니다. 달리 말하면 신학이 우리 안에 '거한다'inhabit고도 할 수 있겠습니다. 하느님의 말씀은 성령을 통해 우리의 마음에 거하니 말이지요.

그렇다면 신학을 마음의 습관으로 익힌다는 것은 어떤 것일까요? 특정 정보를 습득하는 것과는 다릅니다. 그보다는 무언가를 몸으로 익히는 것, 혹은 요령을 터득하는 것과 유사할 것입니다. 신학을 마음의 습관으로 익히는 과정은 신앙의 모든 신비에 '거하게 되어', 신앙의 눈으로 모든 상황에 담긴 깊은 의미를 파악하게 되는, 거의 본능적으로 그 의미를 느끼는 과정이라 할 수 있습니다. 이는 하느님의 삶, 하느님의 생명과 활동의 빛 아래 세상을 읽는 일이 거의 제2의 본성이 되는 과정이라고도 할 수 있습니다. 이렇게 되기까지는 평생이 걸립니다. 일평생 기도와 찬미를 드리고, 예배하며, 선교함으로써 우리는 그리스도의 영에 의해 변화되어 가고, 그분의 생명, 삶 안에 거하게 됩니다. 그분의 삶이 우리 삶의 의미가 되는 것이지요.

이런 사람을 만난 일이 있을 것입니다. 한 사람이라는 전 인격이, 그 사람의 면면이 모두 한 가지 일에 깊이 헌신하고 있어, 그 사람이 곧 그 분야의 모범인 그런 사람 말입니다. 그런 사람을 두고 우리는 "그 사람은 뼛속부터 ○○○이야"라고 말하곤 합니다. 그들은 자기 분야와 관련해 어떠한 상황에 있든 간에 무엇을 해야 하는지, 어떻게 말해야 하는지를 알고 있습니다. 그들에게는 그러한 안목이 있습니다. 그러한 능력을 익혔습니다. 성령으로 거듭난 그리스도교인들이 갖게 되는 앎이란 그런 것입니다. 내 인격에 깊이 들어와, 나와 하나가 된 그러한 앎 말입니다.

신학교 시절 만났던 분 중에 성공회 수녀였던 메리 클레어Mary Clare가 있습니다. 수녀님은 저에게 커다란 영향을 미쳤습니다. 그녀는 성경에 대한 지식이 깊고, 우리 신앙의 신비, 삼위일체이신 하느님의 신비, 성육신과 구원, 그 모든 그리스도교의 신비들을 깊은 사랑으로 늘 묵상하는 분이었습니다. 그렇기에 그녀와 이야기를 나누러 갈 때마다, 정말 '지금 여기에' 함께 하시는 하느님 앞에 나아가는 것 같은 기분이 들곤 했습니다. 그녀는 제가 숨기고 싶은 것이며, 묻고 싶은 것, 진실로 필요한 것까지 모두 완전히 알고 있었습니다. 그녀는 저를 완벽히 이해하고 있었습니다. 그렇기에 신앙생활에 대한 조언을 듣고자 수녀님을 찾아갈 때면 조금은 두려울 때도 있었습니다. 하느님께서 그녀를 통해 저를 얼마나 살피시는지, 사랑하시는지를 분명하게 느낄 수 있었기 때문입니다. 하느님께서는 그녀를 통해 많은 말씀을 분명하게 건네셨고 이는 제 삶의 지침, 제 삶의 말씀이 되었습니다. 클레어 수녀님은 언제나 인자하고 평화로운 분이었지만, 제 말에 거짓이나 자기기만의 흔적이 묻어 있을 때면 매우 민감하게 반응하셨습니다. 그녀는 책을 폭넓게 읽었고 아마도 이야기하고자 한다면 양자역학에 관해서도 이야기를 나눌 수 있었을 것입니다. 하지만 그녀가 저를 압도한 것, 저의 삶에 반향을 일으킨 것은 그녀가 가진 지식의 양이 아니었습니다. 그녀는 자신의 삶을 통해 참회와 용서, 희생, 죄책감, 두려움, 믿음, 소망, 사랑이란 무엇인지를 보여주었습니다. 그녀를 볼 때면 하느님의 말씀이 그녀를 통해 육신을 입은 것 같았습니다. 그렇게 그녀는 제가 하느님의 계획을 삶의 배경과 맥락으로 삼아 제 삶의 의미를 더 명확하게 이해하도록 도와주었습니다.

이러한 신학적 마음과 정신의 습관은 이따금 우리의 생활을 지배하는 무감각함, 영적인 둔감함과 대비를 이룹니다. 좋은 신학적 습관을 기르기 위해서는 시간과 인내, 그리고 연습이 필요합니다. 좋은 습관은 익히기 어렵고, 또 쉽게 무너집니다. 특히 요즘 같은 세상에서 눈에 띄는 보상도 없고, 누가 알아주지도 않는 습관이란 얼마나 쉽게 무너지는지요. 습관은 종종 위축되고, 약해지며, (이 경우는 더욱 나쁩니다만) 그저 이전에 했던 행위를 계속 반복할 뿐인 부질없는 모방 행위가 되어버리곤 합니다. 에페소인들에게 보낸 편지(에베소서)를 보면 이러한 굳은 상태, 영적 마비의 위험에 대해 경고하는 모습을 엿볼 수 있습니다.

이제부터 여러분은 이방인들처럼 살지 마십시오. 그들은 헛된 생각을 하고 마음이 어두워져 하느님께서 주시는 생명을 받지 못할 사람이 되었습니다. 그것은 그들이 무지하고 마음이 완고하기 때문입니다. 그들은 도덕적인 감각을 잃고 제멋대로 방탕에 빠져서 온갖 더러운 짓을 하고 있습니다. (에페 4:17~19)

삶을 신학화하는 습관, 신학적으로 사고하는 습관을 잃으면 우리는 선정적인 텔레비전 쇼가 삶을 다루는 것과 같은 시선으로 우리 삶을 바라보게 됩니다. 그렇게 우리는 앞뒤 맥락 없이 특정 단면만 골라 저급하고 얕게, 온갖 신경증 환자들로 가득 찬 풍경으로 이 세상을 환원시켜 보게 되고 맙니다. 한편 우리와 함께하시는 하느님, 그분의 생명과 활동, 즉 복음에 기대어 세상을 보면 균형감각을 가지고 올바른 판단을 할 수 있습니다. 신학의 두 번째 순간은 만물을 하느님과 연관 지어, 그분이 비추시는 빛 속에서 그 의미를 식별하는 습관을 익히는 것입니다.

세 번째 순간 - 하느님과 대화로서의 신학

앞에서 저는 신학이 평생에 걸친 성장의 여정이라고 말한 바 있습니다. 그리고 신학의 첫 번째 단계는 하느님께서 우리에게 말씀하셔서, 즉 그분이 당신의 말씀, 당신의 생명, 당신께서 하시는 활동의 의미를 전달해주심으로써 우리가 여정에 오르게 되는 것입니다. 하지만 하느님께서는 자신의 말씀을 '저 밖에' 두지 않으십니다. 그분이 이 세상에 성령을 부으심으로써 사람들은 그분의 말씀을 듣고 이를 삶의 의미로 받아들이고 이에 의지해, 이를 삶의 배경과 맥락으로 삼아 현실을 보기 시작합니다. 이것이 여정의 두 번째 단계입니다. 그다음 단계는 이를 습관화하여 끊임없이 대화를 나누어 가는 것입니다. 이는 우리가 두려움과 노예의 영을 받은 것이 아니라 하느님의 생명, 삶으로 들어가는, 하느님의 자녀가 되는 영을 받은 것이라는 바울의 아름다운 진술에서 발견할 수 있습니다.

> 누구든지 하느님의 성령의 인도를 따라 사는 사람은 하느님의 자녀입니다. 여러분이 받은 성령은 여러분을 다시 노예로 만들어서 공포에 몰아넣으시는 분이 아니라 여러분을 하느님의 자녀로 만들어 주시는 분이십니다. 그래서 우리는 그 성령에 힘입어 하느님을 "아빠! 아버지!"라고 부릅니다. (로마 8:14~16)

여기서 바울은 우리 안에 계신 성령이 우리를 어떤 관계로 이끈다고, 그분의 양자가 되어 그분과 사랑을 나누는 관계를 맺도록 한다고 이야기합니다. 이 관계는 예수와 그의 아빠Abba, 아버지가 맺은 바로 그 관계입니다. 성령은 우리 삶에 그리스도의 삶이 피어나게 합니다. 그러면, 예수의 삶의 중심을 이루는 특성을 우리 또한 나눠 갖게 됩니다. 하느님의 사랑하시는 자녀로서 그가 아버지와 누린 관계, 그 고귀한 근원과 연결되는 관계를 우리 또한 누리게 됩니다. 더 놀라운 점은 우리가 이 관계에서 아무것도 하지 않는 방관자로 남지 않게 된다는 것입니다. 성령은 우리에게 예수가 당신의 아버지와 나눈 대화의 언어를 우리 또한 할 수 있도록 가르칩니다. 성령은 아버지를 향한 사랑이 가득한 예수의 경배, 그분을 향한 신뢰를 우리의 마음에 피어나게 하고 이를 바탕으로 그분을 향해 말을 걸게 해줍니다.

여기서 주목해야 할 것이 두 가지 있습니다. 우선, 바울과 초기 그리스도교인들의 이러한 경험은 성령을 통해 예수와 성부가 나누는 '대화'conversation로서 삼위일체 하느님을 이해하는 기초가 됩니다. 이는 다음 장에서 삼위일체의 신비에 관해 이야기할 때 좀 더 자세히 살펴보겠습니다. 그리스도교 공동체에서 무언가 믿을 수 없는 일, 범상치 않은 일이 일어나고 있다는 의식이 성장했고, 이 지점에서 그리스도교 신학이 등장했습니다. 공동체는 성령을 통해 예수의 삶으로 들어갔을 뿐 아니라, 그와 성부 하느님이 맺는 관계로 들어갔습니다. 이때, 예수와 성부와의 관계에 생기를 불어넣은 성령은 무언가 또 다른 하느님, 또 다른 낯선 힘이 아닙니다. 그분은 관계로서의 하느님God as relationship, 즉 예수를 아버지에게로, 아버지를 예수에게로 이끄는 사랑으로서의 하느님입니다. 이 하느님은 또한 교회에 머무르는 성령 하느님이시기도 합니다. 그렇기에 교회의 일부인 우리는 성부와 관계하는 예수의 삶 안으로 들어갑니다. 다른 측면에서 보면 성부와 성자의 관계 자체가 성령이라 할 수도 있습니다. 성령은 아버지의 말씀을 말하는 아들에 담긴 사랑의 힘입니다. 성령강림절, 이 사랑의 힘을 통해 말씀은 교회로서의 우리 삶에 퍼져나가게 되었습니다.

두 번째로 주목해야 할 것은, 우리는 성령을 통해 성부와 성자가 나누는 대화 속으로 초대를 받을 뿐 아니라, 우리 자체가 대화의 주제가 된다는 것입니다. 이 또한 놀라운 일이지요. 우리의 고유한 면모, 타의 추종을 불허하는 우리의 반항과 소중한 면모 모두 대화의 주제가 됩니다. 하느님께서는 바로 우리에 관해 말씀하고 계십니다. 예수 그리스도께서 아버지께 기도드릴 때, 그분은 자신과 함께 하는 우리를 위해, 제자들을 위해, 우리의 미약한 증언을 통해 하느님의 가족이 될 모든 이를 위해 기도하십니다.

> 나는 이 사람들만을 위하여 간구하는 것이 아니라 이 사람들의 말을 듣고 나를 믿는 사람들을 위하여 간구합니다. 아버지, 이 사람들이 모두 하나가 되게 하여 주십시오. 아버지께서 내 안에 계시고 내가 아버지 안에 있는 것과 같이 이 사람들도 우리들 안에 있게 하여 주십시오. (요한 17:20~21)

교회는 이 구절 혹은, 이와 유사한 구절들이 가리키는 실재를 성찰하고 이를 살아냄으로써 미약하고 불완전하게나마 아버지와 아들이 나누는 생명, 대화, 기도라는 무한한 영역을 듣고 이해하기 시작했습니다. 그리스도교인들은 점차 하느님께서 우리뿐 아니라 이 세계 전체에 관해 말씀하고 계심을, 그분이 나누시며 우리를 초대하시는 대화의 중요 문제와 핵심이 우리뿐 아니라 이 세계 전체에 관한 것임을 감지했습니다. 만물은 하느님께서 존재하라고 말씀하셨기에 존재할 수 있게 되었습니다. 세계는 말씀을 전하는 그리스도의 언어로 빚은 문구phrase이자 사건입니다. 또한 세계는 하느님의 거룩한 뜻이 말씀으로 표현된 것이자 하느님께서 대화를 통해 무한히 자신을 내어주심으로써 이루어지는 성령의 사랑으로 가득한 활동입니다.

모국어가 전혀 통하지 않는 외국에 여행을 갔다고 상상해 봅시다. 주변에서 많은 사람이 웃고, 말하고, 농담하고, 싸우고, 야단치고, 용서하고, 무엇이 어디에 있는지 알려주는 듯한 소리가 들립니다. 하지만 그 모든 말이 정확히 무엇을 뜻하는지 알 수는 없습니다. 뜻을 알 수 없는 말들은 사람을 지치게 하고 심지어는 좌절하게 합니다. 주변에서는 분명 무언가, 이해하고 참여하고픈 흥미로운 일들이 일어나고 있으니 말이지요. 하지만 인내하며 어설프더라도 한 단어, 한 단어를 알아듣기 시작한다면 점점 어떤 말들이 오가고 있는지 그 의미를 헤아릴 수 있습니다. 그렇게 되면 처음에는 마냥 혼란스럽고 어찌해야 할지 모를 지경이던 소리들이 점점 더 이해할 수 있는, 의미를 지닌 말들로 다가오게 됩니다. 이처럼 신학의 세 번째 순간은 이 세상을 둘러싸고 있는 소음, 혼란, 은총, 소망, 몸부림, 영광 속에 어떤 깊은 대화가 일어나고 있음을 감지하는 것입니다. 신학은 이를 하느님과 말씀을 전하는 이 사이에서 이루어지는 대화, 사랑의 의미, 무한한 사랑에 관한 대화로 받아들입니다. 우주에서 소용돌이치는 은하계와 이제 막 기어 다니기 시작한 아기, 친구가 되어가는 원수 등 이 세상을 이루는 요소들은 모두 이 대화의 단어들과 문구들이 됩니다. 하지만 이 세상이 성부와 성자 사이에서 이루어지는 영원한 대화로 일어나는 일들이라 하더라도 우리는 여기에 참여하기는커녕 이를 거의 감지하지 못합니다.

오랫동안 만난 가까운 친구끼리는 보통 많은 말을 하지 않아도 윙크나 눈빛, 익숙한 농담만으로도 어느 정도 충분한 대화를 주고받습니다. 하지만 산맥의 움직임, 아이의 출산, 나비의 죽음 사이에서 일어나는 대화는 어떻게 감지할 수 있을까요? 현재 우리로서는 헤아릴 길이 없지만 그리스도교에서는 이 모든 일이 하느님의 삶, 그분의 무한한 대화의 일부라고 믿습니다. 말씀을 하시는 이는 영원한 사랑을 이야기합니다. 이 영원한 사랑은 신성하고도 무한합니다. 소리와 형태를 취한 사랑은 영원히 말씀하시는 이의 살아있는 말씀입니다. 말씀하시는 이와 말씀, 즉 성부와 성자는 둘 사이에서 일어나는 대화를 단지 자신들의 것으로 취하지 않습니다. 성부와 성자는 사랑을 담은 언어로, 그들의 영원한 사랑의 대화로 이 세계를 존재하게 합니다.

이러한 대화는 우리가 상상할 수 없을 정도로 광대하고 경이롭습니다. 하느님께서는 바로 이 대화에 우리가 참여하기를 바라십니다. 우리 한 사람 한 사람은 각자 고유한 예민함과 별남, 문제를 지니고 있습니다. 그러나 우리 한 사람 한 사람은 하느님의 사랑을 받으며 그분께서 나누시는 대화, 그분의 생명 아래 이루어지는 친교에 참여하도록 창조되었습니다. 하느님께서는 우리가 이미 참여하고 있는 당신의 대화 속에 있음을 발견하게 하시려고, 이 세계에서 이루어지고 있는 대화를 듣게 하시려고 인간 세상의 틀 안으로 당신의 말씀을 제한시켜 주셨습니다. 다시 말해 그분은 당신의 말씀으로서 역사적 인간인 예수를 우리의 시간과 공간에 보내셨습니다. 성령이 우리를 예수의 삶으로, 그의 생명으로 이끌어 그가 보여준, 아버지를 향한 갈망을 나눌 때 우리는 사랑의 영원한 대화를 감지하기 시작합니다. 우리는 예수와 성부가 나누는 언어를 익히며 그들이 나누는 친교, 그들이 나누는 삶으로 들어갑니다. 서로의 생명을 내어주는 관계로 우리를 이끄는 이, 저 관계를 이루는 언어를 가르쳐 주는 이 역시 성령 하느님이십니다. 성령은 영원한 사랑, 말씀하시는 이가 말씀을 하시게 하는 사랑, 말씀하시는 이가 품고 계신 의미를 말함으로써 아버지의 뜻을 이루는 영원으로부터의 사랑입니다.

신학의 첫 번째 순간은 하느님께서 말씀하시는 사건, 그분의 말씀이 우리 삶을 이루는 모든 이야기를 감싸 안는 사건, 그럼으로써 이를 하느님의 이야기를 이루는 부분과 조각들로 드러내는 순간입니다. 신학의 두 번째 순간은 이러한 말씀의 사건에 담긴 사랑, 즉 성령이 우리 안에 머무르며 우리의 정신과 마음을 변화시켜서 하느님께서 무엇을 말씀하시는지를 우리가 듣고 이해하는 과정, 말씀이 우리 안에 뿌리를 내려 우리 삶을 엮어가는 것입니다. 신학의 세 번째 순간은 우리가 성령의 힘으로 인간이 된 말씀의 삶과 죽음, 부활로 이끌려 (인간이 된 말씀인) 예수가 사랑에 대한 응답으로 당신의 아버지를 향해 아빠라고 불렀듯 우리 또한 사랑의 부르심을 듣고 응답하게 되는 것입니다. 바로 그곳에서 신학은 가장 참되고 가장 깊은 의미에서의 '테오-로기아'theo-logia, 즉 하느님을 말하는 것이 된다고 말할 수 있습니다. 이때 신학은 하느님에 '관해' 말하는 것이 아니라 하느님을 말하는 것, 하느님과 대화를 나누는 것, 그리고 하느님과 사랑의 친교를 나누는 것이라 할 수 있습니다.

미리 이야기하자면 신학의 두 번째, 세 번째 순간은 누군가 대신할 수 있는 것이 아닙니다. 저는 여러분을 그리스도의 활동 안으로 이끌 수 없습니다. 그분의 마음으로 사랑하고 그분의 눈으로 이 세계를 보도록(신학의 두 번째 순간) 가르치지도 못합니다. 그리스도의 아버지와의 관계를 맺게 해 그들의 대화에 참여하도록(신학의 세 번째 순간) 할 수도 없습니다. 하지만 바로 이것들이 우리가 신학을 하는 근본적인 이유임을 기억해야 합니다. 우리가 신학을 하는 이유는 똑똑해지거나 많은 정보를 얻기 위해서가 아니라 하느님의 삶, 그분께서 펼치시는 활동에 이끌리기 위해서입니다.

여기서는 주로 신학의 첫 번째 순간, 즉 하느님께서 말씀하시는 여러 방식, 하느님께서 우리에게 당신을 드러내시는 여러 신비로운 사건들(창조, 계시, 구원 등)을 살펴보려 합니다. 하지만 이러한 신비들을 살펴봄으로써 궁극적으로 이루어야 할 것은 하느님 앞에 서서 그분과 만나는 것입니다. 우리는 이 신비들을 이 만남의 초대로 볼 수 있어야 합니다. 그리스도교 신앙의 근간이 되는 모든 신비로운 사건은 생명의 하느님 안에서 이루어지는 우리의 삶이라는 하나의 영원하고 거대한 신비로 우리를 인도하는 지점이자 길입니다.

기도로서의 신학

그러면 어떻게 신학이 기도로 바뀌는지, 심지어는 신학을 어떻게 처음부터 기도의 한 형태로 발견할 수 있는지 살펴봄으로써 이 장을 마무리하겠습니다. 신학과 기도가 얼마나 밀접한 관련을 맺고 있는지는 다음과 같은 경험을 통해 알아볼 수 있습니다. 지금은 관계가 서먹해진 한 사람을 떠올려보십시오. 그리고 그 사람에 관해 기술해보십시오. 그다음에는 잠시 침묵의 시간을 가진 뒤 그 사람을 하느님의 시선으로, 좀 더 구체적으로 예수 그리스도께서 이 사람을 어떻게 사랑하시기를 바라는지, 하느님께서 당신과 그 사람의 관계에서 어떻게 활동하시기를 바라는지 기술해보십시오.

처음에 쓴 것과 그다음에 쓴 것에는 어떠한 차이가 있습니까? 그다음 것을 쓸 때는 보통 그 사람에 대해 좀 더 열린 마음을 가지고 쓰지 않았을까 짐작해봅니다. 저 또한 이를 해보았는데 그때까지 갖고 있던 원망과 아쉬움, 화해를 향한 갈망이 용서할 수 있는 자유와 용서를 구하는 겸손으로 채워지는 것 같았습니다. 그리스도교 신앙은 이러한 변화를 가능케 하는 깊고 마르지 않는 원천을 하느님의 생명 그 자체라고 믿습니다. 하느님께서는 무한한 기쁨 속에 하느님이 되심으로써 사랑의 친교를 펼쳐나가십니다. 예수의 이야기가 역사에 새겨짐으로써 우리는 이를 볼 수 있게 됩니다. 하느님께서 스스로 영원히 생명을 퍼뜨려 나가시는 이 활동으로 인해 신학은 가능해집니다. 신학은 자신을 내어주는 사랑과 끊임없이 교류하는 것이라 할 수 있습니다. 달리 말하면, 신학은 이 망가진 세상과 긴장을 이루는 가운데, 그리고 이 망가진 세상에 맞서 자기를 내어주는 사랑에 귀를 기울이고, 영원과 친교를 나누는 공동체를 세움으로써 이 세상과 하느님을 화해하게 만드는 하느님의 말씀인 예수가 끊임없이 활동을 펼쳐나갈 수 있도록 공간을 만드는 것입니다. 천국에서 이루어지는 축복의 언어와 땅에서 이루어지는 활동의 언어는 같습니다. 신학을 통해 우리는 하느님께서 만물을 보시는 눈을 얻게 됩니다. 이로써 우리는 서로를 향해 마음을 열며 서로에게 입힌 상처를 보듬습니다.

이 세상에서 하느님의 자기 소통self-communication으로 일어나는 사랑과 기쁨, 즉 신학을 통해 우리는 성부에게 보내지고 성령의 인도를 받아 우리 자신을 사랑 안에서 자유롭게 하느님을 향해,

이웃에게 내어줍니다. 이것이 바로 예수가 우리에게 보여준 것이었습니다. 그는 성령 안에서 아버지와 맺는 관계의 의미를 알리고 해석하기 위해, '신학화'하기 위해 매일 분투했습니다. 우리가 좀 더 신학적으로 살게 된다면 하느님께서 자기 자신과 소통하시는 와중에 쓰시는 언어의 운율과 어조가 자연스럽게 우리 삶에 배어들게 될 것입니다. 그리하여 그분의 언어는 곧 우리의 모국어가 될 것입니다. 또한 우리가 점점 신학의 언어, 하느님의 생명이 담긴 언어를 모국어로 사용하게 되면 우리는 현실과 좀 더 깊이 소통할 수 있게 되고, 온 피조세계가 누리도록 창조된 사랑의 교감을 감지하게 될 것입니다. 그리스도와 친교를 나눔으로써 사랑은 우리 안에서 자라나 우리의 이해를 변화시키고, 관계가 소원한 이와 화해시키며, 막힌 담을 무너뜨립니다. 삼위일체 하느님의 소통을 통해 일어나는 사랑의 운동은 우리를 사회의 그늘진 곳으로 보내며, 그곳에서 해야 할 일을 감당케 합니다. 이는 우리에게서 일어나 구체화하는 신학의 열매입니다.

이러한 맥락에서 신학은 우리가 십자가를 지고 그리스도를 따르라는 부름을 받아들일 때 우리에게 어떤 일이 일어나는지 성찰하는 법을 익히는 것입니다. 그러므로 신학과 영성은 필수불가결하게 연결되어 있으며 이는 이 책의 가장 근본적인 전제라 할 수 있습니다. 초기 그리스도교인들은 모두 이러한 생각을 공유했습니다. 그들은 신학을 그리스도 안에서, 그리스도를 통해 함께하는 삶, 우리가 기도의 공동체로 만나게 되는 것이 무엇인지를 이해하고 설명하려는 시도로 간주했습니다. 당시 널리 알려진 표현이 하나 있습니다.

신학자는 진리 안에서 기도하는 이다.
진리 안에서 기도하는 이는 신학자다.[2]

그리스도교인은 하느님께서 다양한 방식으로 우리를 당신과 의 친교로 이끄신다고 믿습니다. 우리가 관조contemplation, 혹은 기도prayer라고 부르는 활동의 가장 근본적인 의미는 바로 이것, 은총 아래 우리의 전 존재가 하느님에게로 이끌리는 것입니다.

일반적인 의미에서 신학은 하느님에게서 나오는 말씀, 기도 하는 가운데 만나게 되는 그분의 말씀, 하느님께로 우리를 이끄 는 그분의 말씀을 인간의 말과 생각으로 다듬어내는 것을 뜻합 니다. 그러나 하느님의 무한한 거룩하심과 무언가를 조종하고 통제함으로써 이를 '알고자' 하는 인간 경향에는 근본적인 차이 가 있기에 우리는 죄에서 해방되어 하느님을 닮아갈 때만 하느 님의 말씀을 들을 수 있습니다. 이 해방과 변화의 과정은 그리스 도께서 죽으시고, 다시 살아나시는 부활의 신비를 나누는 것과 다르지 않습니다.

---

[2] Andrew Louth, *The Origins of the Christian Mystical Tradition: From Plato to Denys* (Oxford: Oxford University Press, 1981), 111에서 재인용. 그리스도교 형성기에 신학과 관조의 관계를 다루는 라우스의 논의는 매우 유익한 통찰을 제공해 줍 니다. 『서양 신비사상의 기원』(분도 출판사)

하느님의 진리는 우리가 발견할 수 있는 것이 아니라 하느님과 만나는 사건이 우리 삶에서 시작되어 삶의 방식과 생각의 습관으로 구체화하는 것, 즉 사랑의 활동과 신앙의 언어들을 익히고 실천하게 되는 것입니다. 오늘날 가장 탁월한 신학자로 꼽히는 로완 윌리엄스는 말했습니다.

> 그리스도인의 삶의 궁극적인 목표는 하느님과의 일치 아래 하느님을 아는 것이다. 하느님을 안다는 것은 주체가 대상인 하느님을 개념으로 파악하는 것이 아니라 하느님의 하느님 되심, 좀 더 대담하게 말한다면 하느님의 '경험'을 나누어 받는 것을 뜻한다. 십자가에 매달리는 사랑을 실천함으로써 우리는 하느님을 알 수 있다. 우리가 그분을 닮아갈수록 우리는 그분을 알아간다.[3]

하느님께서는 성스러운 친교를 나누시는 가운데 바로 그 중심에서 우리의 생명, 우리의 삶을 말씀하고 계십니다. 우리의 삶을 빚으시며 생명을 불어넣으십니다. 그렇게 우리를 살아있게 한 말씀은 우리를 당신의 친교로 끊임없이 부르십니다. 그리스도교 신학은 우리 삶이라는 이야기의 모든 페이지를 수놓고 있는 신성한 의미가 인간의 육신을 입은 말씀인 그리스도와의 교제를

---

[3] Rowan Williams, *The Wound of knowledge: Christian Spirituality from the New Testament to St. John of the Cross*, 2nd ed. (Cambridge, Mass: Cowley Publications, 1991), 14.

통해 명확하게 드러나 우리의 사유와 이해를 통해 구체화시키는 것입니다.

앞으로 이 책에서 신앙의 신비들을 살펴보는 가운데, 이 모든 신비가 여러분에게 하느님과의 대화로 들어가는 여정의 출발점이 되기를, 기도로 향하는 첫걸음이 되기를 소망합니다.

제2장

삼위일체의 신비 - 하느님과의 새로운 만남

여러분이 받은 성령은 여러분을 다시 노예로 만들어서 공포에
몰아넣으시는 분이 아니라 여러분을 하느님의 자녀로 만들어
주시는 분이십니다. 그래서 우리는 그 성령에 힘입어 하느님
을 "아빠, 아버지!"라고 부릅니다. 바로 그 성령께서 우리가 하
느님의 자녀라는 것을 증명해 주십니다. 또 우리의 마음속에도
그러한 확신이 있습니다. 자녀가 되면 또한 상속자도 되는 것
입니다. 과연 우리는 하느님의 상속자로서 그리스도와 함께 상
속을 받을 사람입니다. 우리가 그리스도와 함께 고난을 받고
있으니 영광도 그와 함께 받을 것이 아닙니까?

- 로마인들에게 보낸 편지 8:15~17

어린 시절 성탄절 전날 밤이 생각납니다. 밖에 가만히 서 있기 힘들 정도로 추운 날이었습니다. 그래도 달빛 아래 눈이 떨어지는 모습은 아름답기 그지없었지요. 하지만 그날 밤 무엇보다 기억나는 것은 밖에 있다가 집 안 풍경을 보았을 때 느껴지던, 넘쳐흐르는 기쁨이었습니다. 그날 가족과 저는 성탄 밤 예배를 드리고 집에 돌아왔습니다. 부모님은 저에게 줄 선물을 포장해 놓으시고선 아침이 밝을 때까지 보지 못하게 하셨습니다. 당시 저는 네 명의 자식 중 그러한 고통스러운 규칙을 곧이곧대로 따를 정도로 어린아이였습니다. 그날 부모님은 가족들이 숨겨 놓았던 선물을 크리스마스 트리 아래 가져와 배치를 마칠 때까지 자지 않고 밖에서 놀아도 좋다고 허락해주셨습니다. 그날 밤, 저는 새하얀 눈을 맞으며 신나게 놀았습니다.

눈 내리던 그날 밤, 저를 황홀하게 했던 것은 얼핏 창문 안 풍경을 보았을 때 눈에 들어온 선물이 아니었습니다(물론 선물도 보이기는 했습니다). 집안에서 분주하게 왔다 갔다 하는 가족들의 모습을 보며 저는 어떤 경이감에 사로잡혔고 무언가 간절해졌습니다. 가족들은 행복해 보였고, 그 팔에 한 아름 안고 있던 선물은 어떤 사랑과 기쁨의 신호 같았습니다. 제가 그들과 함께 하는 삶에서 갈망하는 것이 바로 그곳에 있는 듯했습니다. 바깥에서 가만히 집 안을 바라보던 그때 저는 잠시나마 우리 가족의 마음 깊은 곳, 영혼에 담겨 있는 비밀을 엿보았던 것 같습니다. 선물을 들고 집안을 오가는 웃음과 사랑의 행렬을 보며 저는 그날 밤 드렸던 성찬례 행렬을 떠올렸습니다. 저는 언제나 그러한 움직임을 사랑합니다. 교회 안에서 이루어지는 생명의 움직임이 저는 언제나 좋았습니다. 텅 비어 있던 공간에 사람들이 하나, 둘 들어오고 공간이 서서히 채워집니다. 그렇게 어느새 온갖 염원과 소망이 담긴 기도가, 기도가 불러오는 고요함이 그 공간을 가득 채웁니다. 지정된 무리가 가운데로 난 길을 따라 신비가 둘러싸고 있는 제대 곁에 오릅니다. 그러더니 촛불과 성경을 손에 든 이들이 사람들 가운데로 내려와 멀리서 듣고만 있기에는 너무도 친근한 말씀을 전합니다. 조금 뒤에는 친교의 흐름이 그곳에 있는 모든 이를 자유롭게 주어진, 넘쳐흐르는 생명의 흐름으로 이끌어 전체 공간을 휘감습니다.

앞장에서 저는 하느님께서 신비들을 통해 우리와 소통하신다고 말한 바 있습니다. 삶에서 마주하게 되는 신비들은 일종의 문이며 우리는 언제나 저 문들을 통해 그 문밖에 있는 무한한 생명으로 이끌립니다. 우리는 거룩한 친교에 이르는 통로를 향한 순례를 떠나도록, "우리가 잃어버린, 천국으로 가는 길"을 찾도록, 만물에 감춰진 핵심을 향한 여정을 떠나도록 창조되었습니다.* 짧지만 탁월한 책 『영광의 무게』The Weight of Glory에서 C. S. 루이스는 우리의 이러한 갈망을 선명하게 묘사합니다. 아이들의 기쁨 속에 흘러넘치는 웃음을 보며, 우리를 위해 자신의 삶을 십자가

---

* 토머스 울프Thomas Wolfe의 소설 『천사여 고향을 보라』Look homeward angel(1929)에 나오는 표현이다.

위에서 저버렸던 한 사람의 모습을 보며 우리는 뇌리에서 떠나지 않는 갈망을 감지합니다. 우리 마음속에 일어나는 이 고요한 갈망은 실재와 하나가 되고자 하는, 최상의 친교를 향한 염원이라고 루이스는 말합니다. 아름다운 것들을 보고 싶어 하는 소원 정도가 아닙니다. 우리는 무언가 불가능한, 소망할 수조차 없는, 말도 안 되는 것을 바랍니다. 우리는 "우리가 보는 아름다움과 하나가 되어 그 안으로 들어가고, 그것을 우리 안에 받아들이고, 그 안에 잠겨 그 일부가 되기를 원합니다". 이 세계에서 우리는 아름다워지기를 바라며, 힘을 가지려 합니다. 하지만 우리가 갈구하는 아름다움과 힘은 우리가 결코 소유할 수 없습니다. 그 아름다움과 힘은 사랑 안에서 자유로이 모든 것을 내어주시는 분을 향한 갈망을 일깨우는 속삭임입니다. 루이스는 말합니다.

지금 우리는 그 세계의 바깥, 그 문의 바깥쪽에 있습니다. 우리는 아침의 신선함과 깨끗함을 감지하지만 그것이 우리를 신선하고 깨끗하게 하지는 못합니다. 우리는 우리가 보는 그 광채와 뒤섞일 수 없습니다. 그러나 신약성경의 모든 한 장 한 장은 그것이 언제까지나 그렇지만은 않을 것이라는 소문을 퍼뜨리며 바스락거리고 있습니다. 언제든 하느님이 뜻하실 때, 우리는 마침내 안으로 들어갈 것입니다.[1]

---

[1] C.S.Lewis, 'The Weight of Glory' in *The Weight of Glory*, 17.

첫 번째 제자들

예수를 처음 따르던 사람들은 예수를 통해 저 문이 열렸다고 확신했습니다. 성경에 나오는 모든 잔치, 만찬 이야기와 예수를 따르던 이들에게 예수가 불러일으킨 기쁨을 생각해 보십시오. 예수는 그들을 근사한 만찬으로 초대했고, 십자가라는 위험한 문턱을 넘어 그들은 그 위대한 교제의 자리로 들어갑니다. 그들은 이름 모를 손님으로 초대받은 것이 아닙니다. 그 자리에는 그들이 오기를 오래도록 기다린, 그들을 너무도 사랑하는 자녀라 부르시는 분이 계십니다. 처음 예수를 따르던 이들에게 정확히 무슨 일이 일어난 것일까요? 우리는 이 질문을 진지하게 살펴보아야 합니다. 그들이 예수와 함께한 삶은 우리가 하느님과 만나는 방식 자체를 바꾸어 놓았기 때문입니다.

초기 그리스도교인들은 하느님께서 예수를 통해 이 세상에서 일하고 계신다고 확신했습니다. 그들은 다양한 방식으로 예수를 통해 이 땅에서 우리와 함께하시는 하느님, 그분의 능력과 친밀함을 묘사하려 애썼습니다. 그들은 분명 예수를 하느님의 기름 부음 받은 자, 이 땅에서 이루어지는 하느님의 새로운 통치를 예견하는 이로 이해했습니다. 그렇다면 하느님의 정의에 바탕을 둔 새로운 통치는 구체적으로 어떠한 모습을 하고 있으며, 어떻게 이루어질 수 있을까요? 여기서 예수와 그의 제자들은 어떠한 역할을 맡고 있을까요?

초기 그리스도교인들이 처음부터 신학을 정립하려 한 것은

아닙니다. 오히려 그들은 성령의 임재에 사로잡혔습니다. 성령
은 예수와 함께 하는 삶으로 자신들을 계속해서 이끌었으며, 이
런 삶에는 어떤 흐름이 있었습니다. 회복과 용서뿐 아니라, 그
들의 배신과 두려움까지 이 흐름의 일부였습니다. 제자 중 몇몇
은 예수가 자신들에게 경건한 기억으로만 남기를, 그들이 앞으
로 보호하고 돌보아야 할 모습을 지닌 소중한 '종교의 창시자'가
되기를 바랐을 수도 있습니다. 하지만 함께 모일 때마다 그들은
자신들이 예수와 함께한 마지막 만찬의 자리로 이끌리고 있음을
발견했습니다. 빵과 포도주를 나누는 그 자리에 예수는 그들과
함께 살아있었습니다. 그들이 기억하는, 그가 했던 어떤 말을 소
리 내 말하자, 그 말은 불길처럼 타올랐습니다.

> "마음이 가난한 사람은 행복하다. 하늘나라가 그들의 것이다.
> ⋯ 때가 찼다. 하느님의 나라가 가까이 왔다. ⋯ 나는 생명의 양
> 식이요, 선한 목자다. 나는 참 포도나무요, 너희들은 가지다."

예수와의 교제는 단번에 완수할 수 없음을 제자들은 서서히 깨
달았습니다.

예수는 새로운 방식으로 그들을 결속시켰습니다. 부활한 그
리스도가 곧 그들의 삶, 그들 삶의 흐름, 그들의 삶을 이루는 깊
은 원리가 되었습니다. 사도 바울이 깨달았듯 그리스도교인들은
그리스도의 새로운 몸, 새로운 피조물이 되었습니다. 예수와 교

제가 깊어감에 따라, 그리고 서로 간에 교제가 깊어감에 따라 그들은 예수가 언제나 의지하던 어떤 분, 예수가 그들에게 기도하는 법을 가르치며 "하늘에 계신 우리 아버지"라고 부르라 했던 분을 알게 되었습니다.

초기 그리스도교인들은 하느님에 관한 새로운 생각을 배운 것이 아닙니다. 예수와 교제하는 와중에도 그들은 여전히 신실한 유대인이었습니다. 다만, 그들은 성령에 의해 그리스도를 따르는 삶으로, 그리스도라는 생명으로, 그리스도가 아빠라고 불렀던 이와 성령과의 관계 속으로 빠져들었을 뿐입니다. 그들은 두려움 때문이 아니라 그리스도의 성령에 이끌려 부르짖었습니다. 예수가 아버지를 알았던 것처럼 우리 또한 아버지를 알게 해달라고, 우리를 길을 잃었다 돌아온 탕자로, 자녀로 받아달라고 말이지요.

이것이 실제로 일어났음을 보여주는 세 가지 증거가 있습니다. 첫째는 성경에 나오는 증언들, 둘째는 초기 그리스도교인들이 드렸던 성찬 양식들, 셋째는 초대교회에서 일어난 공동체 생활입니다. 이 셋은 각기 나름의 방식으로 하느님께서 초기 그리스도교 공동체를 그리스도의 몸으로 빚으셨음을 보여줍니다. 예수를 따르던 이들은 예수라는 이 지상에 내려온 하느님 고유의 삶을 통해 하느님과 만나는 새로운 길을 발견했습니다. 시간이 흐를수록 그들은 점점 예수의 삶은 단순하면서도 순수하게 그가 아버지라고 부르던 이, 그들이 이스라엘의 하느님으로 알고 있던 이와의 관계에 바탕을 두고 있음을 분명하게 이해하게 되었습니다. 초기 그리스도교인들이 이끌린 것은 바로 예수와 아버지가 맺은 이 관계였습니다.

새로운 공동체의 형태는 이러한 만남을 토대로 만들어졌습니다. 혼돈에서 창조를 이룬 성령이, 성령의 힘이 세례를 통해 그리스도교 공동체를 예수의 죽음과 부활로 이끌었습니다. 신실한 마리아로 하여금 하느님의 뜻을 이루도록 이끄신 바로 그 성령이 또한 성찬을 통해 빵과 포도주를 먹고 마시도록, 빵과 포도주에 하느님의 살아있는 말씀이 임한다는 것을 믿도록 이끌어 주었습니다. 제자들은 새로운 정체성을 갖고 성장해 갔습니다. 이제 그들의 정체성은 혈연이나 배경이 아니라, 그리스도를 따르는 공통의 믿음, 그 믿음 위에 자라나는 새로운 관계에 있었습니다. 그렇기에 사도 바울은 말했습니다.

세례를 받아서 그리스도 안으로 들어간 여러분은 모두 그리스도를 옷 입듯이 입었습니다. 유대인이나 그리스인이나 종이나 자유인이나 남자나 여자나 아무런 차별이 없습니다. 그리스도 예수 안에서 여러분은 모두 한 몸을 이루었기 때문입니다.

(갈라 3:27~28)

이 모든 것을 통해 그들은 예수를 예수 되게 한 것, 즉 성령 안에서 아버지와 관계를 맺으며 사는 법을 익혔습니다. 이러한 의미에서 예수를 따르는 모든 이는 친교를 통해, 세례와 성찬으로 표현되어 살아 숨 쉬는 새로운 정체성을 얻게 됩니다.

두 가지 점이 중요합니다. 첫째로 초기 그리스도교 공동체는 예수를 따르던 이들에게 공동체 구성원들끼리, 그리고 하느님과 관계할 수 있는 새로운 방법을 제공했습니다. 둘째, 이러한 관계에 활력과 형태를 준 것은 다름 아닌 삶을 통해 몸소 당신을 내어주신 하느님이라는 점입니다. 달리 말하면, 예수를 따르던 이들은 하느님께서 하느님이 되시는 신비로 초대받았습니다. 그들은 하느님께서 이 지상에 오셔서 보여주신 죽음과 부활이라는 삶의 방식을 감당하도록 초대받았습니다.

그러므로 크리스마스 전날 밤 어린아이였던 제가 유리창 너머로 본 가족의 모습을 보고 느꼈던 기쁨은 사랑을 향한 염원, 우리가 만물의 중심에 자리한 사랑을 갈망하고 있음을 보여주는 징표라 할 수 있습니다. 우리의 공동체 생활, 그 흐름과 움직임은, 실은 더 거대하고 깊은 무언가를 향한 성사sacrament입니다. 이 흐름, 영원한 사랑, 내어줌, 받음이라는 흐름은 우리가 맺는 모든 관계에서 열매를 맺도록 해주는 유일한 근간입니다. 아름다움과 하나가 되고자 하는 우리의 염원은 어떤 모습을 하고 있든지 모두 성령에 관한 속삭임입니다. 그리고 그 성령은 우리를 하느님의 친교, 하느님 고유의 삶인 성부, 성자, 성령의 친교로 이끕니다.

하느님의 삼위일체적 삶

용서받아 자유롭게 되는 것, 그리스도 안에서 새로운 피조물이 되었다는 깨달음은 초기 그리스도교 공동체 생활의 형성에 결정적인 영향을 미쳤습니다. 이러한 깨달음을 바탕으로 그들은 예수, 그리고 자신들을 예수의 삶으로 끌어들인 성령이 아버지 하느님과 비범하고도 친밀한 관계를 맺고 있다고 확신하게 되었습니다.

그들은 자신들을 새롭게 태어난 자녀로 간주한 분은 결국 성부이신 하느님임을 알게 되었습니다. 또한 그들과 함께 살고 계신 분, 아들의 삶과 죽음과 부활을 통해 그들과 함께하시며, 옛 삶을 살던 그들을 부르셔서 새로운 피조물이 되게 하신 분 또한 하느님이었지요.

사랑하는 아들의 마음을 불어넣으시고, 아버지와 그리스도가 나눈 교제를 그들 또한 나누도록 하신 분, 성령으로 일하시는 분 역시 하느님임을 그들은 알았습니다. 바로 그 하느님이 영원한 사랑으로 그들을 받으시고, 그 사랑이 구체화하게 하시고, 그리스도를 알게 하셔서 그 사랑을 마음에 부어주신 분이었습니다.

초기 그리스도교인들은 이스라엘의 역사를 뒤돌아보며 전체 이야기에 놓인 세 겹의 흐름을 발견했습니다. 태초에 하느님의 기운이 "깊은 물 위에 휘돌며" 우주가 창조의 말씀을 받도록 준비합니다.

하느님께서 "빛이 생겨라!" 하시자 빛이 생겨났다. (창세 1:3)

새로운 창조가 시작될 때 나자렛의 마리아는 다음과 같은 말씀을 듣습니다.

성령이 너에게 내려오시고, 지극히 높으신 분의 힘이 감싸 주실 것이다. (루가 1:35)

신실한 마리아는 성령에 의해 하느님의 목적을 이루도록 이끌립니다. 하느님의 말씀에 대한 인간의 응답으로 그녀는 말씀의 성육신을 낳습니다. 사도 바울이 보기에 성령은 하느님의 능력으로 예수를 "죽은 자들 가운데서" 살아나게 하심으로써 새로운 창조라는 다음 단계를 낳습니다. 예수의 부활 안에서, 성령은 살아 계시며 십자가에 못 박힌 말씀을 교회라는 공동체에 전해 옛 창조에서 말씀에 대한 새로운 응답이 끊임없이 나오게 합니다. 성령의 강림과 함께 태어난 이 공동체는 저 말씀을 선포하고 살아내기 위해 분투합니다. 새로운 창조를 위한 해산의 고통은 오늘날까지 이어지고 있습니다.

초기 그리스도교인들은 삼위일체를 어떻게 이해했을까요? 그들은 하느님과의 이 새로운 만남이 한 분이 세 가지 역할을 해서(마치 제가 주일날 성찬례에 참여하는 사람이자 애찬 준비자이자 화가 난 부모가 동시에 될 수 있는 것처럼) 이루어진다고는 생각하지 않았습니다. 그렇다고 하느님이 장난기가 많으셔서 어떤 때는 긴 수염을 지닌 노인이 되고, 어떤 때는 아기가 되고, 어떤 때는 새가 되기도 하는 등 온갖 위장을 하고 숨바꼭질을 하신다고도 생각하지 않았습니다. 그들이 하느님을 만났을 때 그들은 하느님 안에 존재하는 상호 관계mutual relationship로 휘말려 들어갔습니다. 성육신한 말씀, 그리고 이 혼란한 세계와 혼란에 빠진 우리를 휘도는 성령은 인간의 불순종을 미처 예상치 못해 갈팡질팡하는 하느님이 임시변통으로 만들어낸 것이 아닙니다. 말씀과 성령은 영원히 하느님과 친교를 나누며 그리스도교인들은 바로 이 친교에 참여하게 됩니다. 성부 하느님께서는 그저 성부로만 계시지 않으며 영원히 기쁘게 자신을 내어주십니다. 말씀을 전하심으로써, 달리 말하면 자기 자신을 '타자화'othering하시는 가운데 자기 자신을 내어주십니다. 성부는 기쁨으로 단순한 하나oneness를 넘어 다른 존재에게 자기를 내어주십니다. 이 사랑은 아버지 앞에서 영원히 자기를 포기하는 말씀, 예수가 보여주는 사랑과 같습니다. 그리고 이 모두는 같은 성령의 활동으로 이루어집니다.

"하느님은 사랑이십니다." 이 강렬한 진술을 통해 그리스도교인들은 하느님이란 관계의 하느님, 즉 사랑하는 이Lover, 사랑받는 이Beloved, 기뻐하는 이Enrapturer 사이에서 일어나는 친교의 하느님임을 이해하게 되었습니다. 그리스도교인들이 더불어 사는 삶을 통해서만 참된 그리스도교인으로 온전히 성장하게 되는 것처럼, 그리스도교인들이 새롭게 만난 하느님은 관계성

relationality을 통해서만 그분이 어떤 분인지를 온전히 알 수 있습니다. 하느님께서는 영원히 사랑하심으로써, 그리고 자신과 다른 존재에게 자기를 내어주심으로써 세 위격person이라는 인격을 지니고 있음을 드러내십니다. 성부는 당신의 생명을 아들에게 남김없이 주시며, 성자는 이 생명을 말하고 구현하며, 성령은 비할 바 없는 기쁨으로 사랑 아래 이를 하나로 모읍니다.

그렇다면 그리스도교인들이 삼위일체 하느님의 친교에 참여한다는 말은 무슨 뜻일까요? 살다 보면 자기 스스로도 '나답지 않다'고 느낀 순간들이 있기 마련입니다. 특정 상황에 처했을 때 우리는 우리 자신도 모르게 스스로를 과장하거나 희화화하곤 합니다. 결혼 승낙을 앞두고 장인, 장모님이 되실 분과 처음 만나는 자리, 직장 상사와의 식사 자리가 그 대표적인 예지요. 이럴 때 우리는 스스로 생각하기에도 이상할 정도로 거북함과 부자연스러움을 느낍니다. 이런 순간들이 우리의 삶을 덮는다면 (종종 가벼운 기분 전환을 하기 위해 시시껄렁한 이야기를 동료들과 주고받으며) 우리는 우리도 모르는 사이에 주변 환경에 적응하기 위해 끊임없이 자신의 색깔을 바꾸는 카멜레온 같은 존재가 되어버릴 것입니다.

이와 달리 성령의 인도를 받아 이루어지는 만남은 우리를 해방시키고 우리에게 생기를 불어넣습니다. 그리고 이것이야말로 우리의 참된 시작점입니다. 사도 바울의 편지들은 공동체 안에서 더불어 사는 삶에 관한 지침으로 가득 차 있습니다. 이는 그가 우두머리 행세를 하려 했던 것이 아니라, 그리스도의 생명을 얻은 공동체, 그리스도의 삶을 따르는 공동체가 어떠해야 하는지 분명한 상像을 갖고 있었기 때문입니다. 그리스도를 따르는 공동체, 즉 교회는 서로 사랑하고자 하는, 때로는 느리고도 고통스러운 분투를 통해 우리 스스로가 생각하고 만들어낸 (때로는 과장되고 때로는 희화화된) 자아상自我像에서 벗어나 새로운 삶을 살고, 새로운 정체성을 끌어내는 곳입니다. 바울은 우리의 새로운 인격이 관계에서 온다고 보았습니다. 그리스도인으로서 우리는 타인들과 함께하는 공동의 여정, 서로 주고받는 삶의 과정을 통해 서서히 형성되는 자아를 지닌 인격체가 됩니다. 그리스도교인의 삶은 새로운 정체성을 얻기 위해 세례를 받고 성찬을 나눔으로써, 하느님과의 관계와 서로의 관계를 통해 자신이 정말 누구인지를 더 깊게 발견해 나가는 여정입니다. 성찬은 이 새로이 얻게 된 관계적 정체성relational identity을 기념하는 활동으로도 볼 수 있습니다. 성찬례를 통해 우리는 아버지와 함께하는 예수, 그의 감사를 나누는 방식으로 서로가 함께하기 때문입니다.

새로운 친구들을 만났을 때, 새로운 활동을 하게 되었을 때, 새로운 직장에 가게 되었을 때 자신의 진가가 발휘되는 것 같은 경험을 해본 일이 있을 겁니다. 저는 대학교에 처음 갔을 때 느꼈던 해방감을 잊지 못합니다. 그곳에서 저는 제 음악 취향을 이상하게 보지 않는 사람, 저보다 시를 좋아하는 사람들, 정치논쟁을 즐기는 사람들, 저의 모습을 있는 그대로 받아주는 것 같은 사람들을 만났습니다. 그들을 통해 저는 제가 누구인지 알게 되었습니다. 그때 저는 제 안에 있는 '나'가 진정한 나 자신이 된다고 느꼈습니다. 저는 인생에서 처음으로 하나의 인격체로 대우받고 있음을 느꼈습니다. 이와 유사하게, 그러나 훨씬 더 깊은 의미에서 초기 그리스도교인들은 자신들의 가장 참된 '자아'self, 그리고 가장 강력한 '자아'가 새로운 관계를 통해 성장한다는 것을 발견했습니다. 이를 통해 그들은 하느님께서 당신의 성스러운 관계로 자신들을 초대하고 있음을 깨달았습니다.

요한 복음서에는 예수가 제자들에게 성자로서 예수를 향한 성부의 사랑과 제자들 안에서 나타나는 사랑의 동일성, 그 근본적인 연관성을 가르치는 장면이 있습니다.

> 아버지께서 나를 사랑하신 것처럼 나도 너희를 사랑해 왔다. 그러니 너희는 언제나 내 사랑 안에 머물러 있어라. 내가 내 아버지의 계명을 지켜 그 사랑 안에 머물러 있듯이 너희도 내 계명을 지키면 내 사랑 안에 머물러 있게 될 것이다. … 내가 너희를 사랑한 것처럼 너희도 서로 사랑하여라. 이것이 나의 계명이다. 벗을 위하여 제 목숨을 바치는 것보다 더 큰 사랑은 없다. 내가 명하는 것을 지키면 너희는 나의 벗이 된다. 이제 나는 너희를 종이라고 부르지 않고 벗이라고 부르겠다. 종은 주인이 하는 일을 모른다. 그러나 나는 너희에게 내 아버지에게서 들은 것을 모두 알려 주었다. (요한 15:9~15)

이 구절의 논리는 경이롭습니다. 요한은 예수가 자신과 아버지가 맺은 관계를 제자들에게 보여줌으로써 그들을 자신의 친구로 만들고 있다고 이해했습니다. 예수가 그의 아버지와 맺은 관계는 무한히 사랑하고 무한히 사랑받는 것이 이어지는 것입니다. 흥미로운 점은 이러한 사랑이 이 세계에서 구현될 때는 특정한 모습을 보인다는 것입니다. 그 모습이란 동료 인간을 위해 자신의 생명까지도 내려놓는 사랑에서 궁극적인 형태를 갖는 공동체적 사랑입니다. 성령은 하느님의 거룩한 위격들이 무한히 서로 나누는 사랑이 그리스도교 공동체 안에서, 그리스도교 공동체를 통해 일어나게 하려고 분투합니다. 이러한 무한한 사랑을 인간의 역사라는 지평에서 발견할 수 있다면 그것은 바로 타인을 위해 목숨까지도 기꺼이 내어주는 삶입니다.

물론 그렇다고 해서 그리스도교인들이 서로의 사랑을 증명하겠다고 절벽에서 뛰어내리지는 않습니다. 그럼에도 불구하고 예수가 그들을 위해 한 것, 그들을 자신의 친구로 삼고 심지어는 목숨을 내놓기까지 그들을 사랑한 것은 변치 않는 '계명'commandment으로 남아 있습니다. 타인을 위해 살아감으로써 참된 '나'로 거듭나려는 의지는 그리스도교 공동체의 근본적인 법이 됩니다. 목마른 이에게 차가운 물 한 잔 건네는 것에조차 그리스도교에서는 자기를 희생하는 사랑이라는 커다란 의미를 부여합니다. 참된 인격체가 되는 것과 자기를 희생하는 사랑으로의 부름에 기꺼이 응하는 것 사이에는 진실로 신성한 연관성이 있습니다.

온전한 인격체가 되는 것

인격, 혹은 인격체라는 말은 매우 모호한 말입니다. 한편으로 이 말은 타인이 필요 없는 자기충족적이고 자기 완결적인 '자아'ego를 뜻할 수 있습니다. 다른 한편으로 이 말은 타인과 긴밀하게 얽힌 한 사람의 '정체성'identity을 뜻할 수도 있습니다. 우리는 친구와 만남으로써, 배우자와 만남으로써, 아이들과 만남으로써 하나의 인격체가, 인간이 됩니다. 하나의 인격체가 된다는 것은, 인간이 된다는 것은 타인을 사랑하고 돌보게 된다는 뜻입니다. 우리가 미소 짓도록 먼저 우리에게 미소 짓는, 우리가 말을 하도록 먼저 우리에게 말을 건네는 수많은 타인이 없다면 우리는 온전한 인격체로 성장할 수 없습니다. 이 세상에 태어나는 순간 우리는 타인들과의 교제라는 세계로 들어갑니다.

복음서는 자신이 거룩한 아버지와 관계 맺고 있음을 알고 자신이 이 땅에 있는 이유는 바로 아버지의 뜻을 따르는 것임을 이해하는 생기 넘치고 힘 있는 예수의 모습을 우리에게 보여줍니다. 그는 성령의 인도를 받아 아버지의 사랑을 말하고 행함으로써 자신의 정체성을 실현해 나아갑니다.

주님의 성령이 나에게 내리셨다. 주께서 나에게 기름을 부으시어 가난한 이들에게 복음을 전하게 하셨다. (루가 4:18)

그는 자신의 마음속 깊은 곳에서 들려오는 소리, 성령의 소리에 귀 기울이며 자신에게 주어진 사명을 완수하려 했습니다. 그의 삶은 경이, 거룩한 아버지에 대한 굳건한 신뢰로 이루어져 있었습니다.

하나의 인격체, 온전한 인간이 되는 것은 우리에게 주어진 사명이라고도 할 수 있습니다. 성령의 인도를 받아 아버지의 뜻을 알고자 했던 예수의 마음을 닮아갈 때 우리의 갈망도 방향을 잡고 삶의 행보가 어디를 향해야 하는지를 맞추기 시작합니다. 예수가 자유롭게, 사랑으로 아버지에게 온전히 자기 자신을 맡김으로써 우리는 그때까지 우리를 가로막던 우리 자신의, 혹은 우리를 둘러싼 두려움과 우상들에서 벗어나 온전한 인간을 향하게 하는 성령의 초대에 응하게 됩니다. 성령은 성부 안에서 예수가 지녔던 자유를 우리에게 가득 채워 넣어주고 이 과정에서 우리는 우리 고유의 인간성이 지닌 참된 가능성을 발견하게 됩니다. 이렇게 우리는 우리 자신에게서 나와, 자기 집착self-preoccupation에서 벗어나 타인들의 참된 필요에 응하도록, 타인들이 있는 상황에 들어가도록 부름받았습니다.

그러나 이 세상에서 사랑을 행하기란 생각보다 훨씬 더 어렵습니다. 사랑을 행하는 삶은 곧잘 중단되고 망가집니다. 십자가는 우리에게 참된 사랑은 커다란 대가를 치러야 함을 가르쳐 줍니다. 이러한 세상에서 하나의 인격체가 되는 것, 온전한 인간이 되는 것은 행복감이나 평안에 이르는 길 보다는 고통에 이르는 길에 가까운 것처럼 보입니다. 이렇게 가치가 전도된 세상에서 자신을 내어주는 것은 희생에 가까운 것처럼 보이고, 참된 인간성을 성취하는 것이기보다는 오히려 이에 이르는 데 실패한 것처럼 보입니다. 그리고 바로 이 때문에 그리스도께서 구원을 이루시는 능력은 기꺼이 '자기를 희생하는 사랑'이라는 모습으로 드러납니다. 예수는 (다른 인간과 마찬가지로) 온전한 인간이 되지 못한 파편과도 같은 상태, 부서진 상태에서 하나의 인격체, 온전한 의미에서 참된 인간이 되려 분투합니다. 그 결과 그는 자신의 정체성을 이루어가는 방식(즉 아버지와 그가 관계를 맺는 방식)으로써 가장 커다란 대가, 즉 죽음까지를 감내합니다. 예수가 아버지에게 드린 기도는 십자가 위에서 죽음이라는 형태로 드러나며, 아버지는 성령을 통해 부활이라는 답을 제시합니다. 이와 관련해 허버트 매케이브Herbert McCabe*는 말했습니다.

예수는 먼저 개인이 된 다음 아버지에게 기도한 것이 아니다.

---

* 허버트 매케이브Herbert McCabe(1926~2001)는 영국 출신 로마 가톨릭 사제, 신학자, 철학자이다. 맨체스터 대학교에서 화학과 신학을 공부했으며 1949년 도미니코 수도회에 들어갔고 1955년 사제서품을 받았다. 도미니코 수도회에서 펴내는 신학 학술지 뉴 블랙프라이어New Blackfriars의 편집장을 역임했으며 토마스 아퀴나스, 비트겐슈타인Ludwig Wittgenstein의 영향 아래 신학, 정치 분야에서 다양한 글을 남겼다. 영미권 신학계 뿐만 아니라 테리 이글턴Terry Eagleton과 같은 마르크스주의 비평가에게도 영향을 미쳤다. 주요 저서로『법, 사랑 그리고 언어』Law, Love and Language(1968),『신은 중요하다』God Matters(1987),『여전히 신은 중요하다』God Still Matters(2002) 등이 있다.

오히려 그가 아버지께 드린 기도가 그의 정체성을 형성했다. 그는 단순한 한 사람의 기도자, 기도를 가장 잘한 사람이 아니다. 예수는 순전한 기도 그 자체다. 달리 말하면 예수의 십자가 죽음과 부활은 인간 역사에서 예수라는 인간, 인격체를 이루는 아버지와의 관계를 인류가 볼 수 있게 한 사건이다. 예수의 기도는 십자가에서의 죽음이다. 아버지와 아들의 영원한 관계는 아들이 아버지에 대한 사랑으로 자신을 완전히 포기하는 것으로 이루어진다. 예수 그리스도를 통해 이 관계는 우리 역사의 일부가 되었다. 우리 한 사람 한 사람이 하나의 조각으로 존재하는 인류라는 망의 일부가 되었다. 그렇게 됨으로써 역사와 인류에 새로운 중심과 새로운 흐름이 아로새겨졌다.[2]

예수 그리스도를 통해 모든 피조물이 성부, 성자, 성령의 품 안에 들어오게 된 것, 이것이야말로 은총이 낳은 기적입니다.

하느님께서는 우리 없이 하느님이 되지 않기로 결심하셨습니다. 그분은 우리와 단순한 관계를 맺으신 것이 아니라 훨씬 더 친근한 관계로, 하느님 당신께서 맺으시는 관계인 삼위일체에 참여하도록 우리를 초대하셨습니다.

온 세계는 성부, 성자, 성령의 상호 사랑mutual loving 안에 존재하므로 이 세계가 지닌 영광과 이 세계가 입은 상처는 하느님에

---

[2]   Herbert McCabe, *God Matters* (London: Geoffrey Chapman, 1987), 220.

게서 멀리 떨어져 있지 않습니다. 창조는 천상의 존재가 자신의 여흥을 위해 행한 마술 쇼가 아닙니다. 그리스도교 신앙을 이루는 모든 신비(창조, 계시, 성육신, 구원, 다가올 하느님 사랑의 통치)는 거룩한 삼위일체 하느님께서 시간과 공간을 향해 당신의 무한한 사랑과 그 결실을 말하는 언어입니다. 자신을 내어주는 사랑은 생명을 주기 위해 온 우주를 가로지릅니다. 이 사랑은 거룩함과 죄 사이에 놓인 심연조차 가로지릅니다.

철학자 시몬 베이유Simone Weil*는 삼위일체 하느님께서 이 시간의 세계를 일정한 대가를 치르면서까지 가로질러 나가시는 것에 관해 인상적인 말을 남겼습니다.

하느님께서는 사랑 자체와 사랑하기 위한 수단들 외에는 다른 것을 창조하지 않으셨다. 그분은 사랑의 모든 형상을 만드셨다. 가능한 모든 거리에서 사랑할 수 있는 존재들을 만드셨다. 다른 존재는 할 수 없는 일이었기에 그분 자신이 최대 거리, 무

---

* 시몬 베이유Simone Weil(1909~1943)는 프랑스 출신 유대계 철학자다. 1928년 프랑스 고등사범학교에 들어갔으며 1931년 철학교수 시험에 합격해 철학을 가르치며 "이 세상의 고통을 알기 위해" 공장 노동자로 일했다. 이후 스페인 내전에 참전하고 제2차 세계대전 중 레지스탕스로 활동하다 34세의 이른 나이에 폐결핵과 과로로 세상을 떠났다. 정식 그리스도교 신자가 되지는 않았지만 그리스도교 신앙에 관해 진지하게 성찰한 글들을 남겼으며 사후 생전에 썼던 글들이 『중력과 은총』La Pesanteur et la grâce(1947), 『신을 기다리며』Attente de Dieu(1950) 등으로 출간되어 유럽 전역과 영미권 지성계에 커다란 반향을 일으켰다. 한국에는 『중력과 은총』, 『뿌리내림』, 『신을 기다리며』(이상 이제이북스), 『노동일지』(리즈앤북) 등이 소개된 바 있다.

한한 거리까지 나아가셨다. 하느님과 하느님 사이의 이 무한한 거리, 궁극의 찢김, 아무도 다가갈 수 없는 고통, 사랑의 기적이 바로 십자가형이다. 이 저주보다 더 하느님에게서 멀어질 수는 없다.

궁극적인 사랑은 이 찢김 위에서 궁극적인 일치를 이룬다. 이는 침묵 속에서 우주를 가로지르는 영원한 울림을 낳는다. 분리된 두 음이 한데 섞이며 순수하고도 날카로운 화음을 이루는 것처럼. 이것이 하느님의 말씀이다. 모든 피조물은 이 말씀의 잔향이다. 인간이 만든 음악도 가장 순수한 것은 영혼을 꿰뚫는데 우리는 이 음악을 통해 하느님의 말씀을 듣는다. 침묵을 듣는 법을 익히면 그 침묵을 통해 더욱더 뚜렷하게 하느님의 말씀을 헤아릴 수 있게 된다.[3]

그녀는 제2차 세계대전 동안 만성 질병을 앓는 와중에도 당대 프랑스인들이 겪은 여러 고통을 나누려 노력했습니다. 그녀는 끔찍한 고통의 삶이 얼마나 사람들을 하느님에게서 떨어뜨려 놓는지, 희망을 잃어버리고 상실감을 느끼게 하는지 잘 알고 있었습니다. 하지만 복음의 중심을 향해 자신만의 신앙 여정을 하던 중 그녀는 하느님의 삶, 그분의 생명 안에는 본래 매우 커다란, 심지어는 무한한 '분리'separation가 있음을 감지했습니다. 이에 관

---

[3] Simone Weil, *Waiting for God*, trans. Emma Craufurd (New York: Harper & Row, 1973), 123~124. 『신을 기다리며』(이제이북스)

해서는 오랜 친구 관계를 생각해 볼 수 있겠습니다. 오랜 친구 관계는 폐쇄적이지 않으며 배타적이지도 않습니다. 오히려 오랜 친구 관계는 그 사이에 다른 이들을 포함할 수 있을 정도로 열려 있을 때 그 참된 깊이를 드러냅니다. 관계가 굳건하면 굳건할수록 그만큼 그 사이에 많은 사람이 들어올 수 있습니다. 새로운 친구들의 희망과 두려움을 받아들일 수 있을 정도로 말이지요. 부모와 자식 관계도 마찬가지입니다. 자신의 아이가 아파할 때, 고통 중에 있을 때 부모는 이를 사랑으로 받아들입니다. 이때 부모와 자식은 '분리'되어 있습니다. 하지만 부모가 아이를 받아들이기 위해 손길을 뻗을 때 아이의 고통과 아픔은 사랑의 관계 안에 들어와 치유됩니다.

시몬 베이유는 십자가에 그리스도께서 매달리셨을 때 하느님께서는 그분과 우리 사이에 있는 무한한 거리를 가로질러 고통 중에 있는 우리, 희망에서 단절된 우리를 향해 당신의 손길을 내미신다고 믿었습니다. 십자가에서 버림받은 예수가 울부짖을 때, 우리는 하느님의 말씀이 우리를 찾아 우리의 곤경을 나누며 아버지를 찾는 모습을 봅니다. 이렇게 인간의 망각, 인간의 상실, 인간과 하느님 사이의 '거리'는 하느님의 영원한 사랑이 빚어낸 생명의 '거리' 안에 들어오게 됩니다. 이렇게 시몬 베이유가 "궁극적인 일치"라고 부른 아버지의 아들에 대한 사랑, 아들의 아버지를 향한 사랑, 성령 하느님의 사랑은 온 피조세계를 품습니다. 모든 피조물은 삼위일체 하느님의 위격들 간의 사랑이 빚어내는 소리라고 할 수 있습니다. 이 소리는 천상에서는 순수한 기쁨으로 울려 퍼지지만 망가진 우리 세상에서는 "날카로운 화음"으로, 아이의 울음으로, 고통당하는 이가 신음하는 소리로 들립니다. 하지만 이 모든 고통 안에, 그리고 너머에는 성부, 성자, 성령 사이의 무한한 자기 내어줌이 있습니다. 그렇게, 하느님께서는 영원한 사랑으로 우리의 고통을 영원히 감싸주십니다. 삼위일체의 신비는 이 세계에서 일어나는 고통과 악의 문제에 대한 그리스도교의 가장 심원한 응답입니다.

하느님의 일체성

앞부분에서는 간략하게나마 삼위일체 하느님께서 지니신 성품character에 관해 살펴보았습니다. 그렇다면 이러한 하느님의 '삼중성'threeness은 우리 예배에서 어떠한 의미를 지닐까요? 매주 일요일 교회에서 신경을 고백하고 기도 드릴 때 왜 "한 분 하느님 … 하늘과 땅과 유형무형한 만물의 창조주"라고 하는 것일까요? 어떻게 하면 성부, 성자, 성령이라는 세 가지 독립되고 구별된 신들로 생각하는 '삼신론자'tri-theist가 되지 않으면서, 삼위일체의 세 위격을 단순하게, 구분되지 않는 하나의 덩어리로 만들지 않으면서 삼위일체 하느님에 대해 말할 수 있을까요? 세 위격을 지니신 한 분 하느님이라는 그리스도교 이해를, 하느님의 일체성을 적절하게 말할 수 있는 길은 무엇일까요?

초대교회에서도 이러한 질문을 던졌습니다. 어떤 이들은 하느님의 일체성을 강조하기 위해 삼위라는 위격은 어디까지나 일시적인 것이라고 말했습니다. 성부, 성자, 성령이라는 존재 방식은 한 분 하느님께서 역사의 각기 다른 지점에서 인류와 관계하는 일시적인 방법이라는 것이지요. 그러나 교회는 이러한 견해를 거부했습니다. 이러한 견해는 교회가 경험한 것과 맞지 않았기 때문입니다. 교회는 자신이 영원히 사랑을 나누는 위격의 무한한 친교에 머무르는 사랑의 공동체로 부름받았음을 깨달았습니다. 이 같은 맥락에서 초대교회는 성자와 성령을 성부보다 낮게 보는 관점 역시 거부했습니다. 초대교회 공동체의 구성원들은 하느님 안에는 (존 던John Donne의 표현을 빌리면) "하나의 동일한 음악"one equal music이 흐르고 있어 성부는 성자와 성령에게 비밀로 하는 것이 없음을 깨달았기 때문입니다.

로마 가톨릭 신학자 엘리자베스 존슨Elizabeth Johnson은 성자와 성령을 성부보다 낮게 보는 관점 아래 하느님이 자신을 내어주는 사랑이라는 개념을 강조하면 오히려 종속과 억압 관계를 강화할 수 있다고 경고합니다. 이어서 그녀는 삼위일체 신학은 종속subordination 보다는 상호성mutuality에 방점을 둘 수 있고, 또 그래야만 한다고 주장합니다. 하느님의 일체성은 세 위격이 모든 것을 자유로이 '서로'에게 내어주는 사랑의 활동을 통해 드러나기 때문입니다.[4]

---

[4] Elizabeth Johnson, *She Who Is: The Mystery of God in Feminist Theological Discourse* (New York: Crossroad, 1993), 265. 『하느님의 백한 번째 이름』(성바오로딸)

삼위일체에 대한 이해의 어려움은 부분적으로 '자아'self를 이해할 때 상호의존성interdependence보다 개별성individuality을 강조하는 경향에서 기인합니다. 우리는 우리 자신의 인격을 타인들과의 교제를 통해 점점 더 무르익어가는 '나'로 보기보다는 이 세상과 타인을 신중하게 바라보는 고립된 '나'로 가정하곤 합니다. 그러므로 우리가 삼위일체에 담긴 뜻을 온전히 이해하려 한다면 우리가 위격 및 인격, 일체 같은 용어를 어떻게 이해하고 있는지를 신중하게 성찰해 보아야 합니다. 이와 관련해 성공회 신학자 레너드 호지슨Leonard Hodgson*은 '수학적인 일체'mathematical unity와 '유기적인 일체'organic unity를 구분해야 한다고 지적합니다. 그는 말했습니다.

수학적인 일체는 복수성multiplicity을 제거함으로써 이루어진다.[5]

수와 관련해 일체는 이러한 방식으로 이루어지지만 생명체의 경우 일체는 훨씬 더 풍요롭고도 복잡한 방식으로 이루어집니다.

---

[5]   Leonard Hodgson, *Christian Faith and Practice* (Grand Rapids: eerdmans, 1965), 75.

*   레너드 호지슨Leonard Hodgson(1889~1969)는 영국 출신 성공회 사제이자 신학자, 철학자이다. 옥스퍼드 대학교 허트포드 칼리지에서 철학과 고대사, 신학을 공부했으며 1944년부터 1958년까지 옥스퍼드 대학교 명예교수로 활동했다. 신학과 철학의 대화에 관심을 기울였으며 현대 신학에서 삼위일체론이 다시금 조명을 받는데 공헌을 한 학자로 평가받는다. 주요 저서로 『그리스도교 철학을 향하여』Towards a Christian Philosophy(1942), 『삼위일체 교리』The Doctrine of the Trinity(1943), 『그리스도교 신앙과 실천』Christian Faith and Practice(1950) 등이 있다.

이른바 '고등' 생물일수록 그 일체성은 더 복잡합니다. 아메바는 생물 중 수학적으로 보았을 때 가장 일체에 가깝습니다만 모든 생물체가 아메바처럼 되어야 한다고 하는 사람은 없을 것입니다. 그러므로 하느님의 일체성은 수학적인 일체에 견주어 생각하기보다는 유기적인 일체, 인간의 일체성에 견주어 보는 것이 좀 더 적절합니다. 인간은 아메바보다 훨씬 복잡한 방식으로 '일체'를 이룹니다. '나'라는 인격체의 '일체성'은 우리 몸을 이루는 생물학적 요소들의 다양성이라는 측면뿐만 아니라 '인격체'의 바탕이 되어 주는 인간관계 전체, '인격'을 이루는 다양한 요소 간의 연결망까지를 포함합니다. '나'는 '나'를 사랑하는 사람과의 만남을 통해, '나' 자신을 넘어 '타인'을 사랑하려는 때로는 고통스럽고 때로는 기쁜 훈련을 통해 '나'가 됩니다. 심리학적으로 우리는 과거부터 현재에 이르기까지 모든 관계에서 일관성을 가지려 애쓰며 이를 해치는 위협들에 맞서고, 때로는 긍정적인 영향을 받으며 우리 인격의 일체성과 안정성을 유지합니다. 그러한 면에서 때로 통합하고 받아들이기 어려운 관계를 거부하는 것은 분열을 막기 위한 노력, 현재 자신의 인격이 일관성을 지니고 있으며 힘이 있음을 보여주는 징표로 간주할 수도 있습니다.

고대 그리스도교인은 하느님의 일체성에 관해 사유할 때 고대 그리스의 수학적인 일체 관념의 영향을 받았습니다. 하지만 실제로 하느님의 일체성을 생각할 때 도움을 주는 것은 좀 더 최근의 생각, 즉 관계를 바탕으로 한 유기적인 일체, 수학적인 일체보다 좀 더 풍부하고 복잡한 일체 관념입니다. 호지슨은 삼위일체 하느님의 '일체성'에 관해 생각해 볼 때 수학적인 일체보다는 유기적인 일체에 견주어 생각해봐야 한다고 제안합니다.

> (하느님의 세 위격과 일체성은) 인간의 인격과 일체성을 넘어선, 그보다 훨씬 더 풍요로운 유기적 일체로 보는 것이 아메바와 원자와 같은 수학적 일체로 보는 것보다 더 진실에 가깝다.

수학적인 일체는 다양성이 점점 더 줄어드는 특징을 보이지만 이와 달리 유기적인 일체는 점점 더 복잡해지는 것을 특징으로 합니다.

> 유기체가 복잡하게 이루어져 있을수록 유기체를 이루는 부분 부분에 스며들어 이를 하나로 모으는 생명의 힘은 더 커진다. … 우리가 이 세상에서 경험하는 가장 강력한 일체는 한 사람이라는 인격체다. 하느님께서 세 위격으로 구별되나 일체인 분임을 믿는다면 우리는 그 일체가 우리가 알고 있는 그 어떤 피조물의 일체성보다 더 강력하며 고차원으로 이루어져 있음을 믿어야 한다.[6]

---

6   Leonard Hodgson, *Christian Faith and Practice*, 76~77.

하느님의 일체는 성부, 성자, 성령의 무한한 자기 나눔으로 구성되며, 복잡성을 끌어안음으로 실현되고, 복음서가 서술한 사건들을 통해 완성됩니다. 예수의 죽음과 부활을 벗어나서는 이 신성한 일체가 지닌 힘을 알 수 없습니다. 성자는 죽음으로써 하느님에게서 인간이 가장 멀어진 곳, 가장 소외된 곳까지 나아가셨으며 부활하심으로써 당신의 일체가 약화되지 않고 오히려 더 영광으로 빛나게 되었음을 드러냈습니다. 하나를 이루는 사랑의 활동을 통해 하느님께서는 하느님 이외의 것(피조물)뿐만 아니라, 하느님을 적대하는 것(죄인)까지 끌어안으셨습니다.

이러한 하느님의 일체가 거둔 승리는 시간이 흐를수록 스스로 그 모습을 드러내게 될 것입니다. 어떤 의미에서 하느님께서는 자유롭게 시간의 위험을 받아들이기로 선택하셨다고 할 수 있습니다. 예수의 삶, 죽음, 부활, 승천, 성령을 교회로 보내신 사건은 모두 일체를 이루시는 하느님의 사랑을 분명하게 보여줍니다. 하느님에게 이러한 사건들은 과거 이 세계에 개입하셔야만 했던 유감스러운 일들, 이제는 "다 끝난" 일들이 아닙니다. 이 사건들은 모두 영적인 현실로 남아 있습니다. 그리스도교인으로서 우리는 신앙의 여정이 점점 더 무르익을수록 개인적인 기도와 묵상을 통해, 그리고 공동체로서 나누는 성찬을 통해 이 현실에 새롭게 참여하게 됩니다.

하느님께서는 자기 자신을 나눔으로써 영원한 친교를 맺고 계십니다. 이러한 친교는 '이미' 무한하며 그렇기에 역사를 무한히 넘어섭니다. 바울은 종의 모습을 취한 예수의 자기 비움에 관해 쓴 적이 있습니다.

> 그리스도 예수는 하느님과 본질이 같은 분이셨지만 굳이 하느님과 동등한 존재가 되려 하지 않으시고 오히려 당신의 것을 다 내어놓고 종의 신분을 취하셔서 우리와 똑같은 인간이 되셨습니다. (필립 2:6~7)

자신과 다른 존재를 위한 이 영원한 자기 비움은 역사에서 일어나는 사건들의 기초가 됩니다. 하느님께서 스스로 시간에 매이신 채 베푸신 모든 사랑과 자기-포기 활동은 영원의 차원에서 이루어지는, 일체를 이루는 세 위격 사이의 자기를 내어주는 활동을 엿볼 수 있게 해줍니다. 이곳에서의 사랑은 저곳에서 이루어지는 사랑을 속삭입니다. 아버지로부터 단절되는 것까지를 포함해 예수가 이 세상에서 겪은 모든 굴욕은 하느님께서 당신의 생명, 당신의 삶을 이루는 영원히 자신을 쏟아내는 사랑을 시간이라는 망가진 언어를 쓰셔서 제한적으로나마 표현하신 것이라 할 수 있습니다.

이는 예수와 우리에게 일어나는 일들이 하느님께 별로 중요하지 않다는 뜻일까요? 이에 대해 고대 그리스도교 신학자들은 중요하지 않다고 답했습니다. 그분은 피조 세계에 의존하지 않으시기에 우리 또한 그분에게 영향을 미칠 수 없다고 말이지요.

설사 우리가 지금 이 순간 사라지더라도 그것은 하느님에게 별다른 문제가 되지 않는다고 그들은 말했습니다. 어떤 이들은 이와 정반대로 인류의 역사는 하느님께서 온전히 하느님이 되시기 위한 매우 중요한 수단이라고 주장했습니다. 이러한 주장은 하느님께서 우리와 같은 피조물 없이는 존재할 수 없음을 뜻할 수 있기에 오랜 기간 대다수 그리스도교인은 이를 거부했습니다.

삼위일체 하느님의 친교가 우리를 교회의 구성원이 되도록 부르신다는 것은 그분이 분명 우리의 역사를 중요시함을 보여 줍니다. 그러나 이것이 그분이 우리의 역사에 의존함을 뜻하지는 않습니다. 그분은 역사에서 어떤 일이 일어나든 거기에 의존하지 않으십니다. 심지어 향후 역사의 존재 여부에도 말이지요. 하느님께 중요한 것은 불화가 극복되어 하느님에게서 발견되는 사랑과 일체의 무한한 가능성 중 하나를 꽃 피우는 것입니다. 그분께서는 자신을 떠난 영혼들이 돌아오기를 바라십니다. 당신의 모든 상처 입은 자식들이 치유되기를 바라십니다. 모든 죄인이 악에서 자신을 돌이키기를 바라십니다. 그들의 삶이 당신과 일치를 이룬 열매가 되기를 바라십니다. 이러한 사건들은 삼위일체 하느님의 친교가 낳은 선물이라 할 수 있습니다. 망가지고 부서진 우리가 치유될 때 하늘에서는 이를 기뻐합니다. 이러한 사건은 삼위일체이신 하느님의 상호 사랑이 기쁨으로 이뤄낸 활동의 일부이기 때문입니다.

꽃밭을 소유한 한 부부를 상상해 보십시오. 그들은 그 꽃밭을 아주 좋아합니다. 하지만 둘 중 한 사람이 꽃밭에서 자란 꽃으로 꽃다발을 만들어 사랑의 표시로 상대에게 건넬 때 그 꽃들은 깊은 차원에서 새로운 의미를 얻게 됩니다. 이제 그 꽃들은 보임으로써 기분을 좋게 하는 대상일 뿐 아니라 부부가 서로의 사랑을 나누는 데 쓰이는 언어의 일부가 됩니다. 여기서 각 꽃의 색깔과 향기는 나름의 의미를 지닙니다. 각 꽃은 각자의 색깔과 향기를 지니고 사랑을 나누는 언어에서 구체적인 기능을 합니다. 각 꽃의 이야기 역시 중요합니다. 어떤 꽃은 잎을 먹어대는 사슴 때문에 힘들었던 시간을 이겨냈고, 어떤 꽃은 폭우에 사그라들었다가 다시금 꽃을 피웠습니다. 꽃다발의 꽃들이 꽃밭에 있었을 때도 볼만했지만 그렇게 많은 의미를 지니지는 않았습니다. 꽃밭의 꽃들이 꽃다발의 꽃들로, 부부간에 주고받은 선물이 될 때 그들은 새로운 의미의 무게를 얻습니다. 그들은 사랑의 도구, 대화를 이루는 언어들로 거듭났습니다.

이와 유사하게, 삼위일체 하느님께서 사랑으로 자신을 내어줄 때는 마치 꽃밭의 꽃들(꽃다발이 될 수 있는 꽃들)처럼 하느님의 사랑을 표현할 무한한 가능성이 있습니다. 창조와 재창조의 활동에서 이러한 가능성은 현실이 되며 (피조물인) 우리와 우리의 역사는 새로운 의미를 얻게 됩니다. 하느님께서는 이를 중시하십니다. 삼위일체 하느님의 친교 안에서, 하느님의 위격들이 서로 사랑을 나누는 가운데 우리를 통해 자신을 서로에게 내어주기로 선택하심으로써 피조물인 우리는 그분과 화해를 이룬 자녀가 되었습니다. 하느님께서 우리를 소중히 여기시는 이유는 하느님이 하느님으로서 계시기 위해서 우리가 필요하기 때문이 아니라 우리를 창조하시고 구원하시고 거룩하게 하시는 방식으로, 그리고 이를 통해 당신이 사랑과 자유의 친교를 맺으시기로 하셨기 때문입니다. 우리 삶에 하느님께서 활동하시며 일으키시는 모든 사건(그리고 우리가 응답하는 모든 사건)은 하느님께서 자기를 나누어 주시는 활동, 즉 사랑이 펼쳐지는 길이 됩니다. 꽃밭에 있던 꽃들이 꽃다발을 이루어 연인들이 서로 사랑을 나눌 때 쓰는 언어로 새롭게 거듭나는 것처럼 말이지요.

우리는 하느님께서 자신의 생명을 나누시는 삶, 대화의 소중한 동반자입니다. 성령 하느님께서 우리를 격려하시고 고취하십니다. 이를 통해 우리는 예수가 그랬던 것처럼 우리를 적대하는 이조차 사랑할 수 있습니다. 그렇게 우리는 예수와 성령의 대화에 참여합니다. 예수 안에서, 그가 펼치는 활동에서 주어진 몫을 감당함으로써 우리는 점점 더 그리스도께서 아버지와 주고받는 사랑의 일부가 됩니다. 우리는 각자 삶을 통해 그의 뜻을 좀 더 분명하게 식별해 나가며 이로써 우리를 향한 그의 사랑이 우리의 참된 정체, 우리라는 인간을 빚어내고 있음을 좀 더 온전히 받아들일 수 있게 됩니다. 하느님께서는 우리 안에 있는 그리스도를 사랑하시기에 당신을 내어주십니다. 그리고 우리 안에 있는 그리스도는 기쁘게 성령의 능력으로 아버지께서 주신 사랑을 되돌려줍니다. 이를 통해 우리는 본래 우리가 되어야 할 '우리'

로 성장해 나갑니다.

교리의 적용 - 왜 기도하는가?

삼위일체 하느님의 친교, 하느님의 신비로운 공동체적 삶은 우리가 만물을 더 깊게 이해할 수 있게 해주는 일종의 렌즈라 할 수 있습니다. 삼위일체 하느님의 영원한 자기 나눔은 만물의 근본 바탕을 이룹니다. 만물의 핵심에 다가서면 다가설수록 우리는 저 아름다움과 논리를 좀 더 온전하게 볼 수 있게 될 것입니다. 우리는 삼위일체적 삶의 지혜를 일상에 적용하는 법을 익혀야 합니다.

기도를 생각해 봅시다. 왜 기도를 해야 합니까? 하느님께서는 이미 모든 것을 알고 계십니다. 그런데 우리가 하느님께서 무엇인가를 하시도록 만들 수 있다고 생각하는 것은 주제넘은 생각이 아닐까요? 기도란 그저 전능한 하느님 앞에 가련한 피조물로서 우리가 비굴하게 엎드려 그분에게 조금이나마 양보를 얻어내기를 바라는 일일 뿐일까요? 그리스도교 신앙이 말하는 기도는 그렇지 않습니다. 예수는 제자들에게 "우리 아버지"라는 말로 기도를 시작하라고 가르칩니다. 우리의 기도는 우리가 예수와 교제를 나누는 가운데 그의 아버지이자 우리의 아버지에게 말을 건네는 행동임이 분명합니다. 그리스도교인에게 기도란 알려지지 않은, 알 수 없는 신이 아닌 예수와 친밀한 관계에 있는, 예수를 통해 알게 된 누군가에게 말을 건네는 것입니다. 여기에 바울은 로마인들에게 보내는 편지에서 기도를 드릴 때 성령이 하는 역할에 대해 수차례 언급합니다.

> 성령께서도 연약한 우리를 도와주십니다. 어떻게 기도해야 할지도 모르는 우리를 대신해서 말로 다 할 수 없을 만큼 깊이 탄식하시며 하느님께 간구해 주십니다. (로마 8:26)

여기서 바울은 기도하는 주체가 우리라는 생각을 접어야 한다고, 우리가 기도할 때 기도하는 이는 다름 아닌 우리를 움직여 우리의 마음을 하느님의 마음과 일치시켜 나가는 성령이라고 말합니다. 성령을 통해 우리의 마음은 그리스도의 마음으로 가득 차며, 성령으로 인해 그리스도의 기도, 그분과 아버지가 나눈 대화가 우리 삶의 중심에 자리 잡아 생동감 있게 움직입니다.

> 우리가 "아빠! 아버지!"라고 부르짖을 때 성령이 친히 우리의 영과 더불어 우리가 하느님의 자녀인 것을 … 그리스도와 함께 상속을 받을 사람인 것을 증명하십니다. (로마 8:15~17)

하느님께서는 성부, 성자, 성령 간 사랑의 친교를 나누시는 하느님이십니다. 우리는 기도를 하며 저 사랑의 교류에 더 깊이 참여하게 됩니다. 그러한 면에서 기도는 우리 안에서 하느님이 활동하시는 것이라 할 수도 있습니다. 좀 더 정확하게 말하면, 하느님께서 나누시는 친교 안에서 기도함으로써 우리는 좀 더 온전한 인격체가 됩니다. 그러므로 기도하는 동안 간구하는 것은 어떤 묘안이 떠오를 때까지 하느님께서 전혀 생각하지 못하셨을 무언가를 하시도록 구슬리는 것이 아닙니다. 오히려, 기도하는 와중에 하느님께서는 우리의 정신과 마음이 당신께서 바라시는 바를 따르도록 우리를 새롭게 하십니다. 여러분은 진실로 무엇을 바랍니까? 정직하게 털어놓아 보십시오. 누군가는 아이스크림을 먹고 싶을 것이며, 누군가는 팝콘을 원할 것이며 누군가는 좀 더 좋은 집에 살기를 바랄 수도 있습니다. 그런가 하면 누군가는 회사가 집에서 그리 멀지 않았으면 할지도 모르겠습니다. 이런 것들이 성부를 향한 성자의 갈망처럼 보이지는 않을 것입니다. 그러나 바로 그곳이 출발점입니다. 아무것도 갈망하지 않고, 아무것도 사랑하지 않으며 갈구하지 않는다면 그것이야말로 더 큰 문제일지 모릅니다. 기도는 삼위일체 하느님의 위격들이 나누는 사랑이 우리 안에서 좀 더 깊게 자리 잡도록 하는 활동입니다. 기도를 통해 그분께서는 우리의 작고 변변찮은 갈망들이 하나의 깊은 갈망으로 나아가게 하십니다. 이 과정을 통해 우리는 자유롭게 되어 참된 우리 자신이 되며 친교를 나누는 참된 인격체들이 됩니다.

우리가 지닌 갈망이 초라하고 유치하기 그지없음을 인정할 정도로 정직하다면 하느님의 은총은 우리 안에서 자라나 우리가 기도하는 와중에 진정으로 원하는 더 중요한 것이 있음을 천천히 깨닫게 할 것이다. 무엇을 원해야 하는지를 추상적으로 아는 것이 아니라, 본래 우리에게 있는 갈망을 우리는 발견하게 될 것이다. 그러나 이를 위해 출발해야 할 곳은 다름 아닌 지금 여기다.[7]

기도란 천국의 문밖에서 천국으로 들어가기 위해 문을 두드리는 행위가 아닙니다. 기도할 때 우리는 이미 천국의 중심에 있습니다. 기도라는 활동은 성령 하느님께서 우리가 진정한 우리 자신으로 여기도록 배워 온, 무언가를 통제하려 하고, 겁먹고, 자기중심적인 충동들의 족쇄에서 벗어나, 그리스도 안에서 되어 가도록 창조된 깊고 강하며 열정으로 가득 찬 인격체를 발견하도록 하시는 활동입니다. 기도를 통해 우리는 아버지 앞에 선 그리스도의 자리로 나아가며 우리가 진실로 원하고 진정으로 갈망하는 것이 무엇인지를 알게 되고 자유를 얻게 됩니다.

이제 그리스도교 교리에 담긴 지혜를 적용한다는 것이 무엇인지 감이 오십니까? 중요한 것은 시시각각 떠오르는 물음들과 문제들을 새로운 틀에 놓고 보는 것입니다. 신학의 목적은 오랜 기간 그리스도교에서 전한 가르침들이 우리의 생각하는 방식에 스며들어 문제를 재구성하고 이를 좀 더 깊은 의미에서 볼 수 있

---

[7] Herbert McCabe, *God Matters*, 224.

게 하는 것입니다. 현실에서 우리는 다양한 문제와 마주하게 됩니다. 굶주림이라는 문제를 해결하기 위한 자원이 충분하지 않을 때 어떻게 해야 하느냐는 문제, 여러 위험에 노출된 아이들을 어떻게 보호할 것이냐는 문제부터 교회에 외국인들이 많아졌을 때 별도로 외국인들을 위한 예배 시간을 마련해야 하느냐는 문제까지 … 성령은 이웃과 세계를 향해 관심을 기울이도록 다양한 방식으로 우리를 부릅니다. 실천을 통해 우리는 그리스도교 교리들에 담긴 적절성과 교리들 저변에 흐르고 있는 논리를 다시금, 좀 더 깊이 깨닫고 익히게 될 것입니다. 우리가 해결해야 할 문제가 무엇이든 삼위일체 교리는 그 문제에 대한 깊은 이해를 가능케 하는 지혜를 줍니다. 이제 다른 문제를 살펴봅시다.

제3장

창조의 신비 – 하느님의 위대하심

"어둠에서 빛이 비쳐오너라" 하고 말씀하신 하느님께서는 우리의 마음속에 당신의 빛을 비추어 주셔서 그리스도의 얼굴에 빛나는 하느님의 영광을 깨달을 수 있게 해주셨습니다.

- 고린토인들에게 보낸 둘째 편지 4:6

'그리스도교에서는 하느님이 존재하지 않음을 믿는다'고 말하면 여러분이 어떤 반응을 보일지 모르겠습니다. 하지만 그리스도교에서는 골프공과 개, 렘브란트Rembrandt와 아원자 입자 subatomic particles가 '존재'하는 세계, 그런 세계에 하느님은 '존재'하지 않는다고 말합니다. 좀 더 정확히 말하면 그리스도교에서 하느님은 왜 무언가가 존재하느냐는 물음에 대한 답입니다. 그리스도교인들에게 하느님은 만물을 존재하게 하신 분입니다. 우리는 이를 좀 더 숙고해 보아야 합니다.

누군가 한 특별한 과학 기구가 있는데 일정한 돈을 지급하고 그 안을 들여다보면 하느님을 볼 수 있다고 주장했습니다. 이러한 주장에 의구심을 품는 것은 지극히 자연스러운 일입니다. 하지만 설사 그 주장을 받아들인다 하더라도 하느님이 과학 기구 안에 있는 특정한 사물이라면 그 사물을 만든 이는 누구냐는 질문을 던질 수 있습니다.

우리가 존재하는 것에 관해 말할 때는 그것이 얼마나 대단하든 대단치 않든, 보이든 보이지 않든, 강력하든 약하든 간에 언제나 이런 질문을 던질 수 있습니다. '이것이 어떻게 존재하게 된 것일까?'

유대교, 그리스도교, 이슬람교에서 '하느님'이라고 했을 때 이는 저 모든 존재 가운데 '하나'가 아니라 모든 존재를 존재하게 하는 이, 모든 생명의 지은이, 하늘과 땅을 창조한 이를 뜻합니다. 하느님은 존재하는 여러 사물 중 하나가 아닙니다. 그렇게 되면 앞에서 살펴본 것처럼 하느님을 존재하게 하는 이는 누구냐는 질문이 나올 수밖에 없습니다. 하느님께서는 우리보다 더 크고, 강하고, 현명하기에 하느님의 역할을 하시게 된 것이 아닙니다. 그분은 존재하는 것 중 가장 높고, 가장 강한 분이 아니라 존재하는 모든 것의 원천source of all beings이십니다.

13세기 신학자 토마스 아퀴나스Thomas Aquinas는 하느님을 존재를 존재하게 하는 활동이라고 말하곤 했습니다. 별, 속눈썹, 피클 등 우리에게 익숙한 사물들things은 모두 특정한 사물로 있습니다. 피클을 생각해 봅시다. 피클의 본질essence은 정말 맛있는 피클이 되는 것입니다. 피클의 본질은 달면서도 시큼하고 아삭아삭한 데 있습니다. 피클이 존재해야 한다는 것은 피클의 본질이 아닙니다. 다시 말해 피클이 무언가가 되는 것과 단순히 존재하는 것은 별개의 일입니다. 다른 모든 피조물도 마찬가지입니다. 저로서는 가슴 아픈 일이지만 실제로 어떠한 피클도 존재하지 않을 수 있습니다. 피클이 반드시 존재해야만 한다는 것은 피클의 정의definition에 들어있지 않습니다. 그리고 이것이 창조주와 모든 피조물의 결정적인 차이입니다. 피조물에게는 본질essence과 존재existence가 두 가지 별개의 것이지만 하느님의 본질은 어떤 무언가가 아니라 무언가를 존재하게 하는 순전한 사랑의 활동입니다. 하느님은 그렇게 존재하십니다. 다시 한번 말하지만, 존재는 피조물을 정의하는 부분이 아닙니다. 실제로 존재하는 모든 피조물은 하느님께서 생명을 주시는 놀랍고도 경이로운 사건입니다. 이 때문에 우리는 하느님을 창조주, 모든 존재를 존재하게 하는 분이라고 부릅니다.

그리스도교에서는 보통 이 진리를 '무로부터의 창조'creatio ex nihilo라는 교리로 설명했습니다. 이 교리는 마치 문법의 원칙처럼 기능합니다. 이 교리는 조언합니다.

'여러분이 하느님과 세계에 관해 말할 때마다 그것은 전적으로 단 한 분 하느님과 하느님께서 자유롭게 주시는 선물로서의 세계를 가리킨다는 것을 명심하세요.'

이는 그분이 이 세계를 이루는 파편들과 조각들이 존재하도록 영원히 주변을 돌아다니며 묶어두신다는 이야기가 아닙니다. 그분은 훨씬 더 놀라운 활동을 하십니다. 사랑으로, 자유롭게 그분은 존재하지 않던 것이 존재하도록 창조하십니다. 그분은 존재 자체의 힘을 쏟아부으셔서 만물이 이 힘을 나누어 갖게 하십니다. 각 피조물은 이 힘을 받아 자신이 속한 종류를 따라 존재하게 됩니다. 어떤 면에서 이는 그리스도교 창조 교리의 가장 놀라운 점입니다. 하느님께서는 직접 잠자리를 만드신 게 아닙니다. 그분은 잠자리가 날 수 있도록 가벼운 몸과 날개를 일일이 만들지 않으셨습니다. 대신, 당신의 힘을 잠자리에게 나누어주심으로써 잠자리가 잠자리 되게 하십니다. 이와 마찬가지로, 하느님께서는 바로 이 순간 여러분을 창조하고 계십니다. 우리가 진실로 여기 있는 이유는 그분께서 경이로운 사랑으로 그분 생명의 힘을 아낌없이 나누어 주셨고, 나누어 주시기 때문입니다. 하느님께서는 우리에게 우리가 될 힘을 주십니다. 당신이든, 저든 어떤 것도 애써 존재할 필요는 없습니다. 그러나 하느님께서는 우리를 존재하게 하기로 선택하셨고, 우리의 존재함에 기뻐하십니다. 존재는 하느님께서 값없이 주신 선물입니다.

삼위일체 하느님께서 하시는 활동으로서의 창조

그렇다면 삼위일체라는 하느님의 신비는 그분의 창조 활동과 어떻게 맞아떨어질까요? 하느님을 모든 존재의 원천, 자유로이 타자(성자)에게 생명을 내어주는 분으로 이해한다면, 하느님의 삶이 삼위일체의 친교임을 드러내는 그 사랑이 온 세계를 존재하게 하는 은밀하고도 끊임없는 원천임을 알아채게 됩니다. 하느님이 하느님이신 것은, 성부가 성자에게 자유로이 존재를 부어주며 성자가 자신을 내어주는 사랑으로 성령을 성부에게 맡기기 때문입니다.

아버지, 제 영혼my Spirit을 아버지 손에 맡깁니다. (루가 23:46)

예수의 이야기를 통해 우리는 이러한 사랑의 무한한 증여를 배우고, 함께 기도하는 삶을 통해 이 사랑을 나눕니다. 아무것도 없는 대신, 이 세계가 존재하는 이유는 바로 이 삼위일체적 삶 때문입니다. 그렇기에 이 세계는 영광스럽습니다.

만물은 삼위일체 하느님에게서 일어나는 사랑의 자유로운 활동으로 존재하게 되었습니다. 존재하는 모든 것은 성부의 사랑을 성자가 선포하는 것의 일부입니다. 성자는 (성부에게서 받은) 이 무한한, 생명을 내어주는 삶을 영원토록 성부를 향해 되돌리는 사랑으로 표현합니다. 성부와 성자를 이러한 친교로 이끄는 사랑은 그들을 서로가 나누는 친교의 언어로 세계를 창조하게 했습니다. 삼위일체에 바탕을 둔 창조의 활동은 가족이 탄생하는 것에 견줄 수 있습니다. 두 사람의 서로를 향한 사랑은 그들을 더 깊은 친교로 이끌고 이 사랑으로 가득 찬 친교는 아이들이라는 선물로 표현되고 구체화합니다. 그리하여 완전히 새로운 세계가 열립니다. 기저귀, 한밤중의 수유, 엄청난 양의 빨랫감, 시도 때도 없이 아이가 아파 병원에 가야 하는 일까지… 하지만 그 모든 피로와 좌절, 가슴앓이에도 불구하고 가족이라는 세계에는 사랑이 나와 퍼져감을 알리는 은밀한 징표들이 있습니다.

부모는 부모의 가능성을 실현함으로써, 이를테면 아이를 미소 짓게 하는 법뿐만 아니라 좋은 기저귀 보관함을 새로 사는 법을 익힘으로써 사랑하는 법, 서로에게 사랑을 말하는 법을 익힙니다. 이와 비슷하게 성자는 존재의 구체적인 가능성을 실현하는 방식으로 성부에 대한 사랑을 표현합니다. 모든 은하계, 모든 산맥, 남성과 여성 사이에서 일어나는 자비로운 행동, 이 모든 것은 모두 말씀이 아버지의 무한한 사랑을 전할 때 쓰는 문자들입니다. 만물은 우리에게 성부를 가리키는 무한한 자기 나눔에 대해 우리에게 이야기합니다. 그러나 그 이상으로 만물은 만물을 이루는 각각의 요소들을 정확하고, 참되며, 고유한 요소가 되게 하는 흐름, 질서, 즉 로고스를 우리에게 이야기합니다. 로고스란 요한 복음서에서 알 수 있듯 우리를 향한 성부의 말씀, 육신이 된 말씀, 즉 나자렛 예수를 말합니다. 하느님께서 우리를 향해 당신의 말씀을 전하는 활동은 지금 이 순간에도 계속되고 있습니다.

하느님이 어떤 '존재'로 있는 게 아니라 사랑을 나누는 친교라는 관계의 흐름으로 있듯, 아버지의 말씀 역시 우리에게 가장 기본적인 존재만 주는 게 아니라 모든 현실을 저 무한한 관계의 구조, 하느님께서 내어주신 생명이 살아 숨 쉬는, 그렇게 하느님께서 살아 움직이시는 사랑의 흐름을 엿볼 수 있게 해주는 빛들로, 들을 수 있게 하는 속삭임들로 채웁니다. 하느님의 말씀은 그러한 방식으로 하느님의 사랑을 전합니다. 만물이 존재하며, 만물을 이루는 모든 존재가 자신을 이루도록 하는 모든 법칙과 흐름에는 바로 이 무한한 흐름과 의미, 즉 로고스가 스며들어 있습니다.

부모는 고유한 방식으로 아이의 눈빛과 소통하고, 자신들의 집을 특유의 분위기로 채워 넣으며 자신들의 인장을 새깁니다. 세계 역시 하느님의 인장이 새겨져 있습니다. 이 세계에서 성부는 끝없이 자기를 내어주며 성자는 이를 선언하고, 성령은 이 사랑에 참여하라고 우리를 부릅니다. 하느님의 인장이 새겨진 사랑의 물결은 파도가 물결치듯 이 세계를 채우며 퍼져 나갑니다.

이러한 삼위일체 하느님의 활동을 가장 분명하게 볼 수 있는 것은 하느님의 형상을 품은 피조물, 즉 인간입니다. 인류에게서 우리는 하느님의 인장이 새겨진 흐름, 하느님께서 자신의 생명을 내어주시는 움직임(이를 광활한 우주에서는 정확하게 감지하기 힘듭니다)을 볼 수 있습니다. 창조의 물결에 스며들어 있는 이 신성한 움직임이란 무엇일까요? 모든 현실은 삼위일체 하느님의 친교가 빚어낸 선물입니다. 이 선물은 자유 가운데 사랑과 교제를 향해 움직여 나감으로써 가장 분명하게 그 모습을 드러냅니다. 인류가 죄에서 벗어나 서로에게 자신을 내어주는 자유로운 활동을 할 때, 즉 사랑을 할 때 우리는 저 신성한 움직임을 볼 수 있습니다. 반대로, 우리가 우리 자신을 제외한 이 세상의 피조물들, 동료 인간들을 경쟁 상대로만 여길 때, 그리고 소유의 대상으로 바라보는 한, 우리는 고립되고 비열해지며 인간다운 삶을 살지 못하게 됩니다. 우리는 타인과의 삶을 위험으로 간주하고 여기서 우리 자신을 보호함으로써가 아니라 그들과 자유롭게 사랑의 친교를 나눔으로써 온전한, 그리고 견고한 우리 자신으로 살아 숨 쉬게 됩니다. 이는 경이로운 일입니다. 안타깝게도, 인류는 타인을 향한 이 겸손한 사랑이 커다란 고통을 치러야만, 자기희생이라는 대가를 치러야만 실현될 수 있게끔 역사와 사회를 만들었습니다. 삼위일체 하느님의 형상으로 창조되었기에, 그 삶을 닮게끔 창조되었기에 우리는 본래 자유로움과 기쁨을 누릴 수 있으나 잘못된 이해와 역사 속에서의 잘못들로 인해 무거운 짐을 지게 되었습니다. 오늘날 우리의 삶은 고통스러울 만큼 허약하고 생존이라는 대의 아래 무수한 것들을 억압당합니다. 그렇기에 자기를 내어주라는 부름조차 많은 사람은 또 다른 억압으로 간주합니다.

세계에서 하느님의 의미를 듣기

　삼위일체 하느님께서는 친교를 나누시는 가운데 그 사랑의 표현으로 세계를 창조하셨습니다. 이는 우리가 피조세계에서 하느님의 내밀한 무언가를 엿볼 수 있음을 뜻합니다. 예를 들어 어떤 사람이 가장 친한 친구와 함께 매년 자전거 여행을 했다고 가정해봅시다. 어느 해, 여행이 끝날 무렵 친구가 작은 상자를 줍니다. 작은 상자에는 조약돌과 말린 꽃들, 조개껍데기들이 있습니다. 매년 여행 때 모은 것들을 준 것이지요. 다른 사람들에게 이 선물은 그저 기이하고 엉뚱해 보일 뿐입니다. 그러나 받은 사람은 그것들을 보며 친구와 함께한 여정을 떠올렸을 것입니다. 조약돌, 꽃, 조개껍데기 모두 독특한 의미가 있음을, 자신을 위해 친구가 사랑으로 고르고 보관해 왔음을 눈치챌 것입니다. 그는 이를 통해 자신과 친구가 수년간 다져온 우정을 확인할 것입니다. 이 선물은 그들이 오랜 시간 다져온 우정을 보여줍니다.

　세계, 만물은 이러한 선물, 기이해 보이나 그 의미를 아는 순간 경이와 감동을 주는 선물들의 모음이라 할 수 있습니다. 그리고 그 의미란 삼위일체 하느님의 삶, 영원한 사랑의 교류입니다. 모든 피조물은 성령을 통해 아버지가 아들에게, 그리고 아들이 아버지에게 보내는 선물입니다. 우리가 이 세계를, 그리고 만물을 하느님의 선물로 받아들인다면 우리는 만물이 실제로 존재한다는 것, 그리고 이는 하느님께서 자유롭게 사랑을 담아 자신을 나눔으로써 이루어진다는 것을 엿볼 수 있습니다. 이 세계, 만물은 성부가 성자와 성령으로서 당신의 생명을 내어주시기로 결단하셨음을 보여주는 징표입니다. 또한 이 세계에는 모든 피조물이 저마다 고유한, 그리하여 소중한 존재가 되게 함으로써 조화를 이루게 하는 일정한 흐름, 자연법칙이 있습니다. 질서를 갖춘 이 구조들은 시간과 공간 안에서 하느님의 친교라는 일정한 흐름이 있는 관계를 전하는 영원한 말씀을 울려 퍼지게 합니다. 그리고 모든 피조물이 온전히 '자신'이 되도록 이끄는 힘이 있습니다. 이 힘을 통해 사자와 양은 관념 속의 사자나 양이 아니라, 온전하게 특정한 한 마리 사자, 한 마리 양이 됩니다. 자신에게 주어진 목적을 달성하게 하는 추진력, 온전히 자신이 되고자 하는 갈망 밑바닥에는 성부의 성자를 향한, 성자의 성부를 향한 갈망, 즉 성부로 하여금 성부 되게 하고, 성자로 하여금 성자 되게 하는 성령이 자리하고 있습니다.

피조세계의 가장 근본적인 면은 삼위일체 하느님의 위격들 간의 서로를 향한 변치 않는, 영원한 관계를 반영합니다. 놀랍고도 경이로운 일이지요. 한 송이 장미는 단순히 우리가 바라보았을 때 느끼는 아름다움 너머에 있는 아름다움을 우리에게 이야기합니다. 이러한 맥락에서 한 송이 장미는 성부의 자유로운 내어줌, 이러한 내어줌을 구체적으로 표현하고자 하는 성자의 영원한 갈망, 이러한 교류에 끊임없이 생기를 불어넣는 성령이 지닌 힘의 징표입니다. 이 세상에 있는 모든 장미 하나하나, 우리의 머리카락 하나하나에서조차 삼위일체 하느님의 끝없는 친교,

선물을 내어주는 활동이 일어나고 있습니다. 이는 우리가 모든 피조물을 어떻게 대해야 하는지를 말해줍니다. 모든 피조물은 우리가 소유할 수 있는 대상, 어떤 물체가 아닙니다. 우리를 포함한 모든 피조물은 하느님께서 내어주시는 생명을 발하는, 삼위일체 하느님이 사랑의 교류를 통해 일어나는 순간들이자 단어들, 친밀함을 이루는 요소들입니다.

모든 피조물이 삼위일체 하느님의 활동을 통해 일어나는 순간이라는 점은 각 피조물의 부가적인 특징, 과학자들이 아직 발견하지 못한, 우리 안에 숨어있는 어떤 별나고 신성한 부분이 아닙니다. 우리는 모두 하느님께서 자기를 내어주시는 사랑으로 일어나는 사건입니다. 우리는 저 사건의 일부로써 우리가 정확히 누구이며 무엇인지를 깨닫고 이를 향해 나아가고, 우리 안에 있는 가능성을 온전히 실현하며, 그렇게 참되고 온전한 피조물이 되어갑니다. 우리가 우리 자신이 되어갈수록 우리는 점점 더 하느님을 향해 투명해지며 하느님께서 말씀하고 계심을 가장 분명하게 가리키는 상징이 됩니다.

앞서 언급한 자전거 이야기에서 친구가 함께한 여정에서 모은 물건들을 주는 대신 맛좋은 초콜릿 한 상자를 사주었다고 해봅시다. 맛있기는 하겠지만, 함께 해온 여정을 가리키는 진심 어린 징표는 될 수 없을 것입니다. 하느님은 하느님에게 우리를 선물로 건넵니다. 우리 한 사람 한 사람이 각기 고유한 선물입니다. 우리 한 사람 한 사람의 지금 이 모습, 그리고 하느님의 은총으로 좀 더 온전해질 모습은 모두 하느님께서 기뻐하심을 가리키는 징표입니다.

눈을 깜빡이는 것blink과 윙크wink에는 근본적인 차이가 있습니다. 물리적인 차원에서 윙크는 눈을 깜빡이는 것, 눈 주위의 근육이 씰룩거리는 것일 뿐입니다. 그러나 특정한 맥락에서 이 눈을 깜빡이는 것이 무엇을 뜻하는지 아는 이들에게 이 깜빡임은 사랑의 신호, 즉 윙크가 됩니다. 사람들 사이에서 친근하고도 은밀한 언어의 일부가 되었기에 의미를 얻게 된 것입니다. 우리는 이와 유사하게 하느님께서 이 세계에 일정한 뜻을 담아내셨으리라고 유추해볼 수 있습니다. 세계는 삼위일체 하느님께서 서로에 대한 사랑으로 자기를 내어주는 맥락에서 의미를 지닙니다. 이 세계는 삼위일체 하느님을 이루는 위격들이 서로에게 무한한 생명을 전할 때 쓰기로 선택한, 사랑이 담긴 언어의 일부입니다. 창조는 피조물인 우리 모두가 삼위일체 하느님께서 나누고 계시는 대화에 참여하는 성사sacrament이며 모든 피조물은 이를 가리키는 상징symbol입니다. 놀랍게도 하느님께서는 이러한 뜻을 품고 피조물을 창조하셨습니다. 그렇기에 우리는 서로에게 하느님의 사랑을 전하는 말들이 될 때 가장 진실한 우리, 하느님께서 본래 뜻하신 우리가 되며 우리가 진정 누구인지를 깨닫게 됩니다. 우리는 하느님의 사랑으로 창조된 사랑의 선물이며 서로 사랑함으로써 저 사랑을 구현할 때 진정한 우리가 됩니다. 우리 한 사람 한 사람은 하느님의 은총을 표현하는 문자이며 삼위일체 하느님께서 서로를 향해 사랑을 전할 때 쓰이는 단어, 그렇게 신성을 담아내는 그릇입니다. 그러므로 그리스도교에서 누군가 대화를 차단하고 분열을 조장하며 서로를 향한 의심만을 증폭시킬 때 그를 '죄인'sinner이라고 부르는 것은 그리 놀라운 일이 아닙니다.

만물의 복잡성을 알면 알수록 우리는 이 세계가 하느님을 배척하는 것이 아니라 오히려 하느님께서 자기 자신과 소통하기 위해 쓰시는 수단이 됨에 놀라게 됩니다. 하느님께서는 자기 자신과 소통하기 위해 모든 피조물과 관계를 맺으시고 이를 언어로 삼아 너무나 다양한 방식으로 표현하고 계십니다. 모든 피조물은 하느님의 사랑을 표현하는 언어이기에 하나의 목적을 향해 나아가려는 강력한 관성慣性을 지니고 있습니다. 우리는 그저 단순한 물체가 아닙니다. 우리는 우리에게 의미를 주는 무한한 대화, 친교가 온전히 이루어지는 데 쓰이는 '의미들'meanings입니다.

13세기 중엽에 활동한 시인이자 영적 지도자였던 브라반트의 하데비치Hadewijch of Brabant는 만물의 중심에 자리한 이러한 힘에 관해 자주 언급했습니다. 그녀는 이 시공간에 있는 모든 피조물은 커다란 물결과도 같은 하느님의 사랑, 즉 성령을 표현한다고 생각했습니다. 성령은 성부와 성자가 서로를 향해 끊임없이 나아가게 합니다. 이 같은 맥락에서 그녀는 위격들의 더욱 깊은 일체를 향한 영원한 염원은 하느님의 은총으로 시간과 역사를 움직이는 근본적인 동력이 된다고 말했습니다. 일체를 향한, 각 위격의 서로를 향한 갈망은 일종의 사랑의 심연, 소용돌이가 되어 세계를 그 완성점을 향해 끌고 나아갑니다. 그렇기에 하느님께서 사랑을 나누실 때 쓰는 말의 도구인 각 피조물은 자신에게 있는 경향성을 충실하게 따를 때 가장 온전한 자신이 됩니다.

젊은 여성들이 모여 있는 수도원에 보낸 한 편지에서 하데비치는 십자가에 달린 예수를 성부와 성자의 서로를 향한 염원이 만들어낸 소용돌이로 그립니다. 그녀는 입을 벌린 예수의 모습, 활짝 벌린 두 팔, 상처 입은 옆구리에서 신성한 사랑의 심연을 보았습니다. 사랑의 상처를 통해 예수는 모든 피조물이 서로 교제를 나누게 합니다. 그렇게 만물은 마침내 삼위일체 하느님의 삶에 참여함으로써 온전해집니다.

십자가 위에서 그분은 입을 여셨습니다. 양쪽 팔도 활짝 벌리셨습니다. 그렇게 풍요로운 마음이 열렸습니다. 그분은 팔을 활짝 벌려 모든 사람에 자리한 영혼의 깊이를 더 깊게 하십니다. 이렇게 생긴 심연을 그들은 홀로 채울 수 없습니다. 이처럼 하느님께서는 사람들을 위해 당신을 활짝 여셔서 언제든지 그들이 스스로 만든 담을 넘어 당신을 향해 나아갈 수 있게끔 그들을 초대하십니다. 그분은 오른팔로 하늘과 땅에 있는 자신의 모든 친구를 사랑으로 감싸 안으십니다. 풍요롭기 그지없습니다. 오른팔로 감싸 안은 친구들을 위해 그분은 왼팔로 헐벗고 나약한 믿음을 지니고 자신에게 온 낯선 이들을 감싸 안으십니다. 그리하여 당신이 누리고 계신 완전한 행복을 이들과 함께 나누십니다. 당신의 선한 친구들을 위해, 당신께서 사랑하는 이들을 위해, 그분은 낯선 이들에게도 당신의 영광을 주시어 모두가 당신의 집에서 친구가 되게 하십니다.[1]

하데비치가 인간이 남과 담을 쌓은 채 고립된 상태에 있으면 결코 피조물로서 온전함에 이를 수 없다고 본 것은 매우 의미심장합니다. 예수는 상처를 입음으로써 우리 가운데 하느님의 커다란 사랑의 문을 열었고 친구들과 낯선 이들이 서로에게 이끌려 온전한 피조물이 되게 합니다. 그리하여 낯선 이와 친구는 모두 "당신의 집에서 친구"가 됩니다. 십자가에서 그리스도는 팔을 벌림으로써 옹졸한 우리의 갈망을 넓히시고 영혼의 깊이를 더 깊게 하셔서 우리는 "홀로 이를 채울 수 없"게 됩니다. 이렇게 우리는 끊임없이 피조물을 우상으로 만들며 서로를 소유하려 하는 고되고 안쓰러운 노력에서 벗어나게 됩니다. 그리스도의 사랑이 우리 안에서 퍼질 때 우리는 진정 무엇에 굶주리고 있는지를 깨닫게 됩니다. 이 굶주림은 오직 하느님만이 채우실 수 있습니다. 그리스도의 사랑은 우리가 진정 무엇에 굶주려 있는지를 깨닫게 하고, 이를 갈망케 하며, 생기를 불어넣음으로써 서로에게 참된 성사가 될 수 있게 해줍니다.

---

[1] Hadewijch, 'Letter 22' in *The Complete Works*, trans. Columba Hart, OSB, *The Classics of Western Spirituality* (New York: Paulist Press, 1980), 98.

자유의 저자

하지만 우리가 계속해서 저 사랑에 미치지 못한다면 어떨까요? 현실에서 우리는 서로에게 하느님께서 주신 사랑을 드러내는 성사가 되기보다는 서로를 망가뜨리는, 그렇게 해서 망가진 그릇처럼 보일 때가 많습니다. 하느님께서 이 세계를 위해 계획을 갖고 계신다면 왜 이 세계가 거룩한 친교가 이루어지는 천국을 향해 나아가기보다는 혼란만을 되풀이하는 것처럼 보일까요?

이 점에 대해 생각해 볼 때 먼저 문제가 되는 것은 상황의 겉만 보고 판단하는 것, 하느님께서 엉망진창인 상황에 개입하실수록 우리의 자유에 제한을 받으리라고 짐작하는 것입니다. 이러할 경우 우리는 우리 자신을 신학적으로 난처한 위치로 몰고 갑니다. 이때 우리는 하느님께서 주변을 맴도는 것을 중단하시고 우리가 만들어 놓은 혼란스러운 상황을 해결해주시거나 아니면 우리가 스스로 일어서서 정의를 좇아 우리 자신을 바로잡아야 한다고 생각합니다. 그러나 이는 모두 그리스도교에서 이야기하는 바와 맞지 않습니다. 창조는 하느님께서 우리를 꼭두각시로 만들어 상황을 좀 더 낫게 하신다고 말하지 않습니다. 그렇다고 우리를 내버려 두시는 방식으로 우리에게 '자유'를 주신다고 말하지도 않습니다. 하느님께서는 이 세계 밖으로 나가신 다음 이 세계를 우리가 알아서 마음대로 하라고 하시고 문제가 생길 때만 가끔 안으로 들어오시지 않습니다. 그분께서는 그러한 식으로 우리에게 자유를 주시지 않습니다.

이러한 관점은 음험한 우상숭배입니다. 이러한 관점은 하느님을 마치 아이에게 폭력을 휘둘러 자유롭게 성인으로 크는 것을 방해하다가 난데없이 집을 비우는 폭력적인 부모로 간주합니다. 적지 않은 이들에게 이처럼 억압적인 부모와도 같은 하느님 상像이 너무나 강하게 박혀 있습니다. 그리하여 그들은 삶을 살아가면서 여러 상황을 마주하는 가운데 움츠렸다가 징징대고, 하느님을 원망하기를 반복합니다. 안타깝게도 자신을 '무신론자'라고 부르는 사람들이 많은 경우 하느님을 이렇게 이해하고 있습니다. 그들은 자신들이 10대 시절 벗어났다고 고백하는 끔찍한 우상이 정말로 살아계신 하느님이라고 착각합니다. 이보다 더 안타까운 이들은 자신이 우상에 사로잡혀 있음을 깨닫지도 못한 채 그리스도교 신앙을 믿고 수호한다고 큰소리로 외치는 사람들이지만 말이지요.

이 시점에서 우리는 자유로워진다는 것이 무슨 뜻인지 숙고해 보아야 합니다. 사전적인 정의에 따르면 '자유롭게 된다는 것'은 우선 우리가 진정한 우리 자신이 되는 것을 뜻하며 그다음으로는 우리의 의지를 거슬러 무언가를 억지로 하게 만들지 않는 것을 뜻합니다. 우리 주변에는 언제나 많은 힘이 작용해 우리의 삶과 행동에 영향을 미칩니다. 그중 어떤 힘은 우리의 자유를 방해하며(아기가 귀를 아프게 하는 것) 어떤 힘은 우리의 자유를 북돋아 줍니다(퇴근해서 집에 들어오자 아기가 기뻐하며 안기는 것). 어떠한 것은 우리가 참된 자신을 발견하고 그러한 자신이 되는 것을 방해함으로써 우리를 자유롭지 못하게 하며, 어떤 것은 우리 자신을 좀 더 깊게 이해하게 해주고 우리 자신으로서 살아가게 해줌으로써 우리를 자유롭게 합니다.

　권위적인 부모라는 잘못된 하느님 상은 우리가 성장기에 겪는 공통된 경험에서 유래합니다. 대체로 특정 나이가 되면 부모는 자식 곁에서 한발 물러나 자식이 스스로 한계를 깨닫고 능력을 키울 수 있도록 자유를 줍니다. 이러한 부모는 우리의 삶에서 얼마나 커다란 역할을 하든지 간에 우리처럼 이 세계 안에 있는 존재입니다. 부모는 하느님이 아닙니다. 이 세계에서 우리의 자유를 방해하려면 우리처럼 이 세계에 속한 생명체여야 합니다. 그러나 하느님은 그러한 생명체가 아닙니다. 하느님께서는 우리 존재의 원천이시며, 우리 한 사람 한 사람이 유일무이한 '나'가 되는 힘을 주시는 분, 우리를 존재하게 하시는 분입니다.

　이 세계에서 우리는 진정한 우리 자신이 되기 위해 특정 시점에 부모님으로부터 '독립'하게 됩니다. 이때 자유란 '그들로부터의 자유'를 뜻합니다. 그러나 하느님과의 관계에서는 정확히 그 반대입니다. '하느님으로부터의 독립'은 나 자신을 발견하고 이를 이루는 자유를 갖게 되는 것을 뜻하는 것이 아니라 존재하기를 멈추는 것을 뜻합니다. 하느님께서는 내가 '나'로 있을 수 있게 해주는 자유의 끊임없는 원천이십니다. 그분은 우리가 존재할 수 있게 해주시고 우리가 되어갈 수 있는 자유를 주십니다. 하느님께서 우리와 함께하신다는 것은 우리의 자유에 거침돌이 되지 않습니다. 우리 자신을 자유롭게 행동하는 것을 방해하는 것은 다른 무엇보다 우리 자신에 대한 왜곡된 이해입니다.

어느 모임에서 무의미한 말을 주고받는 자신의 모습을 발견하고 자신에게 혐오감을 느낀 적이 있지 않나요? 이따금 우리는 자신이 아닌 모습을 실제 자신인 것처럼 가장합니다. 아마도 다른 사람이 나를 어떻게 생각할지 몰라 불안해서거나 나 자신이 생각하는 진짜 내가 볼품없다고 생각해서겠지요. 우리가 사는 세계는 나 자신에 대한 이해를 혼란스럽게 하고 왜곡하는 상황들로 가득합니다. 하느님께서 우리 본연의 모습을 사랑하는 자녀로 기쁘게 맞이하신다는 소식 대신 우리는 우리가 추하고 사랑스럽지 않다며 학대하는 부모의 욕이나 특정한 자동차, 특정한 옷, 특정한 물건을 사야만 멋진 나, 아름다운 나, 참된 나가 될 수 있다는 광고 속 메시지를 듣습니다.

이런 우리에게 창조주 하느님께서는 손짓하십니다. 매 순간 우리가 존재하도록 하는, 자신을 내어주는 사랑으로 들어가 우리 자신에 대한 진리를 발견하라고 말이지요. 그리고 우리가 당신을 좇아 서로에게 자신을 내어주는 사랑을 삶에서 일구어 갈 때 우리는 진실로 자유롭게 되며 가장 커다란 기쁨을 누리게 된다고, 이것이야말로 가장 용감하고 친절하고 거룩한 일이라고 말씀하십니다. 이것이 우리 삶의 진정한 모습이자 의미입니다. 우리는 삼위일체 하느님의 언어로 존재합니다. 우리가 우리를 옭아매는 것에서 벗어나 하느님께서 전하시는 사랑의 말이 될 때 우리는 마침내 자유로울 것이며 우리 자신에게 진실하게 될 것입니다.

탁월한 그리스도교 문필가이자 추리 소설 작가 도로시 세이어즈Dorothy Sayers*는 삼위일체에 관한 그녀의 저작 『창조자의 정신』The Mind of the Maker에서 이러한 문제들을 다루었습니다.[2] 책 전반에 걸쳐 그녀는 작가인 자신의 경험을 토대로 피조물인 우리와 삼위일체 하느님의 관계를 성찰합니다. 작가가 소설 속 인물들의 존재와 자유의 원천이자 기초이면서 동시에 그 인물들과 깊은 관계를 맺고 있듯, 하느님께서도 우리 존재와 자유의 원천이시며 우리와 친밀한 관계를 맺고 계신다고 그녀는 강조합니다. 그렇기에 하느님의 정신이 우리로부터 물러나면 우리에게는 흐릿한 원형만이 남게 됩니다. 하느님께서 우리를 이루는 가장 미미한 부분에까지 함께 하실 때 우리는 그만큼 활기 넘치는 인

---

[2] Dorothy L. Sayers, *The Mind of the Maker* (New York: Harper&Row, 1979) 『창조자의 정신』(IVP)

* 도로시 세이어즈Dorothy Sayers(1893~1957)는 영국의 작가이자, 시인, 그리스도교 문필가이다. 옥스퍼드 대학교 서머빌 칼리지에서 수학했으며 옥스퍼드 대학교에서 여성 최초로 학사, 석사 학위를 받았다. 동시대 그리스도교 문필가 C. S. 루이스, J. R. R. 톨킨J.R.R.Tolkien 등과 친분을 가지며 '옥스퍼드 그리스도교인'이라 불리기도 했다. 추리 소설인 피터 웜지 시리즈, BBC 방송 대본인 「왕이 되기 위해 태어난 사람」The Man Born to Be King, 희곡 「당신의 집을 사모하다」The Zeal of Thy House, 단테 『신곡』의 영문판 번역 등 문학 전반에 걸쳐 다양한 작품을 남겼으며 평신도 그리스도교 문필가로서 『역사상 가장 위대한 드라마』The Greatest Drama Ever Staged(1938), 『창조자의 정신』The Mind of the Maker(1941), 『부활절 이야기』The Story of Easter(1955) 등의 신학적 에세이집을 남겼다. 한국어로 『창조자의 정신』(IVP), 신학적 에세이 선집인 『도그마는 드라마다』(IVP)가 소개된 바 있다.

간, 막대기와 같은 물체나 단순한 도구가 아니라 고유의 특성과 생기를 지닌 인격체가 됩니다. 무능력한 작가가 창조한 소설 속 인물은 자신이 처한 환경에 겨우 적응하며 별다른 개성도 지니고 있지 않습니다. 반대로 탁월한 작가가 쓴 작품의 인물들은 그 비중에 상관없이 한 사람 한 사람이 개성 넘치며 자기 나름의 방식으로 살아 숨 쉽니다. 이는 작가가 그들에게 신경을 쓰지 않아서가 아니라 오히려 그들을 위해 세밀한 부분까지 관심을 기울이고 그들이 활동할 수 있는 기반을 정성을 기울여 만들었기 때문입니다.

그렇다면 이 장 처음에 제기되었던 질문을 다시 생각해 봅시다. 하느님께서 정녕 탁월한 창조주시라면 왜 이 세상은 이렇게 엉망진창일까요? 이 질문에 대해 흔히 사람들은 하느님께서는 분명 마음만 먹으시면 이 세상을 덮치셔서 모든 문제를 깔끔하게 해결하실 수 있지만, 이러한 행동은 우리의 자유를 방해하기에 그분은 이 혼돈에서 물러나 계신다고 답합니다. 그러나 하느님께서는 이 세상 사람들의 모든 비애와 슬픔을 멀리하지 않으십니다. 그분께서는 고통을 당하는 이들뿐 아니라 고통을 초래하는 이들과도 함께 하십니다. 그분은 모든 피조물과 함께하십니다. 물론 그분은 모든 피조물에게 똑같은 방식으로 함께 하지는 않으십니다. 모든 생명체가 존재할 수 있도록 생명을 주시기에 하느님께서는 모든 피조물과 함께하시지만 앞서 살펴본 것처럼 모든 피조물이 선물로 받은 생명, 삶을 그에 걸맞게 살아내지는 않습니다.

예를 들어 제가 은행 강도의 삶을 살기로 정했다고 생각해 봅시다. 이러한 삶을 살면 흔히 그렇듯 타인에게 상해를 입힙니다. 이러한 경우에도 하느님은 저와 관련을 맺고 계십니다. 그분은 제가 다른 사람들에게 상처를 입히고 돈을 훔치는 순간을 포함해 매 순간 제가 존재할 수 있도록 생명을 주고 계시기 때문입니다. 이때 문제는 창조의 언어가 무너진다는 것에 있습니다. 은행 강도일 때, 은행 강도로서 활동할 때 저는 제 존재의 바탕이 되고 본래 제가 되도록 인도하시는 그분의 언어를 듣지 못합니다. 장거리 가족 여행을 떠날 때 아이가 피리로 수자John Philip Sousa*의 행진곡을 부르는 것을 들어 본 적이 있으신가요? 10분, 20분을 듣고 나면 아무리 수자의 행진곡이 좋더라도 감동이 일어나기보다는 짜증이 나기 마련입니다. 아니, 5분만 지나도 그 소리는 고통스러운, 짜증 나는 소음으로만 들릴 뿐입니다. 은행 강도의 삶도 이와 마찬가지입니다. 이러한 삶은 삼위일체 하느님의 서로를 향한 사랑의 언어가 담긴 창조의 음악을 엉망진창이고 혼돈으로 가득 찬 세상의 음악으로 들으며 이에 대한 반응으로 죄로 얼룩진 세상에 걸맞은 엉망진창인 연주를 하는 것이라 할 수 있

---

* 존 필립 수자John Philip Sousa(1854~1932)는 미국의 작곡가 · 취주악 지휘자다. 해병 군악대장, 해군 군악대 훈련 소장을 지냈으며 수자 취주악단을 조직하고 취주악에 쓰이는 수자폰을 만들었다. 행진곡 작곡에 뛰어나 '행진곡의 왕'이라 불린다. 작품에 「성조기여 영원하라」 「워싱턴 포스트 행진」 「사관 후보생」 등 100여곡의 행진곡과 50여곡의 가곡을 작곡했다.

습니다. 이러한 맥락에서 죄란 '나' 안에 있는, 나 자신에 관한 진실을 깨닫지 못하고 깨닫기를 거부하는 것, 본래 되어야 할 '나'가 되기를 거부하는 것, 그리하여 하느님의 부르심을 따르는 인격체가 되는 것을 꺼리게 되고 불가능해지는 것을 뜻합니다.

하느님께서 세계를 창조하실 때, 특히 우리 인간을 사랑하셔서 생명을 주시고 삶을 살게 하셨을 때 이를 통해 그분이 우리에게 무엇을 말씀하고 계시는지 잘 알아야 한다고 바울은 권고합니다. 그러나 인류는 창조주 하느님께 생명을, 삶을 사랑으로 받는 대신 그분과 동등해지려고 발버둥 칩니다.

그들의 생각이 허황해져서 그들의 어리석은 마음이 어둠으로 가득 차게 되었습니다. 인간은 스스로 똑똑한 체하지만 실상은 어리석습니다. (로마 1:21~22)

우리는 우리 자신에 관한 진실을 듣기 힘든 세상에 살고 있습니다. 저 진실, 참된 '나'와 연결되지 않는 한, 우리는 비현실로 추락해 서로에게 거짓된 말이 됩니다. 창조는 하느님께서 사랑을 담아 말씀하시는 활동입니다. 그러나 그 말씀을 듣고 나르는 참된 말이 되기 위해 우리에게는 특별한 선물이 필요합니다.

초기 그리스도교인들이 창조 이야기에서 인류가 "여섯째 날"에 창조되었다는 생각을 소중히 여겼던 이유는 바로 여기에 있습니다. 인류는 모든 피조물 간의 조화를 이루고 하느님께서 만물을 통해 전하시는 말씀을 분명하게 표현하기 위해, 하느님께서 사랑을 내어주심으로써 존재하게 된 지상의 피조물과 천상의 피조물(순수한 지성, 천사, 혹은 하느님의 심부름꾼)을 중재하기 위해 창조되었습니다. 하지만 인류는 그러한 역할을 저버렸습니다. 인류는 더는 이 지상에 있는 모든 피조물에게 하느님의 말씀을 전하지 않게 되었습니다. 그렇기에 초기 그리스도교인들은 예수가 금요일, 일주일 중 "여섯째 날"에 십자가에 달렸다는 사실에 전율했습니다. 그리스도를 통해 인류는 세상의 죄로 인한 쓰라림과 소음들 가운데 그분이 하느님의 사랑하는 아들이라는 진실을 듣게 되었습니다. 여섯째 날, 마침내 그리스도께서는 십자가에 달리신 와중에도 끊임없이 사랑을 이어가심으로써, 하느님의 사랑을 담은 말씀이 되심으로써 온전한 인간성을 성취하셨습니다. 시끌벅적하게 거짓된 소리와 말들로 가득 한 이 세상에 육신을 입고 오셨습니다.

다음 장에서는 계시를 다루며 어떻게 하느님께서 우리의 왜곡된 청각과 언어를 치유하시는지를 살펴보겠습니다. 그분은 예수 안에서 말씀이 스스로 드러나게 하시며 그를 인도하심으로써 우리를 당신의 말씀을 전하는 이로 회복시키십니다. 그리고 마침내 그분은 온갖 소음에 휘말려 있는 우리를 십자가로 인도하신 다음 성령을 강림케 하셔서 잘못된 말이 되기를 그치고 자유롭게 되어 하느님의 사랑에 방점을 둔 삶을 살아내게 하셨습니다. 앞에서도 말했지만 계시란 하느님께서 창조를 하시며 전한 말씀에 '부가된' 무언가가 아닙니다. 계시란 피조물이 새롭게 말하는 법을 익히게 해주는 것입니다. 그러므로 계시란 그리스도의 죽음과 부활을 거쳐 일어나는 새로운 창조라 할 수 있습니다.

제4장

계시의 신비 − 하느님의 목소리

하나의 모래알에서 하느님의 지혜와 능력을 보게 되기 전까지
당신은 세상을 제대로 누리는 것이 아니다.

- 토머스 트라헌Thomas Traherne

어린 시절 저는 가끔 침대에서 빠져나와 창가로 가서 귀를 기
울이곤 했습니다. 나무들 사이로 바람 소리가 들렸고 그 소리
는 신선하고도 아름다웠습니다. 나뭇잎이 속삭이는 소리, 바람
이 몰아치는 소리, 심지어는 한겨울 강한 폭풍에 앙상한 나뭇가
지들이 자아내는 소리에도 형용할 수는 없지만 거기에는 무언가
선한 것이 담겨 있다고 생각했습니다. 특별히 기억에 남는 것은
여름밤 불어오던 시원한 바람입니다. 그 바람은 방으로 들어와

푹푹 찌던 방을 상쾌하게 해주고 모든 향을 새롭게 해주었습니다. 순진했던 저는 나름대로 진지하게 그 모든 향을 맡고, 나뭇잎을 스칠 때 나는 소리를 들으며 바람이 전하려는 뜻이 무엇인지 헤아려 보곤 했습니다.

바람이 적당히 부는 특별한 밤에는 진짜 음악 소리가 들렸습니다. 당시 옆집에 피아니스트가 살고 있었기 때문이지요. 그녀가 연주한 곡이 무엇인지는 전혀 기억이 나지 않지만, 바람이 그녀가 연주한 음악을 실어날라 뜰을 가로질러 창가에 있는 저의 귀까지 닿은 것만큼은 분명하게 기억합니다. 그때 저는 바람이 한밤을 수놓은 여러 소리 중 일정한 조각들을 선택해 모아 보내주는 것만 같았습니다. 그것이야말로 바람이 내는 진정한 소리라고 저는 생각했고 평상시에 실어나르는 소리에도 독특한 화음과 선율이 담겨 있으리라고 상상했습니다.

이 세계가 살아있어 때로는 우리의 가슴을 울리고, 때로는 생기를 가져다주며, 말을 건넨다는 생각, 이 세계는 그 자체로 하나의 음악을 연주하고 있다는 생각, 그 자체로 성사로서 하느님께 영광을 돌리고 있다는 생각은 그리스도교 신앙의 선배들에게 그리 낯선 것이 아니었습니다. 남다른 상상력을 지녔던 시인이자 사제 토머스 트라헌은 세계와 우리를 말씀으로 창조하신 그분의 음성을 감지하기 전까지는 이 세계를 온전히 이해할 수 없다고 말했습니다.

하나의 모래알에서 하느님의 지혜와 능력을 보게 되기 전까지 당신은 세상을 제대로 누리는 것이 아니다. 겉으로 보이는 아름다움, 당신에게 물질적으로 봉사하는 것 이상으로 만물은 하느님의 영광을 드러내고 당신의 영혼을 위해 선함이 무엇인지를 보여준다.[1]

트라헌은 이 풍요롭고도 하느님의 영광을 드러내는 세계는 우리의 물질적인 필요를 충족시킬 뿐만 아니라 아름다움을 향한 갈망을 놀라운 방식으로 채워준다고 지적합니다. 더 중요한 것은, 우리가 받은 이러한 선물들은 창조주 하느님의 친밀한 사랑과 선함을 가리키는 징표라는 것입니다. 제가 어린 시절 상상했던 것처럼 만물은 우리와 사랑의 친교를 나누시는 하느님에 관한 숨겨진 음악을 연주하고 있습니다. 트라헌은 우리가 받은 가장 커다란 축복이란 만물을 통해 하느님께서 자기를 내어주는 사랑을 받으며 그렇게 우리와 친밀하게 함께하신다는 사실이라고 말합니다. 우리의 눈을 즐겁게 해주는 밤하늘의 별과 우리의 갈증을 채워주는 신선한 물은 우리를 지극히 사랑하시는 하느님께서 우리를 축복하고 계심을 드러내는 성사적 징표sacramental sign 입니다. 하느님께서는 우리와 친교를 나누시기에 우리에게 경탄할 만한 별과 마실 물을 주셨습니다.

---

[1] Thomas Traherne, *Centuries* (Oxford: The Clarendon Press, 1960; reprint ed., A. R. Mowbray, 1985), 13~14.

하느님께서 창조하신 이 세계는 창조주의 말씀을 속삭이는 세계, 말하는 세계입니다. 모든 피조물은 하느님께서 우리에게 말씀하실 때 들어 쓰시는 문자이자 언어입니다. 때로는 위대한 사랑의 실천을 통해, 때로는 사소하지만 친절한 행동을 통해 우리는 하느님께서 우리와 함께하심을 전하는 언어가 됩니다. 이렇게 세계를 창조하심으로써 하느님께서는 각 피조물에게 하느님 당신의 영광을 드러낼 수 있는 놀라운 잠재력을 주셨습니다. 그분은 만물이 거대한 희망을 불러일으킬 수 있음을 속삭이고 계십니다. 하느님의 말씀을 전하는 이로서 우리가 우리에게 있는 잠재력을 온전히 실현할 때 우리는 우리 자신을 넘어선 존재가 됩니다. 이는 기적입니다. 물이 지닌 촉촉함, 무언가를 깨끗하게 하고 빠뜨릴 수 있는 특징, 생명을 주는 힘은 세례를 통해 가장 분명하게 나타납니다. 이때 물은 단순한 물을 넘어섭니다. 마찬가지로 빵과 포도주는 일상적으로 먹는 음식과 음료이지만 성찬 시 우리에게 그 이상의 무언가, 즉 생명의 빵과 구원의 잔, 그리스도의 살과 피가 됩니다.

우리를 둘러싼 현실이 하느님께서 우리와 함께하심을 드러낸다는 믿음은 그리스도교 신앙의 핵심 요소 중 하나입니다. 이를 깨달을 때 우리는 '계시'revelation에 관해서도 좀 더 적절하게 이해할 수 있습니다. 근래 들어 사람들은 하느님께서 우리에게 '말씀하신다'는 것, 그리고 이 말씀을 '알고' 이해한다는 것을 너무나도 좁게 이해해 오랜 기간 그리스도교가 갖고 있던 생각을 치명적으로 축소했습니다. 초기 그리스도교인들은 세계를 일정한 법을 따르는 질서 잡힌 세계로 보았습니다. 그리고 그 법은 다름 아닌 하느님의 말씀이었습니다. 자연에서 발견되는 모든 조화로움은 매 순간 하느님께서 당신을 표현하시는 것(로고스), 혹은 하느님의 말씀을 반영한다고, 이 하느님의 말씀이 때가 차 베들레헴의 우는 아이로 태어나 갈보리에서 울부짖으며 죽음을 맞이한 인간으로 드러났다고 그들은 생각했습니다.

그렇기에 요한 복음서에서 하느님의 말씀이 예수를 통해 육신이 되었다고 말했을 때 초기 그리스도교인들에게 이는 경이로운 일이었으나 불가해한 일은 아니었습니다. 그들은 하느님의 말씀이 모든 피조물의 조직 속에 '육신'으로 임함으로써 세계를 생명과 의미, 영광과 목적으로 가득 채움을 알고 있었기 때문입니다. 또한 그들은 하느님께서는 당신이 말씀하심으로써 창조된 모든 피조물이 하느님께서 자기를 내어주신 말씀과 친교를 나누도록 계획하셨다고 믿었습니다.

누구나 한 번쯤은 새로운 일을 시도했을 때 놀라운 성취감을 느껴 본 적이 있을 겁니다. 처음 자신이 하고 싶은 일을 하게 되었을 때, 너무나 맛있는 음식을 먹었을 때, 사랑에 빠졌을 때, 이럴 때 우리는 우리도 모르게 "아, 나는 이걸 하기 위해서 태어났어"라고 말합니다. 모든 피조물은 이보다 훨씬 더 깊고 경이로운 방식으로 하느님께서 말씀하시는 활동에 참여하기 위해 만들어졌습니다. 모든 풀잎, 모든 산맥, 인간이 사랑을 담아 하는 모든 행동은 하느님의 생명을 담은 언어, 하느님의 삶을 표현하는 언어로 쓰일 때 온전히 여물게 됩니다.

그리스도교인들은 영원한 말씀이 하느님의 형상이며 인간은 하느님의 형상대로 창조되었다는 사실(창세 1:26)을 오랫동안 숙고했습니다. 그리하여 하느님께서 인간 존재를 매우 특별하게 자신의 언어로 사용하심을, 즉 당신의 말씀을 이 세계에 전하는 가운데 인간의 육신을 입으셨다는 것이 얼마나 적절한지를 알게 되었습니다. 이에 관해서는 성육신을 다루는 다음 장에서 좀 더 깊게 살펴보도록 하겠습니다. 여기서는 인간의 특성을 살피는 것이 어떻게 계시를 좀 더 깊게 이해하는 데 도움을 주는지 알아 보겠습니다.

음악을 모르는 마을에 작곡가로서 천부적인 재능을 가진 이가 있다고 가정해봅시다. 빛나는 별들과 광활한 산, 언덕 아래로 구르는 아이들의 즐거운 모습 … 그는 이런 것들을 모두 기호화해서 기록으로 남깁니다. 하지만 그는 모든 공기의 진동을 음악이 아니라 소음으로만 느끼는 사람들 가운데 살고 있습니다. 그가 종이에 쓴 이상한 표시들을 과학자들은 어리둥절해하고 친구들은 형편없는 작품이라고 폄하하며 다른 사람들은 이상한 호기심의 산물로 치부해버립니다. 아무도 음악을 모르기에 어떤 악기도 없습니다. 작곡가가 자신이 작곡한 음악을 노래로 부르려고 하면 주변 사람들은 그가 고약한 병에 걸린 것으로 여기거나 아무도 그가 내는 이상한 소리를 듣지 못하게 그를 먼 곳으로 보내버립니다.

세월이 흘러 그는 또 다른 사람들을 만납니다. 그들 또한 음악을 모르지만, 그렇다고 해서 작곡가를 이상한 사람 취급하지 않으며 오히려 작곡가의 행동을 호기심 어린 눈길로 바라봅니다. 그는 사람들에게 노래를 불러주고, 손과 발로 리듬을 맞출 수 있도록 가르쳐 줍니다. 그 사람들은 시간이 흘러 이상한 경험을 하기 시작합니다. 소음으로 가득 찬 혼란 속에서 어떤 소리, 일정한 흐름이 있고 의도적인 소리를 감지합니다. 음악을 발견한 것입니다. 이 음악의 발견을 통해 그들은 삶의 새로운 차원을 알게 되었고 기쁨으로 반응하게 되었습니다. 그로 인해 소음으로 가득 찬 환경 역시 새로운 차원으로 거듭나게 되었습니다. 작곡가가 그들에게 노래를 불러주었기에 그들은 음악을 들을 수 있는 귀, 음악을 체험할 수 있는 능력을 갖게 되었습니다.

이처럼 하느님께서는 모든 피조물의 장구한 역사의 흐름 속에서 그들을 위하여 노래하시고 말씀하시고 사랑하셔서 새로운 차원의 생명, 새로운 차원의 삶을 체험하게 하셨습니다. 이를 위해 그분께서는 피조물에게 청각, 시각, 촉각, 본능적인 충동, 움직이는 능력을 주셨습니다. 그리고 최근에 이르러 사랑에 빠지는 위험을 감내하는 새로운 차원의 선택을 할 수 있는 한 종이 등장했습니다. 바로 인간입니다. 물론 인간이 언제나 사랑을 제대로 하지는 않습니다. 그러나 인간에게는 사랑할 수 있는 능력이 있습니다. 그리고 이를 통해 인간은 존재의 완전히 새로운 차원, 자유롭게 주어진, 본능적인 충동을 넘어선, 타인을 위한 인격적인 사랑의 차원을 엿보게 되었습니다.

인간의 삶이 언제나 자기를 내어주는 사랑을 드러내지는 않습니다. 그러나 인간은 이를 표현할 수 있습니다. 인간이 타인과 관계를 맺는 방식은 특정한 자유와 사랑을 표현할 수 있게 벼려져 있습니다. 대화, 친교, 사랑은 잘 해내기 어려운 일이지만, 그럼에도 불구하고 삶을 빚어내는 핵심 요소이자 삶의 핵심을 표현하는 문자, 언어들입니다. 치유와 참회와 화해, 끔찍한 배신에도 불구하고 끝까지 자신을 내어주는 사랑의 활동은 이러한 언어들로 표현됩니다. 성령강림절에 예수의 제자들은 당혹스러워하면서도 환희에 차올라 이 그리스도의 삶과 죽음, 부활과 승천의 언어를 말하고 살아내기 시작했습니다.

앞의 작곡가 이야기에서 작곡가의 노래를 듣는 가운데 음악을 발견한 이들은 작곡가의 곡에 맞추어 노래하고 춤을 추는 데 적합했다고 말할 수 있을 것입니다. 이처럼 인간은 자기 안에 있는 생명을 일으키고, 일깨우며, 부르는 하느님의 사랑을 알고 깨닫는 데 적합한 존재입니다. 온 세계가 이 사랑으로 메아리칠 때 인간은 그 '음성'을 들을 수 있고 깨달을 수 있습니다. 사랑을 할 수 있는 인격체로 창조된 우리는 쉽게 왜곡될 수 있음에도 불구하고 삼위일체 하느님의 위격들이 서로 내어주는 사랑을 듣고 구현할 수 있는 너무나도 소중한 자질을 갖추고 있습니다. 언젠가 윌리엄 템플William Temple* 대주교는 말했습니다.

인격적인 하느님은 인격을 갖춘 존재인 인간들을 통해서만 적절하게 자신을 드러내실 수 있다. 그러나 그러한 계시는 그것이 들어오는 인간의 결함들로 인해 왜곡될 수밖에 없다.[2]

하늘은 완벽하게 아름다우며 그러한 면에서 창조주 하느님을 증언하기에 적합합니다. 하지만 별은 자신을 태우고 싶어서 스스로 타올라 빛을 발하는 것이 아닙니다. 오히려 그들은 기계적인 방식으로, '비인격적으로' 빛을 발합니다. 그들에게는 의도가 없기에 우리가 하느님으로 고백하는 자유롭고 인격적이며 사랑을 베푸는 실재를 온전히 표현할 수 없습니다. 이와 달리 인격을 지닌 인간은 타인을 위해 자기를 내어주는 사랑과 그에 뒤따르는 위험을 감내하고 선택할 능력을 갖추고 있습니다.

우리는 이 세계를 알고 이해할 수 있으며 합리적인 말로 표현할 수 있습니다. 달리 말해 인간은 저 말씀을 깨닫는 임무, 즉 말

---

[2] William Temple, *Nature, Man and God* (London: Macmilan, 1956), 305~306.

* 윌리엄 템플Williams Temple(1881~1944)은 성공회 주교이자 신학자다. 옥스퍼드 대학교 발리올 칼리지에서 수학했으며 옥스퍼드 퀸스 칼리지에서 철학을 가르쳤다. 1909년 사제서품을 받았고 맨체스터 교구 주교, 요크 대주교를 거쳐 1942년부터 세상을 떠날 때까지 캔터베리 대주교를 지냈다. 1932~33년 기포드 강연을 맡았으며 신학 뿐만 아니라 교회 일치 운동, 교회의 사회 참여 등에 커다란 업적을 남겼다. 캔터베리의 안셀무스 이후 역사상 가장 훌륭한 캔터베리 대주교 중 한 사람으로 평가받는다. 주요 저서로『자연, 인간 그리고 하느님』Nature, Man and God(1934),『노동 없는 인간』Men without Work(1938), 『요한 복음서 읽기』Readings in St. John's Gospel(1권은 1939년, 2권은 1940년으로 나누어 출간되었다가 1945년 한 권으로 출간됨),『그리스도교와 사회 질서』Christianity and Social Order(1942) 등이 있다.

씀을 직관으로 감지하고 이에 응답해야 하는 특별한 임무를 맡고 있습니다. 말씀은 단순히 성부에게서 나올 뿐만 아니라 성부를 찬미하고 모든 피조물을 대신해 성부께 감사를 돌립니다. 그리고 이 감사는 공동체적 삶 안에서, 공동체적 삶을 통해, 제자도와 서로를 향한 섬김이라는 새로운 삶을 통해 이루어집니다. 하느님의 자기 소통의 활동인 세계, 그리고 성사들을 통해 이 세계에 임하시는 하느님께서 주시는 선물을 해석하고 감사드리는 활동인 인간은 깊은 차원에서 조화를 이룹니다. 말씀은 이 세계 전체와 이 세계에서 응답하고 사랑하는 역할을 맡은 인간 모두를 통해 자신을 드러냅니다.

언젠가부터 우리는 참회와 제자도라는 임무를 충실하게 이행하는 대신 다른 질문, 우리가 하느님을 얼마나 확실하게 알 수 있느냐는 질문에 사로잡히게 되었습니다. 하느님의 말씀을 듣지 못할 경우 이 문제를 우리의 죄에서 찾는 대신, 하느님이 말씀하신다는 생각 자체가 이치에 맞는 이야기인지 아닌지를 따져 묻게 된 것입니다. 이는 심각한 문제입니다. 이러한 하느님에 대한 불순종과 불신은 하느님께서 이스라엘 예언자들과 그리스도의 복음을 통해 우리를 부르고 계시는 것에 점점 더 우리를 무감각하게 만들어버립니다. 창조 활동과 모든 피조물, 우리의 관계를 통해 말을 건네시는 하느님의 사랑에 대해서도 마찬가지입니다. 근대가 시작될 무렵(1600년경)부터 그리스도교 신학은 점점 더 죄의 문제를 숙고하는 대신 계시를 문제 삼기 시작했습니다. 질문의 방향이 바뀜으로써 사람들은 오랜 기간 그리스도교 신학이 고민하던 문제에서 벗어나 다른 질문들을 던지기 시작했습니다. 이러한 경향으로 인해 예수가 복음에 관해 말한 첫 번째 선언을 전혀 숙고하지 않게 되었다는 것은 비극적인 일입니다.

> 때가 다 되어 하느님의 나라가 다가왔다. 회개하고 이 복음을 믿어라. (마르 1:15)

근대의 문제 - 어떻게 아는가?

오늘날 계시의 신비를 이해하려 할 때 근대의 특징이라 할 수 있는 '확실성'certainty은 커다란 영향을 미칩니다. 이러한 영향 아래 우리는 '당신은 어떻게 아는가?'라는 형태의 질문들을 던집니다. "하느님이 우리에게 말씀하고 계신다는 것을 당신은 어떻게 압니까?", "그 말씀이 정말 하느님의 말씀인지 아닌지를 당신은 어떻게 압니까?", "삼위일체 하느님께서 친교를 나누신다는 것을 당신은 어떻게 압니까?", "여름밤 바람이나 한 아이의 놀이, 혹은 사랑하는 사람을 잃는 경험을 통해 말씀하시는 뜻을 어떻게 알 수 있습니까?"

오랜 기간 그리스도교인들에게 깊은 차원의 현실, 실재에 대한 '앎'은 우리가 책을 읽거나 현미경을 들여다봄으로써 알게 되는 지식을 뜻하지 않았습니다. 그들에게 앎은 그리스도에게 충실해지는 법을 익힘으로써 얻게 되는 것이었습니다. 사랑으로

화해를 이루었던 예수의 활동을 나눔으로써 그리스도교인들은 하느님 자신에 대한 하느님의 앎, 아버지에 대한 말씀의 앎으로 나아가는 습관을 익히고, 직관을 얻었습니다. 다시 말해 오랜 기간 그리스도교 역사에서 하느님을 이해하는 것은 하느님을 사랑하는 것과 긴밀하게 연결되어 있었습니다.

중세 후기에 이르러 하느님께서 말씀하실 때 쓰시는 언어, 사랑을 통해 배우고 말하고 이해되는 언어로서 세계가 지닌 의미에 대한 감각이 변화했습니다. 사람들은 하느님의 활동을 인간의 능력으로는 헤아릴 수 없다고 여기는 것이 하느님의 위대함을 더 잘 전달할 수 있다고 생각했습니다. 윌리엄 오컴William of Ockham과 같은 후기 중세 사상가는 만물은 오직 하느님의 '의지'에서 나온 활동으로 존재한다고 주장했습니다. 그가 보기에 세계를 하느님께서 사랑하신다는 의미가 시간과 공간을 통해 펼쳐지는 것으로 여기는 것은 하느님의 의지를 인간의 표준과 인간의 이해에 종속시키는 것이었습니다. 세계, 자연, 세상은 하느님의 목적에 맞게 울려 퍼지는 것이 아니라 하느님의 전능함을 보여주는 것이며 인간의 정신은 이에 대해 추측할 권리가 없다고 오컴과 같은 관점으로 생각한 이들은 말했습니다.

이것이 무엇을 뜻하는지 살펴봅시다. 우선 이는 인간의 정신이 더는 전체 세계를 구성하는 데 필수적인 요소가 되지 않음을 뜻합니다. 따라서 정신과 자연은 상호 간 불투명해지고 분리되며 서로로부터 고립됩니다. 고대인들에게 '앎'이란 정신이 (궁극적으로 사랑에 의해) '알려진' 생명, 삶에 참여하는 활동이었던 반면, 현대인들에게 '앎'이란 친교의 활동이기보다는 사적이고 개인적인 인지 활동에 불과합니다. '앎'이 사적인 활동이 됨으로써 현대인들은 무언가를 판단하고 아는 행위에 죄가 어떠한 영향을 미치는지 알 수 없게 되었습니다. 죄로 인해 손상되고 왜곡될 수 있는 친교의 형태를 띠지 않으면 앎은 인간의 인지 법칙에 종속되어 인간의 사적 경험 그 이상의 것이 되지 못합니다. 또한 하느님께서 주신 의미를 전제하지 않고서는 자연 '자체'를 이해하기란 불가능한 일이 되고 말았습니다. 이는 자연이 하느님의 영광을 음미하고 반응하게 해주는 언어가 아니라 정신과 대립하는 위치에 있어 인간 정신이 의도하는 대로 의미를 부여받는 대상이 되었음을 뜻합니다. 달리 말해 자연은 경외와 감사의 대상이 아니라 분석과 통제의 대상이 되었습니다.

16세기 후기와 17세기 초 프랜시스 베이컨Francis Bacon과 같은 근대 사상가들은 앎을 분명하게 자연에 대한 '해부'dissection로 묘사하며 자연의 비밀을 알아내기 위해서는 자연을 이루는 요소들을 하나씩 실험실 수술대 위에 올려놓고 낱낱이 해부해야 한다고 주장했습니다.

이러한 과학 연구 방법론이 부상함에 따라 진리란 오직 실재를 가장 기본적인 요소로 환원시켰을 때 알 수 있다는 생각이 힘을 얻었습니다. 17세기 철학자 르네 데카르트René Descartes는 이 환원주의reductionism를 더 밀고 나가 그 고유한 형태와 아름다움을 바탕으로 실재를 이해하려 하기보다는 수학을 바탕으로 실재에 접근하는 새로운 방법을 고안했습니다. 그는 유일하게 확실한 것은(데카르트는 필사적으로 확실성을 추구했습니다) 순수하고, 오염되지 않으며 확실한 수학 공식뿐이었습니다. 그의 방법을 따르는 이들은 모든 구체적인 것들(폭풍우, 음악, 인간 정신)은 추상적인 명제로 환원되어야 한다고 주장했고 실재는 수로 환원될 수 있거나, 환원되지 않는 부분은 무시해도 될 만한 것으로 간주했습니다. 앎에 대한 전환을 가져온 이 새로운 '방법'이 미칠 파장에 대해 한 후기 르네상스 사상가는 음울하게 말했습니다.

> 손을 가진 이들은 자연의 장엄한 아름다움을 분리된 개념과 추상적 관념, 덧없는 세심함으로 갈아버림으로써 철학을 끔찍할 정도로 평평하게 만들고 희석해 버렸다.[3]

분명 근대 과학의 방법론은 유용합니다. 그러나 오늘날 우리는 이 방법이 무언가를 알기 위한 여러 방법 중 하나며 한계를 갖고 있음을 압니다. 한 송이 꽃을 여러 요소와 성분의 혼합물로 간주하고 이를 밀고 나가 아원자 입자로까지 환원시켜 그것으로 문제를 종결시키는 것은 적절치 못합니다. 꽃을 제대로 아는 최고의 방법은 그 향기를 맡고, 그 아름다움에 매료되는 것입니다.

---

[3] Louis Dupré, *Passage to Modernity: An Essay in the Hermeneutics of Nature and Culture* (New haeven and London: Yale Univiersity Press, 1998), 262, note 11.

데카르트의 시대에는 모든 사람이(가장 진취적인 신학자들을 포함해) 그리스도교 사상이 박물관의 유물이 되지 않으려면 명확하고 뚜렷한 명제들로 재공식화reformulate해야 한다고 생각했습니다. 그들은 그리스도교의 가르침을 모든 합리적인 사람들이 보편적으로 받아들일 수 있는 것으로 만들거나 그렇지 않으면 최후의 거점으로 오류 없는, 영감을 받은 가르침으로 정착시켜야 한다고 생각했습니다. 이렇게 무언가를 알기 위한 과학적 방법과 확실하지 않은 모든 것을 업신여기는 태도가 근대 그리스도교에 깊게 뿌리내렸습니다. 흥미롭게도 오늘날 그리스도교의 양극단, 근본주의자와 그리스도교를 전면적으로 개정해야 한다고 주장하는 자유주의자는 모두 앎에 대한 근대 초기의 과학적 접근에 갇혀있습니다. 그들은 하느님의 계시가 캡슐 안에 번호를 매긴 명제들로 깔끔하게 정리되어 있어야 한다고 여기거나, 자신들이 가장 선호하는 과학의 연구 분야(이를테면 심리학)의 주제로 환원되어야 한다고 여깁니다.

그러나 실재하는 것, 살아있는 것, 진실을 아는 방법은 여러 가지가 있습니다. 과학적 방법이 아닌 다른 방법들에서 확실성은 인간이 능력을 다해서 이루는 것이 아니라 하느님께서 제공하시는 것입니다. 계시란 인간이 자신의 힘으로 하느님에 관해 배우는 것이 아닙니다. 하느님은 연구실에 있는 복잡한 표본이 아닙니다. 오히려 계시는 하느님께서 우리를 원상태로 회복하는 신비, 우리를 거슬러 우리 편이 되셔서 우리가 당신과 교제할 수 있는 이가 되도록 우리를 빚어내시는 활동입니다. 단순하게 말하자면 계시는 하느님께서 하느님에게 자신을 넘겨주는 활동입니다. 이 활동 가운데 그분은 순전한 기쁨으로 우리를 기꺼이 끌어안으십니다.

삼위일체 하느님께서 친교를 나누시는 삶으로 이끌릴 때, 그 안으로 들어가게 될 때 우리는 계시를 봅니다. 계시의 신뢰도와 '확실성'은 측정 불가합니다. 계시는 멀리 떨어져서 관찰할 수 없으며 참여를 통해 일어나기 때문입니다. 사람들이 이집트 노예 생활에서 해방될 때, 죽을 수밖에 없는 자신의 삶이 그리스도와 동행함으로써 생명을 얻음을 발견할 때 계시는 일어납니다. 계시는 우리가 여러 조각으로 잘라내 그것이 이치에 맞다거나, 우리 모두가 아는 다른 것들과 견주었을 때 꽤 잘 들어맞는다거나 최근 과학이론들과 연결되는 부분이 있기에 증명할 수 있는 무언가가 아닙니다. 계시는 진실로 이치에 맞습니다. 하지만 계시가 우리의 이치에 맞는 이유는 세계를 하느님께서 만물의 중심에 자리한 의미, 영원의 차원을 감지하도록 창조하셨기에 일어난 결과입니다. 계시는 세계를 본래의 창조 목적, 하느님과의 교제를 나누도록 인도합니다. 계시가 일어날 때 우리는 이 놀라운, 믿기지 않는 전체 과정을 엿보게 되며 이를 통해 계시가 우리를 향해서도 무언가를 일으킴을 깨닫게 됩니다.

계시, 예수

한 사람과 만날 때 일어나는 일들에 대해 생각해 봅시다. 많은 시간을 함께하면 할수록 당신은 상대가 누구인지 좀 더 깊이 알게 됩니다. 이때 상대에 대한 앎의 변화를 가능케 하는 것은 당신과 상대의 우정입니다. 그 우정으로 인해 당신은 하던 일을 멈추기도 하고, 상대의 일에 기뻐하기도 하며, 자존심에 상처를 입기도 합니다. 어떤 때는 상대 덕분에 마음이 치유되는 경험을 하기도 하고, 어떤 때는 잘못을 저질러 상대에게 용서를 구하기도 합니다. 이 모든 순간은 상대를 친구로서 알아가는 수단이 됩니다. 누군가와 친밀해지기 위해서는 그와 함께 삶을 나누어야, 때로는 고통스럽고 불편한 변화와 성장의 과정을 거쳐야만 합니다. 알다시피, 우리가 만든 세상에서 이러한 나눔을 하기 위해서는 위험을 감내해야 합니다. 하느님께서는 우리에게 당신의 생명을, 삶을 주심으로써 (이를 우리는 보통 '은총'grace이라고 부릅니다) 분노와 소유욕으로 얼룩진 타인들과 만남을 통해 만들어진 '나'에서 벗어나게 하십니다. 또한 이를 통해 우리는 하느님께서 바라시는 바를 회피하고 숨어 안주하는 삶에서 벗어납니다. 하느님의 은총으로 우리는 타인들을 섬기는 자리로 나아갑니다. 타인을 섬기는 행동은 우리를 고갈시키지만 동시에 우리에게 생명을 줍니다. 이를 통해 과거의 우리는 십자가에 매달려 죽고 생명그 자체를 향해 일어납니다. 복음서에는 이렇게 인격이 변화하는 사건, 단순히 도움을 받거나 치유 받는 것을 넘어 예수에게로 나아가도록 삶이 바뀐 사건으로 가득 차 있습니다. 한 성가는 이러한 변화를 잘 표현합니다.

> 자신들의 삶에 만족하던 어부들, 평화롭게 살던 어부들
> 어느 날 이전에는 알지 못한 하느님의 평화가
> 그들의 마음을 채웠네.
> 하느님의 평화는 그들의 온몸까지 퍼져나갔고
> 이전의 그들을 부수었네.
> 그리하여 늘어진 돛을 손질하던 젊은 요한은
> 노숙인이 되어 파트모스에서 죽었고
> 물고기로 가득한 그물을 끌던 베드로는
> 거꾸로 십자가에 매달려 죽었다네.[4]

감미로운 선율에 실리면 감성적으로 들릴지 모르지만 이 성가는 당시 예수를 따른 이들이 겪은 현실을 정확하게 보여줍니다. 그들은 자신들이 받은 새로운 생명, 새로운 삶에 경이로워했고, 과거 자신들의 모습이 (누군가가 보기에는 만족스럽고 평화로워 보일지라도) 실패했음을 발견하고 이를 고백했습니다. 그들은 그리스도의 활동이라는 물결에 휩쓸려 자신들에게 안성맞춤이라고 생각했던 삶의 정박지에서 벗어났습니다. 계시가 두렵고 떨리는 이유는 이를 통해 하느님께서 우리 삶을 송두리째 바꾸시기 때문

---

[4] Hymn 661 in *The Hymnal 1982* (New Yrok: Church Hymnal Corporation, 1985) Words by Wiiliam Alexander Percy.

입니다. 하느님께서는 과거의 삶에서 우리를 벗어나게 하심으로써 당신이 누구인지를 보여주시기에 우리는 충격을 받습니다. 그리스도교인은 예수가 하느님의 말씀이며 그를 통해 하느님께서 이 땅에 당신을 드러내신다고 믿습니다. 이 말씀은 그와 같은 언어로 말하기 시작하는, 그처럼 살아내기를 시작하는, 끊임없이 확장되는 공동체를 통해 울려 퍼집니다. 예수는 하느님의 말씀으로서 행동하고 그를 주님으로 고백하는 이들을 자신의 삶, 죽음, 부활로 인도합니다. 20세기 신학자 오스틴 패러Austin Farrer* 는 이 말씀의 상호성을 포착했습니다.

예수에게는 그를 향해 미소짓는 어머니와 그에게 말을 거는 아버지가 필요했습니다. 그가 인간이 되고자 했기 때문이지요. 마리아와 요셉이 없었다면 그는 이 세상을 살아가는 인간이 될 수 없었을 것입니다. 하느님의 생명, 하느님의 삶이 예수를 통해 이 세상에 왔습니다. 그는 저 신성한 생명, 삶의 현현이자

---

* 오스틴 패러Austin Farrer(1904~1968)는 성공회 사제이자 종교철학자, 신학자, 성서학자다. 옥스퍼드 대학교 발리올 칼리지에서 수학했으며 1929년 사제 서품을 받았다. 1935년부터 1960년까지 옥스퍼드 대학교 트리니티 칼리지의 채플린이자 교수로 활동했다. 1960년부터 세상을 떠날 때까지 옥스퍼드 대학교 키블 칼리지의 학장을 지냈다. 성서학, 종교철학, 신학 등 다양한 분야에서 주목할 만한 저작을 남겼으며 설교자로도 명성을 떨쳤다. 주요 저서로 『유한과 무한』Finite and Infinite: A Philosophical Essay(1943), 『의지의 자유』The Freedom of the Will(1958), 『믿음을 구하기』Saving Belief: a discussion of essentials(1964), 『요한 묵시록』The Revelation of St. John the Divine(1964) 등이 있다.

핵심이었습니다. 그러나 신성한 생명, 삶은 예수 홀로는 이 땅에서 살아 숨 쉬게 할 수 없으며 움직이게 하지 못합니다. 하느님께서는 당신이 인간이 되기 위해 예수의 부모와 형제, 그의 친구들을 들어 쓰셨습니다. 계속 인간으로 계시기 위해 제자들을 들어 쓰셨습니다. 인간은 타인 없이는 인간이 될 수 없으며 인간으로 있을 수도 없기 때문입니다. … 마음에서 지혜를 끌어내는 학생이나 제자가 없이 선생이 있을 수는 없습니다. 우리의 영혼이 하느님의 것이 아니라면, 그분이 우리의 영혼을 자신에게로 인도하지 않는다면 구세주는 성립이 되지 않습니다. 예수는 베드로와 야고보 그리고 요한이 그와 함께 있음으로써 예수가 될 수 있었습니다.[5]

하느님의 삶은 그 자체로 공동체적인 삶, 한 사람이 다른 누군가에게 사랑을 내어주는 삶입니다. 우리가 죄에 빠지지 않았다면 하느님께서는 환대의 뜻으로 그분의 손길을 내미시는 것만으로도 당신의 삶이 무엇인지를 우리에게 보여주실 수 있었을 것입니다. 그러나 우리가 만든 세상에서, 이러한 환대의 손길과 사랑은 십자가라는 거친 나무 위에서 드러날 수밖에 없습니다. 즉 계시는 하느님의 위대한 사랑으로 인해 일어나는 우리의 변화와 분리될 수 없습니다. 하느님께서는 당신의 삶에 참여하는

---

5 Austin Farrer, sermon in *A Celebration faith* (London: Hodder and Stoughton, 1970) 104~105.

134 | 신앙의 논리

이들에 걸맞게 우리를 변화시키는 방식으로만 그분이 어떤 분인 지를 보여주십니다.

계시가 상호 과정이라는 점은 매우 중요합니다. 계시는 단순히 "그때 거기서" 일어난 사건이 아닙니다. 분명 계시는 사건이지만, 그것이 일어날 때 함께하는 사람들에서 분리되는 것을 거부하는 사건입니다. 하느님께서는 어머니의 손가락을 움켜쥐는 아기, 학생들의 정신과 마음을 단련하는 교사, 울타리를 벗어난 고집 센 양을 찾아 나선 목자로서 당신을 드러내십니다. 우리 안에서 구원의 활동이 일어날 때만 우리는 계시를 알 수 있습니다.

물론 계시가 어떻게 일어나느냐에 대해서는 여러 견해가 있습니다. 한쪽에서는 계시가 순수하게 '객관적'objective인 사건이라고 말합니다. 이러한 입장을 대변하는 이들은 하느님의 영감을 받아 일어난 사건과 그러한 사건들에 대한 성경의 증언은 완전히 객관적인 진리라고 말합니다. 이때 계시는 인간이 이를 감지하고 이해하며 이로 인해 변화하는 사건으로부터 동떨어져 있습니다. 반대편에서는 계시가 일차적으로 '주관적인'subjective 사건이라고 말합니다. 이러한 입장을 대변하는 이들은 계시란 어떤 역사적 사건으로 인해 한 사람의 현실, 실재에 대한 이해가 바뀌는 일이라고 말합니다. 이때 역사적 사건은 성경을 읽는 일일 수도 있고, 복음서의 비유를 듣는 일일 수도 있고, 고등학교 동창회 모임일 수도 있고, 이온 음료를 마시는 일일 수도 있습니다. 이때 계시가 '어떤' 사건이냐는 것은 그다지 중요하지 않습니다.

이러한 입장에서 중요한 것은 생각과 삶에 변화가 일어나는 것이며 예수가 실제로 있었는지 아닌지는 그에 관한 이야기가 삶에 대한 새로운 이해를 주느냐, 혹은 '참된 삶', 혹은 '좀 더 깊은 삶'을 끌어내느냐는 문제보다는 그리 중요하지 않습니다. 여기서 예수와 이스라엘의 역사는 우리가 할 수만 있다면 이미 쓸 수 있는 무언가를 좀 더 쉽게 깨달을 수 있도록 도와주는, 일종의 편리한 시각 보조 장치에 불과합니다. 물론 이는 어느 정도 과장된 표현이지만 오늘날 현대 문화에서 후자의 입장은 그렇게 비칩니다. 어떻게 보든 이러한 관점에서 보았을 때 계시는 세계의 역사에서 어떠한 거대한 전환을 이야기하는 '기쁜 소식'이 될 수 없습니다. 언제나 옳은 것으로 보이는 꽤 좋은 무언가를 우리가 상기하는 데 도움을 줄 뿐입니다.

첫 번째 입장, 계시가 순전히 객관적인 사건이라는 견해의 문제는 그 근본적인 가정에 있습니다. 이러한 입장에서는 우리가 하느님께서 이루어 나가시는 치유와 구원 활동의 일부가 되지 않고서도 그분의 내적 삶을 알 수 있다고 봅니다. 하지만 제가 여러분에게 "진정한 축제가 어떤 것인지 보여드리겠습니다!"라고 한 다음 축제에 관한 책을 읽어주거나 축제에 참여했을 때 사람들의 혈압이 얼마나 상승하는지를 보여준다면 아무런 소용이 없을 것입니다. 축제가 진정 어떤 것인지 알기 위해서는 춤, 온갖 음료들, 음악 소리, 모르는 사람들이 서로의 얼굴을 익혀가는 그 '현장'에 들어갈 때만 '볼 수' 있습니다.

하느님께서 자신을 드러내시는 사건은 이미 종결된 과거의 일부, 하나의 '역사적 사건'historical event으로 갈무리될 수 없습니다. 오히려 계시는 우리 앞에 계속해서 열리는 사건입니다. 예수와 그를 처음 따랐던 이들에게 일어난 사건은 성령의 능력으로 우리 가운데에서도 일어나고 있습니다. 창조를 통해, 이집트 탈출을 통해, 예수의 출현을 통해 하느님께서 자신을 드러내신 사건들은 '시간 안'에서 이루어졌지만 하느님의 손길이 닿기에 지금, 여기서도 살아 숨 쉬며 우리에게 손짓합니다. 이스라엘 백성이 이집트에서 해방되었다는 소식을 들음으로써, 예언자들의 외침을 들음으로써, 다른 무엇보다 부활이라는 신비로운 사건에 참여함으로써 우리는 우리를 변화시키는 계시에 참여하게 됩니다. 따라서 하느님께서 그리스도를 통해 우리를 구출해내심으로써 당신을 드러내신다는 사실은 계시가 진정 무엇인지를 이해하는 데 도움이 됩니다. 계시란 하느님께서 우리를 찾으러 오셔서 우리를 집으로 데려가시는 사건입니다.

계시가 이러한 모습을 갖는다는 사실은 우리에게 하느님께서 어떤 분이신지를 이해하는 데도 큰 도움을 줍니다. 우리를 구원하는 과정을 통해서만 계시를 볼 수 있다는 사실은 '삼위일체' 하느님의 삶은 공동체적 삶, 나누는 삶임을 보여줍니다. 영원한 아버지는 아들을 사랑하고, 아들은 자신이 받은 사랑을 아버지에게 되돌려줍니다.

(우리는 계시를 통해) 예수와 아버지 사이에서 일어나는 이 영원한 사랑의 교류에 참여한다. 그리고 이 사랑의 교류를 우리는 성령이라고 부른다.[6]

계시, 성경, 교회의 삶

지금까지 계시에 대해 살펴본 점을 고려한다면 성경과 교회, 교회의 활동은 어떻게 바라보아야 할까요? 그리스도교 신앙의 핵심은 나자렛 예수가 우리 가운데 왔다는 것, 하느님께서 예수, 즉 당신의 유일한 말씀으로 우리를 찾으시고 끌어안으신다는 것입니다. 이는 우리가 하느님께서 모든 시간과 공간에서 우리를 향해 말씀하고 계심을 깨닫고 이에 반응할 수 있는 단서를 그리스도에게서 찾을 것이라는 의미입니다. 성찬례를 드리며 우리는 기도합니다.

오 주님, 만물을 창조하시고 이스라엘 백성을 부르셔서 당신의 백성으로 삼으시고 예언자를 통하여 당신의 말씀을 전하시며 무엇보다도 당신 말씀의 성육신, 당신의 아들 예수를 통해 당신의 선함과 사랑을 알려주심에 감사드립니다.

---

[6]   Herbert McCabe, *God Matters*, 20.

하느님께서 말씀하시는 다른 모든 방법은 가장 응축되고 직접적인 말씀, 나자렛 예수의 삶과 죽음, 부활, 승천에 대한 단서이자, 이를 확장한 것, 이를 속삭이는 것이라 할 수 있습니다.

몇몇 학자들이 '역사적 예수'historical Jesus에 관해, 복음서에서 그가 실제로 말한 것, 행한 것이 무엇인지를 말할 때 그들은 계시를 도대체 어떻게 이해하고 있는 것일까요? 앞서 언급했듯 계시는 예수가 자신이 누구인지를 드러내는 말과 삶의 방식을 통해 일어납니다. 예수가 자신을 따르는 제자들의 삶을 자신의 삶과 엮어낼 때, 자신과 성부가 맺고 있는 관계로 제자들과 우리를 이끌어 머무르게 할 때 계시는 일어납니다. 예수는 자신에게 기대어 성장하는 공동체, 공동체를 이루는 구성원들을 통해 자신이 지닌 생명, 자신의 삶을 표현합니다. 교회에서 울려 퍼지는 예수의 가르침, 교회를 이루는 구성원들의 상호 돌봄은 궁극적으로 예수 자신의 삶을 표현하는 것입니다. 그러므로 '역사적 예수'와 '신앙의 그리스도'를 분리하고 둘 사이에 커다란 차이가 있다고 말하는 것은 계시를 제대로 이해하지 못하는 것입니다. 그리스도교 신앙을 근본적으로 오해한 데서 나오는 이러한 경향은 현대 사회의 특징이라 할 수 있습니다. 하느님의 말씀이 예수라는 육신을 입은 이유는 말씀이 교회에서 울려 퍼지는 선포와 실천, 교회를 이루는 구성원들의 활동으로 구현되는 것을 가로막기 위함이 아닙니다.

중요한 점은 교회에서 하는 활동, 교회에서 전하는 가르침,

교회에서 이루어지는 실천들이 계시를 통해, 하느님의 말씀으로 인해 존재하게 되었다는 것입니다. 역사에서 예수는 삶으로 하느님의 말씀이라는 자신의 정체성을 구현했습니다. 하지만 그의 역사적 생애는 하느님의 말씀이라는 그의 정체성에 한계를 그을 수 없습니다. 하느님의 말씀으로서 그는 우리네 삶으로 들어와 인류가 겪는 고통과 슬픔의 심연, 죽음 그 자체까지 내려가서 이를 끌어안아 기쁨으로 아버지께 올려드립니다. 이것이 그의 정체성, 그의 활동의 핵심입니다. 그렇기에 하느님의 말씀으로서 예수의 정체성은 유리장에 전시된 고고학 유물처럼 역사적으로 재구성할 수 없습니다. 하느님께서는 가만히 서서, 과거의 한 흥미로운 인물, 역사라는 시간과 공간의 제약으로 인해 우리로부터 차단된 인물을 통해 우리에게 말씀하시지 않습니다. 하느님의 말씀은 우리가 살아가는 이 혼란스러운 세상에 오늘도 울려 퍼지고 있습니다. 예수는 이 세상에서 우리와 함께하며 날마다 우리를 격려해 우리 한 사람 한 사람이 제자로서의 본분을 다하고 사명에 충실하도록 이끕니다. 예수는 자신의 몸인 교회와 거리를 두지 않습니다. 설사 교회가 혼란에 빠지고 부패한 모습을 보인다 해도 말입니다. 성령 하느님은 교회를 예수의 죽음과 부활로 더 깊숙하게 빠져들게 함으로써 그 본래 사명과, 그 사명을 따르는 길을 일깨웁니다. 그렇게 그분은 그리스도가 일구어낸 공동체, 공동체의 삶 가운데 활동하십니다.

우리는 매주 일요일 이러한 사건이 일어나는 것을 봅니다.

이 세계 모든 곳에서 성령은 그리스도를 따르는 이들을 한 자리로 부릅니다. 그리고 말씀을 선포함으로써, 전례를 거행함으로써 그리스도를 기억하고 그의 생명을 나누며 그의 정신을 몸과 마음에 되새기게 합니다. 성찬례 때 우리는 성령 하느님이 우리에게 빵과 포도주를 통해 구원의 신비가 이루어지기를 간구하며 자신을 제물로 드린 예수와 한 몸이 되기를 기도합니다. 이때 그리스도께서는 자신과 아버지가 나누는 사랑의 교류로 우리를 이끄십니다. 그분은 우리의 두려움, 혼란, 갈망을 끌어안으시고 우리를 아버지와 당신이 나누는 대화의 주제로 삼으십니다. 예배를 떠올려봅시다. 누군가 그날 성경 본문을 읽으려고 독서대로 움직입니다. 그, 혹은 그녀의 마음은 교회에 오기 전까지, 예배가 시작되기 전까지 일어났던 일들로 인해 혼란스러움으로 가득 차 있습니다. 하지만 그, 혹은 그녀의 입을 빌려 성경 말씀이 예배당에 울려 퍼질 때 그, 그녀의 삶(자신의 혼란스러운 마음과 이를 만들어낸 혼란스러운 현실을 포함한 삶)은 하느님의 말씀이 담긴 목소리가 됩니다. 우리가 진정 누구냐는 물음에 대한 답은 계시의 사건에 참여할 때 알 수 있습니다. 그리스도의 몸인 교회에서의 실천을 통해 우리는 우리가 사랑받는 존재이며 그리스도와 함께, 그리스도를 섬기며 살 때 우리는 온전한 우리로 살 수 있다는 진리와 마주하게 됩니다.

교회의 구성원으로서 살아갈 때 우리의 삶은 말씀이 당신을 드러내고 전하는 사건의 일부가 됩니다. 그리고 이는 성경에서 당신을 드러내고 전한 이야기를 통해 좀 더 분명하게 드러납니다. 우리는 성경 이야기를 통해 우리 자신을 교정합니다. 성경은 교회의 성사sacrament, 권징discipline, 가르침teaching처럼 말씀이 자신을 드러내는 수단이라 할 수 있습니다. 물론 현실은 종종 모호해 보입니다. 예언자들, 사도들은 하느님의 부르심에 응하지 않으려 온갖 애를 쓰는 모습을 보이기도 했습니다. 어떤 설교 내용은 도저히 받아들여지지 않으며 어떤 교회 회의의 결정 사항은 어떤 이익 단체가 자신의 이익을 수호하기 위해 한 결정과 그리 달라 보이지 않을 때도 있습니다. 어떤 성가 가사가 오늘날 풍토에서 도저히 받아들이기 어려울 때도 있습니다.

성경을 통해 말씀이 전하는 바, 교회의 실천을 통해 말씀이 전하는 바가 우리에게 잘 들리지 않는 이유, 혹은 어렵게 다가오는 이유는 우리 마음의 완고함 때문일 수도 있습니다. 우리의 죄 때문일 수도 있습니다. 고통으로 인한, 사랑의 실패로 인한 상처 때문일 수도 있습니다. 하느님의 말씀에 우리 자신을 기꺼이 열어 성장하기를 주저하기 때문일 수도 있습니다. 우리는 이러한 현실을 마주해 지나치게 염려하지 않도록 경계해야 합니다. 하느님께서는 우리가 선을 넘으면 벌을 주시려고, 우리를 버리시려고 세례를 통해 그리스도의 몸이라는 드라마로 우리를 초대하신 것이 아닙니다. 우리에게 진정 필요한 것은 참회입니다.

오직 예수만이 그러한 하느님의 말씀입니다. 그분은 성경과 교회를 통해 말씀하십니다. 성경과 교회는 그분이 지닌 생명, 그분의 삶의 표현으로서 특별한 위치를 차지합니다. 성경은 기록된 말씀으로 하느님께서 말씀하시는, 하느님의 말씀이 말하는 사건의 결정체입니다. 하나의 척도로서 성경은 삶의 방향을 잃고 어둠 속에서 헤매는 이들에게 말씀을 전하는 힘을 지니고 있습니다. 교회가 자신의 의무를 다하지 않을 때, 진보든 보수든 특정 신념을 우상숭배 할 때 성경은 이에 맞서고 이러한 움직임을 심판합니다. 예수를 따르는 이들의 공동체인 교회는 성경을 통해 드러나는 하느님의 말씀을 믿고 하느님의 약속과 연결해 선포함으로써, 공동체의 삶으로 살아냄으로써 저 말씀이 모든 시공간에 퍼지게 합니다. 말씀이 기록된 몸으로서의 성경과 말씀을 실현하는 몸으로서의 교회는 끊임없이 연합하고 일치를 이루어야 합니다.

성경 읽기

그렇다면 하느님의 말씀으로서 성경은 어떻게 해석해야 할까요? 이를 두고 양극단이 있습니다. 한편에는 (개신교든 로마 가톨릭이든) 근본주의fundamentalism 경향을 보이는 이들이 있습니다. 이러한 입장에 속한 이들은 성경을 이루는 모든 '말들'words을 하느님의 '말씀'Word과 동일시합니다. 이러한 관점에 따르면 모든 성경 구절은 단어 하나, 토씨 하나 오류가 없는 하느님의 말씀입니다. 그러므로 이러한 입장에 선 이들은 예수의 부활에 관한 성경의 증언이 문자 그대로, 역사적 사실을 설명한다고 주장합니다.

다른 한편에는 그리스도교를 전면적으로 개정해야 한다고 주장하는 자유주의자들이 있습니다. 이러한 입장에서 성경은 다른 종교들에서도 엿볼 수 있는, 보편적인 인류의 경험을 담고 있으며 이를 신화와 상징이라는 고대 문화 특유의 이야기, 표현 수단으로 표현했다고 주장합니다. 이러한 맥락에서 신화들과 상징들은 삶의 의미와 좀 더 깊은 진리를 향한 여정의 출발점입니다. 그러나 이들을 곧이곧대로 받아들이면 이들은 우상이 될 뿐만 아니라 우리의 자아실현에 장벽이 될 뿐입니다. 그러므로 이러한 입장에 서 있는 이들은 부활에 대한 성경의 증언을 상징으로 받아들입니다. 그들에게 부활은 제자들이 새로운 신앙을 갖게 되었음을 보여주는 신화적인 그림-언어mythological picture-language입니다. 그렇기에 그 증언은 예수에게 실제로 일어난 일들에 대해서는 우리에게 아무것도 말해주지 않는다고 그들은 말합니다.

여러 측면에서 이 양극단은 성공회 역사에서 가장 중요한 시기 중 하나였던 튜더 왕가 시기에 성찬례와 같은 문제를 두고 견해가 양극으로 갈라진 것과 유사해 보입니다. 리처드 후커Richard Hooker*와 같은 신학자들은 양극으로 갈라져 각 입장이 첨예하게 대립하는 동안 새로운 길을 모색해야 했습니다. 이는 오늘날 성

---

* 리처드 후커Richard Hooker(1554~1600)는 잉글랜드 성공회 사제이자 신학자다. 옥스퍼드 코퍼스 크리스티 칼리지에서 수학했으며 1579년 사제 서품을 받았다. 이른바 성경, 전통, 이성을 신앙의 3대 요소로 세우고, (로마 가톨릭도 개신교도 따르지 않는) '중도의 길'via media을 확립해 고전적인 성공회 신학을 대표하는 신학자로 평가받는다.

경에 관한 문제에서도 마찬가지입니다. 예일 대학교 교수였던 한스 프라이는 생애 후반부에 이러한 길을 찾기 위해 힘겨운 시간을 보냈습니다. 그는 성경 해석의 역사를 검토하며 근대가 중대한 분기점이 됨을 발견했습니다.

프라이에 따르면 베이컨과 데카르트의 시대 즈음부터 성서학자들은 자신들이 '어떠한' 텍스트를 보고 있는지 방향을 잃었습니다. 성경의 '장르'genre를 잘못 이해한 것입니다. 예를 들어 한 편의 시를 그 시를 쓴 사람의 자서전으로 읽는다고 생각해 보십시오. 물론 시는 시인 삶의 어떤 측면을 드러낼 수는 있지만 그렇다고 해서 모든 구절을 시인의 삶과 연결 지으려 한다면 시를 온전히 감상하기 어려울 것입니다. 형편없는 자서전이라는 평가만 남겠지요.

프라이는 학자들이 알게 모르게 성경을 그렇게 보았다고 지적합니다. 그들은 성경을 역사 기록(이 경우 보수주의자들은 역사적으로 신뢰할 만한 기록이라고 주장했으며 자유주의자들은 결함이 있다고 주장했습니다), 혹은 신화로 간주했습니다. 후자일 경우 성경은 우리가 텍스트 표면을 넘어 인간 경험의 보편적인 진리를 볼 때만 의미를 얻을 수 있는 여느 고대 문화의 신화와 크게 다르지 않습니다.

프라이는 성경 해석의 역사를 연구하면서 이 중 어떠한 접근법도 옳지 않다고 생각했습니다. 성경은 어떠한 측면에서 성사와 매우 비슷합니다. 이야기, 예언, 시, 편지들과 같은 성경의 가

시적인 형식들은 보이지 않고 움켜쥘 수 없는 하느님을 드러내는 계시입니다.

창조, 이스라엘 역사, 예수라는 말씀의 성육신, 성령이 강림한 교회, 성찬례와 성경까지 계시는 이 전체에 흐르고 있습니다. 그렇기에 계시가 펼쳐지는 과정을 한순간으로 포착할 수는 없습니다. 계시가 취하는 각각의 형태(이 경우는 성경)는 하느님께서 인간과 끊임없는 만남을 가지실 때 매우 중요합니다. 다시 말해 성경의 증언은 과거에 일어났던 역사적 사건을 이야기하지만 거기에서 그치지 않습니다. 성경의 증언은 공동체를 이끌어 하느님과 만남을 가능케 하고 그 만남을 중재합니다.

따라서 프라이는 부활 이야기들은 제자들의 신앙이 '부활'했다는 점뿐만 아니라 예수의 육체적 부활의 기적 또한 증언하고 있다고 말합니다. 그가 보기에 부활이라는 현실, 예수의 부활이라는 기적은 현재 우리의 이해를 넘어선다 할지라도 실제로 일어난 사건입니다. 텍스트는 사진이 아닙니다. 성경의 이야기들은 "단편적이고 혼란"스럽기만 하지 않습니다. 이 이야기들은 "고유하고, 다른 현상들과 비교를 거부하며, 그 뜻을 온전히 다 헤아릴 수" 없습니다. 간단하게 말해 성경에 나오는 기적적인 사건들은 "죄와 죽음에서 우리를 구원하시기 위해 하느님께서 역사와 연합하신 영원히 변치 않는 신비"입니다.[7]

---

7   Hans W. Frei, 'Of the Resurrection of Christ' in *Theology and Narrative: Selected Essays*, ed. George Hungsinger and William C. Placher (New York: Oxford

그렇기에 어떤 객관적인 역사적 사실을 복원하기 위해 성경의 언어와 심상을 쓸 수는 없다고 프라이는 말합니다. 성경의 언어와 심상이 보편적인 진리를 드러내는 좋은 상징이자 은유가 아닌 것처럼 말이지요. 차라리 성경의 언어는 그 자체로 (하느님과 인간의) 만남의 장소입니다. 인간의 언어로서 성경은 특정한 역사적 사건들에 관한 모든 내용을 말할 수 없습니다. 예수의 죽음과 부활은 무한하고 영원한 의미를 갖기 때문입니다. 그럼에도 불구하고 성경의 언어는 우리를 신비로 인도하는 여정에 적절하며 절대적으로 필요합니다. 성경은 하느님께서 우리와 함께하시는 수많은 길을 깨닫게 하고 반응할 수 있게 해줍니다.

성경은 하느님의 말씀에 힘입어 존재하게 되었습니다. 성경을 있게 한 하느님의 말씀은 이를 통해 우리와 만나 우리를 우리와 함께하시는 하느님에게로 인도합니다. 물론 성경 본문의 배경과 역사적 맥락을 살피는 것은 일정한 도움을 줍니다. 여러 다른 문화들에서도 자주 표현하는 희망과 두려움, 불안과 기대에 대해 성경은 어떻게 말하는지 생각해 보는 것이 일정한 도움을 주듯이 말이지요. 그러나 성경의 근본적인 의미, 성경이 전하는 진리는 교회의 의미, 교회에서 이루어지는 실천들에 담긴 의미와 교회에서 전하는 진리처럼 본문의 배경이 되는 역사나 본문에 묻어 들어가 있는 인간 삶에 대한 보편적인 고민들에 잠식되지 않습니다. 성경의 의미와 진리는 성경을 매개로 삼아 우리에게 말씀하시는 하느님의 뜻에 달려있습니다. 계시는 성경 안에서, 성경을 통해, 교회 안에서 이루어지는 선포와 활동, 교회를 통해 전달되는 가르침과 실천을 통해 지금도 여전히 일어나고 있습니다. 예수에게서 결정적으로 마주하게 되는 하느님의 말씀이 이 모든 것을 통해 당신의 뜻을 드러내시고자 하기 때문입니다. 그분이 우리를 부르신다는 것, 우리를 치유하신다는 것, 그리하여 우리가 나누는 말과 우리의 삶을 당신의 것으로 삼으셔서 이 세상에 당신의 사랑을 담아 말씀을 건네실 때 당신의 언어로 쓰신다는 것, 그것이야말로 진정한 기적입니다.

제5장

성육신의 신비 – 하느님의 인간성

나는 자리에 들었어도 정신은 말짱한데,

사랑하는 이가 문을 두드리며 부르는 소리   - 아가 5:2

"자자, 이제 자야지."

"싫어요. 안 졸려요!"

"알았는데 너무 늦었어. 나도 피곤해."

"제발, 노래 하나만 더요, 하나만요, 제발요!"

"알았다, 딱 하나만 더 하고 정말 끝이야, 알았지?"

"알았어요. 약속해요."

이렇게 아이들은 생기가 넘치고 기운이 복받쳐 잠자는 시간을 아까워하곤 합니다. 일과에 지친 어른들은 그런 아이들의 모습을 보며 때때로 열정으로 들끓었던 자신의 어린 시절을 떠올립니다. 이렇듯 삶을 살다 보면 우리를 뒤흔들어 우리의 상상력을 고무하는 순간들이 있습니다. 우리의 열정을 되살리는 이런 순간은 우리 존재 깊은 곳에서 삶에 생기를 불어넣는 갈망이 흐르고 있음을 보여주는 징표라 할 수 있습니다. 미지의 세계를 탐험하고픈 갈망, 무언가를 이해하고픈 갈망, 무언가를 만들고픈 갈망, 때로는 파괴하고픈 갈망, 무엇보다도 사랑하고 또 사랑받고픈 갈망 … 충만한 삶을 향해 우리를 뒤흔들고 각성케 하는 이 갈망을 숙고해 보지 않는다면 우리는 교회가 예수에 관해 이야기하는 것을 결코 이해할 수 없습니다.

참된 '나'가 되려는 갈망

성육신에 관해 다루면서 갈망, 혹은 욕망을 먼저 언급하는 것이 누군가에게는 조금은 이상해 보일 수도 있겠습니다. 하지만 성육신을 좀 더 잘 이해하기 위해서는 우리의 갈망을 이해해야 합니다. 앞에서 언급했듯 예수를 이해하는 것은 연구실에서 가운을 입고 현미경으로 죽은 견본을 관찰하는 것과는 다릅니다. 그리스도교 신앙은 예수가 여전히 살아 우리와 함께 있으며 과거 그 어떤 때보다 활기차게 움직이고 있다고 믿습니다. 이 글을 쓰는 지금도, 여러분이 이 글을 보게 될 때도 예수는 성령의 능력으로 우리 모두와 함께 있습니다. 이는 신학자에게는 기쁘고도 곤혹스러운 일입니다. 그와 함께 있고 싶지 않아서가 아니라 그가 우리와 함께 있다는 현실을 제대로 묘사하기가 매우 어렵기 때문입니다. 많은 신학자가 우리가 기도라고 부르는 예수와의 직접적인 대화를 피하는 방식으로 자신의 신학 이론을 전개하는 것은 바로 이 때문일지도 모릅니다(이는 매우 좋지 않은 흐름입니다). 신학자는 자신의 신학 함, 그리고 신학 저작을 통해 독자들, 학생들이 그리스도와 교제를 나눔으로써 그분이 진정 어떤 분인지 더 잘 알도록 도움을 주어야 합니다. 그리고 이 교제는 결국 이를 향한 갈망, 욕망과 연관이 되어 있습니다. 그리스도교 신앙에서는 하느님께서 그리스도를 통해 우리에게 말씀하심으로써 우리 안에서 갈망을 불러일으킨다고 고백합니다. 갈망은 이 모든 것을 이해하기 위한 좋은 출발점입니다.

우리는 우리 자신을 안정적인 개인으로 여기는 경향이 있습니다. 우리는 일정한 일을 하고, 일정한 생각을 하며 여러 상황과 마주해 다양한 감정을 얻고 다양한 욕망을 품습니다. 이런 감정과 욕구 중에는 좋은 것도 있고 그렇지 않은 것도 있으며 때로는 산만한 것도, 남에게 드러낼 수 없을 정도로 낯부끄러운 것도 있습니다. 그러나 그러한 감정과 욕구들은 결국 참된 '나'라는 바다에서 순간적으로 일렁이는 잔물결에 불과하다고 우리는 스스로 생각합니다. 그러한 잔물결은 지속해서 일어나는 현상이 아니기 때문입니다. 그렇다면 '나'는 정확히 무엇일까요? '나'는 무엇으로, 어떻게 구성되는 것일까요? 먼저 떠오르는 것은 '나'

를 이루는 생물학적인 요소들입니다. 내 유전자, 현실에서 남들이 '나'를 인지하게 해주는 모든 외적 조건들, 이를테면 내 머리카락 색깔, 키, 어느 정도는 타고난 것으로 보이는 기질과 성격이 여기에 해당한다고 볼 수 있습니다. 이런 것들은 한데 모여 '나'를 이루며 내가 어떤 사람인지를 알려줍니다. 그러나 유아기와 아동기 발달 연구들을 살펴보면 사실상 똑같은 생물학적 요소들을 가진 쌍둥이도 각기 다른 환경에서 성장하면 다른 '인격체'가 된다는 것을 우리는 알고 있습니다. 이를 염두에 두면 우리는 '나'가 특정 환경과 특정 사람을 만남으로써 형성됨을 알 수 있습니다. 달리 말하면, 내 본성nature과 인격person은 서로 연관되어 있으나 구별됩니다.

본성과 인격을 왜 이렇게 구별해야 하는지 갸웃거릴 수도 있겠지만, 적어도 본성과 인격을 구분하는 것이 꽤 이치에 맞음을 알 수는 있을 겁니다. 우리는 누군가 자신의 본성, 생물학적으로 타고난 형태를 넘어 진실로 탁월한 인격체가 되어갈 때 그 사람이 자유롭고, 성장했다고 말합니다. 선천적으로 앞을 보지 못하는 아이가 열정적이고 탁월한 음악가가 되었을 때가 그 대표적인 예입니다. 우리가 '어떤 사람'이 되느냐는 우리가 '무엇'이라는 사실에 구애받지 않습니다. 그렇다면 본능적인 필요와 생존 욕구만을 갖고 있는 인간은 어떻게 그 굴레에서 벗어나 하나의 인격체로 거듭날 수 있는 것일까요? 무엇이 바닷가에서 모래성을 쌓도록 우리를 추동하는 것일까요? 담요에서 침만 흘리던 아기를 소꿉놀이할 줄 아는 아이로, 주택단지를 계획하고 설계하며 짓는 건축사로, 뇌수술을 하는 의사로, 신학을 가르치는 신학자로 이끄는 것일까요? 이는 '나'가 되려는 '갈망'이라고 할 수 있습니다. 현재 여러분이라는 인격체를 끌어낸 것은 여러분 자신이 되고자 하는, 그리하여 과거 여러분을 현재 여러분을 향해 이끄는 갈망입니다.

여기서 주의해야 할 것이 있습니다. 우리는 그러한 갈망을 우리 자신의 것인 양, 우리의 머리카락 색처럼 태어날 때부터 지니고 있는 것으로 보기 쉽습니다. 이를테면 초콜릿 아이스크림이 먹고 싶다고 해봅시다. 그러한 갈망은 분명 내 안에서 일어났습니다. 그러나 그러한 갈망이 일어나기 전에도 이미 나는 있었습니다. 이는 생각보다 복잡한 문제입니다. 내가 생각하는 '나'는 '나'를 향한 갈망이 일어난 후 그 갈망을 따른 결과라 할 수 있습니다. 우리는 우리를 넘어선 어딘가에서 주어진 갈망, 욕망에 의해 우리가 되고 어떤 우리가 진짜 우리인지 깨우침을 얻습니다.

이러한 과정은 아주 어렸을 때부터 시작됩니다. 어린 시절 어머니는 아이 앞에서 작은 곰 인형을 살짝살짝 움직이며 그것이 얼마나 귀엽고 사랑스러운지를 보여줍니다. 그리고 아이는 곰 인형을 원하게 됩니다. 어머니는 자신의 아이가 곰 인형을 갈망하기를 바랐습니다. 그녀는 자신의 아이가 특정한 것에 관심을 두게끔 아이를 유도했고 아이는 자신도 모르게 그 특정한 것에 관심을 갖는 아이가 되었습니다. 그렇게 아이는 자신의 인격을 형성해 나갑니다. 이처럼 우리는 우리도 모르게 고유한 인격체가 되어갑니다. 이 인격은 우리 부모의 갈망부터 친구, 동료, 심지어 우리가 가장 좋아하는 만화 속 인물의 갈망까지, 우리 주위에 있는 모든 갈망이 각인됨으로써, 모든 갈망의 자극으로 만들어집니다.

좋은 아동 문학작품 중 많은 책이 미지의 세계로 떠나는 모험과 탐험, 그리고 그 고된 과정을 다루고 있는 것은 바로 이 때문일 것입니다. 이런 책들에서 주인공은 불가사의한 일들과 온갖 힘겨운 일들이 이어지는 길고 긴 여행의 끝에서 성장한 자신의 모습을 발견하는 것으로 마무리됩니다. 여정의 계기는 다양합니다. 한 소년이 울고 있는데 친절하고 나이 지긋한 고슴도치가 다가와 눈물을 닦아주며 "너는 정말 그 잔인한 나무꾼 부부가 네 부모라고 믿었니? 아이야, 언덕등성이 너머를 보렴, 성탑들이 보이지?"라고 이야기할 때부터 여정이 시작될 수도 있고, 혹은 할아버지 책상 서랍을 뒤지다 이상한 낡은 지도를 발견하면서 여정이 시작될 수도 있으며, 성배에 대한 신비로운 꿈을 꾸면서 여정이 시작될 수도 있습니다. 아니면 바위에서 예상치 못하게 칼을 뽑게 되어서, 잃어버린 어머니를 찾으면서 여정이 시작될 때도 있지요. 옛날 동화들에서 주인공은 어떻게든 여정을 시작하게 되며 무수한 만남과 지난한 과정 끝에 자신이 미처 알고 있지 못한 정체성을 회복하게 됩니다. 이러한 이야기들에는 우리가 진정 누구인지를 말해 줄 수 있는 누군가와 만나고픈 갈망,

누군가 우리의 진정한 모습을 알아주었으면 하는 갈망이 담겨 있습니다. 그렇다면 우리의 이러한 소망에 불을 지피는 이, 우리의 정신에 활력을 불어넣으며 우리의 마음을 끌어당기는 이는 누구일까요? 우리 안에 우리로 존재하고픈 갈망을 불어넣는 이, 우리로서 회복되고, 인정받고자 하는 염원을 일깨우고 지속시키는 이는 과연 누구일까요?

그리스도교는 우리의 모든 갈망의 배후에서 우리도 모르는 사이에 우리를 움직이시는 이는 하느님이시며 우리의 모든 갈망 밑에는 하느님 자신의 갈망, 성부의 성자를 향한, 성자의 성부를 향한 갈망, 즉 우리가 성령이라고 부르는 갈망이 있다고 믿습니다. 성령은 우리에게 갈망을 불어넣고 그 갈망을 일깨우며 우리에게 손짓합니다. 어린 시절 우리가 들었던 이야기(자신의 정체가 무엇인지 몰랐다가 마침내 알게 되는 이야기, 오랫동안 만나지 못했던, 그래서 얼굴조차 모르는 부모를 마침내 만나게 되는 이야기) 아래에는 태초부터 영원토록 우리를 사랑하시는 분, 우리의 머리카락이 몇 개인지까지 알고 계신 분이 계십니다. 성령은 이 하느님의 갈망을 우리에게 불어넣고 그 갈망을 깨우치며 그리스도의 삶, 그리스도가 주는 새로운 생명으로 우리를 인도합니다. 성부 하느님의 뜻을 따르려는 그리스도의 뜨거운 갈망이 우리에게 전해져 하느님께서 사랑하시는 자녀가 되라는 부름에 응하기 위해서는, 곧 우리의 참된 정체, 참된 삶을 찾기 위해서는 삶을 건 여정, 모험을 떠나야 합니다.

19세기 성공회 사제이자 신학자인 존 네빌 피기스John Neville Figgis*는 우리가 생각하는 '나', 기존의 '나'에서 벗어나 새로운 (그러나 참된) '나'로 향하는 여정을 포착했습니다. 그에 따르면 이 여정은 기존의 '나'의 다른 편에 있는 인격적인 실재를 발견해 나가는 여정에 다름 아닙니다.

여러분이 진실로 여러분의 참된 정체성을 회복하려면 모든 것을 걸어야만 합니다. 그리고 이것이 이루어지기까지 여러분은 평화로울 수 없고 침착함을 유지할 수도 없습니다. 커다란 용기를 요구하는 행동을 하기 전에 여러분이 어떤 상태인지를 생각해 보십시오. 이런 생각을 하지 않습니까? '난 할 수 없어. 이건 나한테 너무나 버거운 일이야. 자칫하면 모든 걸 망쳐버릴 수도 있잖아. 안 되겠어. 난 이 일을 할 수 없어. 불가능한 일이야. 이 일을 하다간 패가망신할 거야. 그냥 몸을 사려야지.' 하지만 성령의 도움으로 여러분이 이 불가능해 보였던 일을 해냈다고 가정해봅시다. 그렇게 되면 여러분은 이전에는 없던 새로운 시선으로 여러분 자신을 보게 됩니다. 자신에게 무언가가 더 있었음을 … 그 일을 이룬 '나'는 그 전의 자신과는 다른 무

---

* 존 네빌 피기스John Neville Figgis(1866~1919)는 잉글랜드 성공회 사제이자, 신학자, 역사 학자, 정치 철학자, 부활 공동체Community of the Resurrection의 수도사이기도하다. 케임브리지 대학교 브라이턴 칼리지아 세인트 캐서린 칼리지에서 교육을 받았다. 후에 남성 수도사들의 공동체인 부활 공동체에 들어가 수도 생활을 하며 정치, 신학에 관한 다양한 글을 남겼다.

언가, 그 이상의 무언가임을 알게 됩니다.[1]

우리의 생존 본능은 마치 중력처럼 우리를 무겁게 짓눌러 우리를 온전한 우리로 만드는 여정을 떠나지 말라고, 그런 식으로 자기 자신을 위태롭게 하지 말라고 말합니다. 그러나 사랑으로, 우리가 우리 자신을 자유롭게 내어주는 여정을 떠날 때 우리는 비로소 우리가 진정 되고 싶었던 인격체, 하느님의 사랑을 받는 이가 됩니다.

갈망의 왜곡

인간의 갈망, 욕망을 살펴보면 예수를 이해하는 데 도움을 줍니다. 예수를 처음 따르던 이들은 예수가 자신들의 갈망을 어떻게 회복시키는지를 알아차림으로써 그가 누구인지를 깨닫기 시작했습니다. 예수가 그들의 갈망을 변화시키고, 조정하고, 방향을 다시 설정하자 그들은 예수에 대해 궁금해하기 시작했습니다. 그러나 이러한 과정은 언제나 고통이 따릅니다. 이러한 변화는 그리스도의 사랑에 비추었을 때 우리의 사랑이 얼마나 뒤틀렸는지를 점차 깨닫게 되는 가운데 일어납니다. 그러므로 예수와 성육신이라는 문제를 본격적으로 살펴보기 전에 먼저 어떻게 이러한 왜곡이 일어났는지, 사랑할 수 있는 능력이 어떻게 망가

---

[1] John Neville Figgis, *Antichrist and Other Sermons* (London: Longmans, Green ad Co., 1913), 77~78.

졌는지를 보여주는 이야기를 살펴보겠습니다.

성경에 따르면 삼위일체 하느님께서는 당신의 서로를 내어주는 친교를 따라 살고, 숨 쉬는 성사sacrament로서 세계를 창조하셨습니다. 에덴은 만물이 하느님과 함께 온전히 자신으로 존재하면서도 자신을 내어주는 가운데 풍요를 누리는 환경입니다. 삼위일체 하느님께서는 자유롭게, 기쁨으로 자신을 내어주는 삶을 통해 만물에게 생명을 주시고 이를 따라 살게 하십니다.

하느님께서는 "아담이 혼자 있는 것이 좋지 않으니"(창세 2:18)라고 말씀하시며 동물들을 아담에게 보내 아담이 이름을 짓게 함으로써 서로 친밀하게 지내게 하십니다. 다른 무엇보다도 중요한 사건은 그분께서 당신의 삶을 보여주는 징표로 남자와 여자가 서로에게 속하게 하신 일입니다. 둘의 사랑은 하느님의 자유롭고 기쁨에 넘쳐 사랑하는 삶의 빛을 발하는 형상이 됩니다. 세상에 존재하는 어떤 것도 단순히 소유할 수 있는 대상은 없습니다. 만물은 만물을 창조하신 분으로부터 시작된 서로를 주고받는 형태를 시공간에서 되풀이합니다. 그렇게 우리는 하느님의 삶(위격들의 상호 갈망과 기쁨)을 구현함으로써 하느님의 생명을 나누며 온전한 인격체가 됩니다.

안타깝게도 이와 같은 낙원에 냉기가 스며들어 왔다고 창세기는 전합니다. 뱀의 관점에서 하느님은 아담과 이브가 맛있는 과일을 먹지 못하게 하는 구두쇠입니다. 그는 하느님이 경쟁의식을 갖고 있기 때문이라고 추측합니다. 뱀을 좇아, 우리도 이

낙원을 하느님이 나누기 원치 않는 것을 갖지 못하게 하려는 음흉한 계략의 산물로 볼 수 있습니다. 우리는 하느님처럼 될 수 있으며, 심지어 하느님보다 더 잘할 수 있다는 것을 하느님이 알기를 바라지 않기 때문이라고 생각하면서 말이지요. 누군가는 하느님이 아무런 간섭도 하지 않으시고 그냥 내버려 두셔서 우리가 하느님처럼 되도록 해야 한다고 생각할지도 모릅니다. 얼토당토않은 이야기처럼 들리시나요? 이러한 일은 지금도 계속해서 우리 안에서, 우리 주변에서 일어나고 있습니다. 어머니가 테디 베어 인형을 흔들며 이를 갈망케 했다면, 어떤 세력은 자동차를, 아파트를, 신용카드를 갈망하게 합니다. 이 모든 것 아래는 알아서, 누구의 도움도 없이 스스로 '어른'이 되고자 하는 맹렬한 충동이 자리 잡고 있습니다. 이러한 충동은 우리 자신도 모르게 우리를 사로잡습니다. 언젠가부터 부모님은 더는 우리를 사랑하는 이로 보이지 않으며 오히려 우리가 온전한 '나'가 되는 데 방해가 되는, 귀찮은 장애물로 보입니다.

한 가정 안에서 일어나는 이러한 '작은 변화'는 소유욕으로 가득하고 경쟁으로 들끓는 세상에 본격적으로 들어서게 되었음을 보여주는 '병든 신호'입니다. 세상은 우리가 기쁜 마음으로 타인을 받아들이고자 하는 갈망을 불러일으키는 대신 더럽혀진 갈망을 계속해서 섭취하게 만듭니다. 우리는 타인을 의심하게 됩니다. 다른 사람은 '내'가 마땅히 가져야 할 것을 갖지 못하게 하거나 계략을 짜서 '내'가 그들에게 무언가를 양보하도록 만들기만 한다는 생각이 듭니다. 이렇게 우리는 또 다른 '신'을 섬기기 시작합니다. 두려움을 이용해 우리를 지배하는 신은 타인을 위험한 경쟁상대로 보는 우리의 부패한 감각의 투사체입니다. 우리가 경배하는 이 강력한 신은 벌주기를 좋아하고 질투심이 많으며 분노로 가득 차 피조물이 조금만 잘못해도 당장 소멸시킬 준비를 합니다. 이 신은 죄에 대한 값을 제물로 치르기를 갈망하며 자기 의로 가득 차 있어 거룩함을 향한 우리의 보잘것없는 노력을 보고 조롱하기를 그치지 않습니다. 많은 사람이 뱀의 눈에 비친 하느님을 만나고 싶어 하지 않는 것은 그리 놀라운 일이 아닙니다.

여러분은 이러한 이야기가 너무 과장되었다고 생각할지도 모르겠습니다. 하지만 저는 병원에 심방 하러 갔을 때 깊은 한숨을 쉬며 "신부님, 제가 도대체 무엇을 잘못했기에 이런 대가를 치러야 하나요?"라고 묻는 환자들을 너무도 많이 보았습니다. 우리 중 대다수 사람의 생각 밑바닥에는 그리스도교 신앙과는 전혀 다른, 이교적 믿음이 자리 잡고 있습니다. 우리는 우리가 지나치게 행복하면 하느님은 우리를 벌할 것이며, 잘못하면 우리를 에이즈나 암, 궤양성 대장염에 걸리게 하거나 우리의 자식들이 그 대가를 치르게 할 것이라고 두려워합니다.

이스라엘의 예언자들과 선생들이 뒤엎고자 한 것은 정확히 바로 이러한 하느님 상像, 인간이 풍요를 누리는 것을 질투하고 복수심에 불타며 경쟁상대로 보는 하느님 상이었습니다. 예수가 죽고 다시 살아난 것 또한 우리를 이로부터 해방시키기 위한 것입니다. 구원에 대해서는 다음 장에서 본격적으로 살펴보아야겠지만 여기서는 간단하게나마 예수가 누구이기에 우리를 이 '죽음의 왕국'kingdom of death에서 해방시키는지를 살펴보도록 하겠습니다. 그를 따르던 이들은 예수가 전한 가르침, 그가 행한 치유, 혹은 그가 보여준 삶의 방식 때문에 자신들이 구원받았다고 증언하지 않았습니다. 그들은 예수의 가르침, 치유, 삶의 방식을 통해 그가 누구인지를 알았기 때문에, 죽음과 부활을 통해 만난 그가 누구인지를 알게 되었기에 구원을 받았다고 증언했습니다.

그리스도 안에서 태어나는 새로운 피조물

부활의 아침에 일어난 사건은 두려움과 적대감으로 왜곡되고 더럽혀진 우리의 갈망이 전복되고 무효가 된 것입니다. 죽음은 희생자 예수를 종결시키지 못합니다. 그는 다시 살아나 그를 배신했던 이들을 찾아옵니다. 그들을 괴롭히거나 위협하기 위해서가 아니라, 그들을 용서하기 위해서 말이지요. 제자들의 증언에 따르면 십자가에서 죽었지만 다시 살아나 지금도 살아있는 그리스도의 용서를 통해 그들은 새로운 '나'를 받아 새롭게 창조되었습니다. 성령을 통해 그들은 평화롭고 진실한 예수의 갈망을 갖게 되었습니다. '죽음의 왕국'의 노예가 될 수 없는 새로운 인간으로 살아 숨 쉬게 되었습니다.

제자들은 부활한 예수, 그들을 용서하고 자신을 내어주는 희생자인 예수와 깊은 만남을 가졌습니다. 이로써 뱀의 거짓말은 그 정체를 완전히 드러냈습니다. 부활하신 주님은 우리에게 되풀이해 말씀하십니다. "두려워하지 마라." 제자들은 그리스도 안에서, 그리스도를 통해 오염된 갈망으로 인한 죽음의 길에서 벗어나 거룩한 갈망을 갖게 되어 그들을 자유롭게 할 수 있는 유일한 이, 성령의 인도를 받게 됩니다. 이러한 맥락에서 예수는 문자 그대로 자신의 친구들에게 영을 주었습니다.

예수께서는 그들에게 숨을 내쉬시며 말씀을 계속하셨다.
"성령을 받아라."(요한 20:22)

두려움이나 불안에 바탕을 둔 저항감으로 인한 갈망이 아니라 순전한 사랑이 내어주는 갈망을 받으라고 그는 말했습니다.

아버지께서 가지고 계신 것은 다 나의 것이다. (요한 16:15)

바울이 말했듯 제자들은 그리스도와 함께 죽고 그와 함께 살아났습니다. 그리하여 그들은 이 세상을 살아갈 때 인간이 갖게 되는 두려움과 분노에서 정화되고 치유되어 하느님과의 관계를 회복하게 되었습니다.

제자들은 자신들이 새롭게 거듭난 것이 예수의 핵심인 그의 정체성에 기대서만 이루어질 수 있음을 깨달았습니다. 예수는 그들에게 하느님에 관한 어떤 특정한 메시지를 전한 것이 아니었습니다. 그가 한 것, 이룬 것은 제자들을 자신과 같은 인격체가 되게 했으며, 그와 같은 인격체로 거듭나게 한 관계, 자신과 아버지가 맺은 독특한 관계를 그들도 맺게 한 것입니다. 이러한 맥락에서 바울은 말했습니다.

> 이제 여러분은 하느님의 자녀가 되었으므로 하느님께서는 여러분의 마음속에 당신의 아들의 성령을 보내주셨습니다. 그래서 여러분은 하느님을 "아빠, 아버지!"라고 부를 수 있게 되었습니다. 그러므로 여러분은 이제 종이 아니라 자녀입니다. 자녀라면 하느님께서 세워주신 상속자인 것입니다. (갈라 4:6~7)

흥미롭게도 같은 본문에서 바울은 갈라디아 사람들이 예전에는 하느님을 몰랐으며 그래서 "하느님이 아닌 신들의 종노릇"(갈라 4:8)을 했음을 지적합니다. 그는 새로운 신자들이 두려움에 바탕을 둔 옛 "신들"과 다시금 관계를 맺으려 하는 모습, 자신들을 위협하는 강력한 힘들을 달래기 위해 흥정하고 의식을 지내려는 모습을 보고 크게 염려했습니다. 예수와 아버지의 관계로 들어감으로써 우리는 바로 이러한 관계("저에게 복을 내려주시면 많은 염소를 제물로 바치겠습니다" 혹은 "이번에 엑스레이 촬영을 했을 때 음성으로 나오게 해주시면 무언가를 하겠습니다")에서 자유케 되기 때문입니다.

바울이 말했듯 새로운 관계는 "아들의 성령"으로 인해 시작됩니다. 이 영은 예수가 하느님의 아들임을 알아보게 해주는 신앙과 자신을 내어주는 사랑을 우리에게 불어 넣습니다. "아빠, 아버지!"라는 외침으로 대변되는, 아버지를 향한 예수의 갈망이 우리에게 심어짐으로써 우리 또한 하느님의 상속자이자 하느님께서 사랑하시는 자녀가 됩니다. 그전까지 우리는 탕자의 비유에 나오는 형과 같은 존재였습니다. 그처럼 우리는 "다른" 형제가 아버지의 사랑을 받아 잔치가 열렸다는 소식을 들으면 화가 나 집에 들어가려 하지 않았습니다. 자신의 경쟁자인 동생이, 그리고 아버지가 자신을 속이고 자신의 것을 채가려 한다고 어림짐작했습니다. 우리가 이 세상에서 경험한 그 어떤 관계와도 달리 하느님과 맺은 관계, 이를 통해 그분이 우리에게 쏟아 부어주시는 생명은 한계가 없어 이를 다른 형제에게 준다 하여 우리에게 남는 것이 없지 않음을 깨닫지 못합니다.

우리 '자신'과 '타인'의 관계, 우리와 아버지의 관계는 이처럼 상처투성이이고 적대적입니다. 예수는 아버지가 너그럽게 형에게 하는 말을 들려줌으로써 이러한 관계를 종식하려 합니다.

얘야, 너는 늘 나와 함께 있고 내 것이 다 네 것이 아니냐?

(루가 15:31)

하느님께서는 '언제나' 우리를 소중히 여기시지만 우리는 그분의 사랑이 변덕스럽고 임의로 이루어진다고, 나보다는 남을 더 좋아하는 어리석고 혼란스러운 편애라고 착각합니다. "내 것이 다 네 것"이라는 말씀은 하느님께서 자유롭게 흐르는 당신의 생명, 삶을 언제나 우리와 나누기를 바라심을 보여줍니다. 이에 우리가 해야 할 것은 저 말에 어떤 책략이 담겨 있으리라는 의심을 버리는 것입니다.

그렇다면 이러한 우리의 두려움과 의심을 극복할 수 있게 해주는 것은 무엇일까요? 단순히 예수가 전한 '말'과 '행동'은 아닙니다. 그의 말과 행동으로 충분했다면 그를 적대했던 세력이 그를 죽여야 할 만큼 그를 커다란 위협으로 간주하지도 않았을 것이고, 제자들도 그를 배신하지 않았을 것입니다. 새로운 창조는 제자들이 억울하게 죽은 희생자, 즉 자신들이 배신한, 그들이 피하고 버린 바로 그 '타자'other와의 만남을 통해 시작되었습니다.

부활한 예수는 자신을 피하고 버린 이들의 망가진 삶을 용서하고 치유함으로써 거대한 전환을 일구었습니다. 부활한 그리스도는 이 세상의 중심에 자리 잡고 있는 거짓, 즉 우리의 갈망은 타인을 희생함으로써만 실현될 수 있다는 거짓을 들추어냈으며 이를 뒤집었습니다. 이것이 그리스도교 신앙의 핵심입니다. 그리스도교 신앙이 뿌리내리고 있는 것은 예수의 말과 행동이 아니라 예수 자체, 예수의 정체입니다. 예수는 하느님께서 하셨다고밖에 볼 수 없는, 용서하는 사랑을 삶으로, 죽음과 부활로 구현했습니다.

예수는 누구인가

지금까지 우리가 어떻게 인격체가 되는지, 하느님의 갈망이 어떻게 우리의 갈망을 일으키며, 이러한 하느님의 염원이 우리를 단순한 생존의 차원을 넘어 자유롭게 참된 인간성으로 엮인 관계로 이끄는지 살펴보았습니다. 예수를 따르던 이들은 예수를 통해 자신의 인격이 새롭게 창조되는 것을 경험했기에, 그가 인격체를 창조하는 하느님의 능력을 갖고 있음을 깨닫게 되었습니다. 그렇다면 예수에 관한 질문들을 좀 더 구체적으로 살펴봅시다. 예수가 하느님의 말씀 혹은 하느님의 아들이라는 말의 의미는 무엇일까요? 어떻게 예수는 하느님의 말씀을 표현하는 하나의 '언어'word가 아니라 인간으로 존재하는 하느님의 '말씀'Word 그 자체일 수 있는 것일까요? 인간이 하느님의 삶을 사는 것, 하느님이 인간이 되는 것이 정녕 가능한 일일까요?

이런 복잡한 문제들을 해결하는 데 실마리가 되어 주는 몇 가지 단서들이 있습니다. 갈망을 통해 우리가 온전한 인격체가 되어간다는 것, 삼위일체 하느님은 각 위격이 서로를 향한 갈망으로 친교를 맺으며 존재한다는 것, 예수의 부활을 통해 시작된 교회가 저 삼위일체 하느님 위격들 간의 친교에 참여하기 위해 성령을 받았다는 것 등 말이지요.

그런데 이러한 것들은 과연 증명할 수 있을까요? 어떤 신학자들은 그리스도교가 진리임을 '증명'할 수 있다고 생각합니다. 그러나 그리스도교를 일반 종교라는 범주에 놓고 그 진리 여부를

'증명'하려고 시도하는 것은 별다른 유익이 없습니다. 어떤 면에서 그리스도교 신앙의 참됨 여부는 성령의 부드러운 손길에 맡겨야 합니다. 모든 진리를 깨우쳐주고 그 길로 우리를 인도하는 분은 오직 성령이기 때문입니다. 그리고 성령은 그리스도교에 관한 이러저러한 주장들에 대해 하나하나 검토하게 하기보다는 기도하게 하고, 소외된 이들을 향해 나아가며 노인과 아이들을 위해 봉사하게 하는 방식으로 그리스도교 신앙의 참됨을 보여줄 가능성이 큽니다. 그러므로 여기서 해야 할 것은 성육신이 진리인지를 증명하는 것이 아니라 성육신에 관한 이야기들이 논리적이고 일관됨을 보여주는 것입니다. 성령의 인도를 통해 성육신의 신비에 들어가면 여기에는 우리가 이해할 수 있는 논리가 담겨 있습니다. 그러므로 이제부터 논의할 내용은 예수가 하느님의 말씀이자 성육신임을 전제하고 이어지는 이야기들에 일관성이 있는지, 이치에 맞는지를 따져보는 것입니다. 그것의 참됨 여부는 성령이 그리스도의 죽음과 부활의 신비를 우리가 알 수 있도록 활동하실 때만 알 수 있습니다.

앞에서 예수는 우리가 회복해야 할 성부와의 관계를 구현하기에 우리를 구원할 수 있다고 말한 바 있습니다. 그러니 예수가 누구인지를 알려면 그가 어떻게 이 관계를 구현했는지, 예수가 하느님의 성육신이라고 말할 수 있는지를 살펴야 합니다. 어떻게 하느님께서는 역사 속 한 인물, 나자렛 예수로 오셔서 살아가실 수 있었을까요? 그리스도교 역사에서 이 질문에 대한 답은 광범위하고도 다양하게 이루어졌습니다.

한쪽 극단에는 예수는 하느님에 관해 중요한 가르침을 전하고 선한 삶을 살았던 위대한 인물이라는 견해가 있습니다. 여기서 예수의 의미는 그의 정체보다는, 그의 가르침 및 행동과 연관이 있습니다. 이러한 입장에 선 사람들은 예수는 우리에게 하느님이 어떤 분인지를 보여주었고 우리의 삶을 이해하는 데 도움을 주는 새로운 형태의 공동체를 제시했다고 말합니다. 하느님께서는 예수의 삶에 영감을 주셨고 독특한 방식으로 예수 안에 계시고 활동하셨습니다. 하지만 그렇다 할지라도 예수는 어디까지나 한 사람의 인간일 뿐입니다.

반대편 극단에 있는 이들은 예수는 하느님의 말씀이 인간을 가장한 것이라고 말합니다. 여기서 예수의 인간성은 그리 중요하지 않으며 하느님께서 펼쳐나가시는 구원 활동이라는 측면에서는 오히려 걸림돌이 되기까지 합니다. 우리를 구원하기 위해 성자 하느님께서는 우리가 있는 곳에 오셔서 인간이 되긴 하셨지만, 기본적으로 그분은 하느님이십니다. 이 두 극단은 우리 모두가 빠지기 쉬운 최소주의 경향을 보입니다. 두 입장은 모두 하느님과 인간은 서로 배타적인 관계가 아니라는 놀라운 생각과 마주하기를 꺼립니다.

이 지점에서 여러분의 입장을 한 번 검토해보십시오. 우리는 성육신의 핵심에 자리하고 있는 역설, 즉 예수는 완전한 인간인 동시에 하느님의 영원한 말씀이라는 역설을 버리고 한쪽을 택하거나 한쪽으로 치우치는 경향이 있습니다. 여러분은 예수가 누구라고 생각합니까? 기본적으로 선한, 하느님과 매우 친밀한 관계를 맺었던 훌륭한 인간이라고 봅니까? 그렇지 않으면 인간이 다다를 수 없는 존재, 인간 삶에서 겪게 되는 사소한 문제나 고민에 전혀 영향을 받지 않는 이라고 생각합니까? 다른 사람들이 예수에 대해 어떻게 이야기하는지 살펴보십시오. 여러분은 그들의 경향을 어떻게 진단합니까? 전통을 중시하고 균형 잡힌 신학자라면 위에서 언급한 양극단을 지양하고 그리스도를 통해 함께 하시는 하느님께서 펼치시는 구원의 신비와 우리가 친교를 맺는 방식을 추구하기 마련입니다. 16세기 리처드 후커, 19세기의 F.D. 모리스F. D. Maurice*와 찰스 고어Charles Gore,** 20세기 윌리엄 템

---

* F. D. 모리스F. D. Maurice(1805~1872)는 성공회 사제이자 신학자다. 케임브리지 대학교 트리니티 칼리지, 옥스퍼드 대학교 엑서터 칼리지에서 수학했으며 1835년 사제 서품을 받았다. 당대를 대표하는 신학자이자 그리스도교 사회주의Christian socialism의 주창자로 평가받는다. 주요 저서로 『세계 종교들과 그리스도교와의 관계』The Religions of the World and Their Relation to Christianity(1847), 『신학적 에세이들』Theological Essays(1853), 『사회 윤리』Social Morality(1869) 등이 있다.

** 찰스 고어Charles Gore(1853~1932)는 성공회 주교이자 신학자로 1871년 옥스퍼드 대학교 발리올 칼리지에서 수학했으며 1878년 사제 서품을 받았고 1902년 주교 서품을 받아 학자이자 성직자로서 활동을 병행했다. 1890년 그가 편집한 논문집 『세상의 빛』Lux Mundi은 성서비평, 진화론과 같은 근대적 세계관과 씨름하고 일정 부분을 수용함으로써 영미권 신학의 새로운 장을 연 것으로 평가받는다. 또한 1892년에는 부활 공동체라는 수도회를 창립했다. 주요 저서로 『하느님의 아들의 성육신』The Incarnation of the Son of God(1891), 『그리스도의 몸』The Body of Christ(1901), 『새로운 신학과 옛 종교』The New Theology and the Old Religion(1907), 『그리스도안에서의 믿음』Belief in Christ(1922) 등이 있다.

플과 마이클 램지Michael Ramsey*와 같은 신학자들은 모두 이러한 길을 택했습니다.

성육신을 반대하는 의견들에 관하여

성육신을 좀 더 잘 이해하는 방법은 성육신 교리를 반대하는 의견들을 검토해보는 것입니다. 비판들을 이해하고 이에 대한 응답으로 교리를 옹호할 수 있는 자료들을 수집한 다음 검토해봄으로써 우리는 신학을 좀 더 연습해볼 수 있을 것입니다. 그렇다면 예수를 이해하는 방법인 성육신에 대한 비판으로는 어떤 것들이 있을까요? 우선은 계몽주의 시대 이후 증가한, 성육신이라는 표현 자체에 대한 반감을 들 수 있습니다. 경우에 따라서 이는 번역상의 문제에서 기인한 것으로 볼 수 있습니다. 5세기 칼케돈 공의회에서 예수를 두고 '한 인격'에 '두 본질'이라는 표

---

* 마이클 램지Michael Ramsey(1904~1988)는 성공회 주교이자 신학자다. 케임브리지 대학교 모들린 칼리지에서 신학을 공부했고 1928년 사제 서품을, 1952년 주교 서품을 받았다. 더럼 대학교와 케임브리지 대학교 신학부에서 신학을 가르쳤으며 더럼 주교, 요크 대주교를 거쳐 1961년부터 1974년까지 100대 캔터베리 대주교를 지냈다. 캔터베리 대주교에서 은퇴한 이후에도 성공회 신학교 나쇼타 하우스에서 강의를 하는 등 활발한 활동을 펼쳤다. 사후에는 그의 정신적 유산을 기리는 차원에서 3년마다 그리스도교계에 가장 커다란 공헌을 남긴 저작에게 수여하는 마이클 램지 학술상이 제정되었다(수상작으로는 톰 라이트N. T. Wright의 『하느님의 아들의 부활』The Resurrection of The Son of God, 데이비드 벤틀리 하트David Bentley Hart의 『무신론들의 망상』Atheist Delusions, 리처드 보컴Richard Bauckham의 『예수와 그 목격자들』Jesus and the Eyewitnesses 등이 있다). 주요 저서로 『복음과 가톨릭 교회』The Gospel and the Catholic Church(1934), 『오늘날 그리스도교 사제직』The Christian Priest Today(1972), 『성령』Holy Spirit(1977) 등이 있다.

현을 썼을 때 이는 우리가 알고 있는 것과 같은 의미에서 그러한 표현을 쓴 것이 아니었습니다. 이 경우 이러한 표현을 오늘날 어떤 식으로 이해해야 적절한지를 알고 있는, 신학의 역사적 흐름을 충분히 알고 있는 학자들이 있다면 그리 크게 걱정할 문제는 아닙니다.

그러나 대다수 비판자는 이를 넘어 성육신의 바탕이 되는 생각들 자체에 의구심을 품습니다. 그들은 이러한 생각들은 현대인이 전혀 공감할 수 없으며 좀 더 나아가 복음서의 내용을 왜곡하고 있다고 주장합니다. 성육신은 하느님이 인간이 되어 이 땅에 왔다는 일종의 신화에 주목하게 하며 합리적인 현대인들에게는 매우 듣기 거북한 이야기라고 이들은 말합니다. 몇몇 이들은 이러한 맥락에서 예수가 창조한 공동체가 깨달은 것은 육신을 입은 하느님이 아니라 하느님 나라에 관한 생각idea이라는 지적으로 그럴듯한 견해를 대안으로 제시했습니다.

이러한 견해는 그리스도교의 사회적인 차원을 부각했다는 점에서 나름대로 중요한 공헌을 했습니다. 그러나 초대교회는 성육신의 관점으로 예수를 이해함으로써 사회적 의식을 갖게 되었습니다. 초대교회 구성원들에게 예수를 이해하는 징표이자 시험은 하느님께서 인간이 됨으로써 드러난 용서와 사랑의 관계를 얼마나 이해하느냐였습니다. 그들은 서로 사랑함으로써 그리스도의 신비에 동참한다고 생각했습니다. 그리고 그렇게 할 때 이 세상에서 사랑과 기쁨으로 자신을 내어주는 삼위일체 하느님의 친교를 모든 이가 누릴 수 있는 기반이 만들어진다고 그들은 확신했습니다. 이러한 맥락에서 요한 복음서는 말합니다.

> 나를 사랑하는 사람은 내 말을 잘 지킬 것이다. 그러면 나의 아버지께서도 그를 사랑하시겠고 아버지와 나는 그를 찾아가 그와 함께 살 것이다. … 아버지께서 나를 사랑하신 것처럼 나도 너희를 사랑해 왔다. 그러니 너희는 언제나 내 사랑 안에 머물러 있어라. 내가 내 아버지의 계명을 지켜 그 사랑 안에 머물러 있듯이 너희도 내 계명을 지키면 내 사랑 안에 머물러 있게 될 것이다. 내가 이 말을 한 것은 내 기쁨을 같이 나누어 너희 마음에 기쁨이 넘치게 하려는 것이다. 내가 너희를 사랑한 것처럼 너희도 서로 사랑하여라. 이것이 나의 계명이다.
>
> (요한 14:23, 15:9~12)

다가오는 하느님의 나라는 삼위일체 하느님의 기쁨으로 가득 찬 친교에서 흘러나오며 지금, 여기서 그리스도교 공동체가 거행하는 성사는 이를 미리 엿보고 맛볼 수 있게 해줍니다. 예수가 이 기쁜 소식의 중재자인 이유는 그와 성부와의 관계 때문입니다. 그러니 성육신의 관점으로 예수를 이해하는 것(이는 예수를 통해 하느님에 관한 새로운 무언가를 이해하게 되었음을 뜻합니다)은 복음의 사회적 차원을 도외시하지 않습니다.

이제 성육신을 반대하는 또 다른 주장을 살펴봅시다. 이를 주장하는 이들은 성육신이라는 개념은 현대인들이 받아들이기 어렵다고, 받아들일 수 없다고 이야기합니다. 하지만 이러한 견해 밑에는 하느님의 존재와 인간의 존재가 서로 배타적인 관계에 있다는 전제가 있습니다. 즉 창조주는 피조물이 될 수 없고 피조물 또한 창조주가 될 수 없다는 것입니다.[2] 이러한 반대 입장은 현대 신학자 존 힉John Hick[*]의 글에 잘 나타납니다.

> 이렇다 할 설명 없이 역사 속에 있던 나자렛 예수가 하느님이라고 주장하는 것은 종이에 연필로 원을 그려놓은 다음 그것이 사각형이 될 수 있다고 주장하는 것만큼이나 무의미하다.[3]

---

[2] 이러한 의견들을 살펴보기 위해서는 다음의 책을 참조하십시오. Richard Sturch, *The Word and the Christ: An Essay in Analytic Christology* (Oxford: Oxford Univeristy Press, 1991), 17~25.

[3] John Hick, *The Myth of God Incarnate* (London: SCM Press, 1977), 178.

[*] 존 힉John Hick(1922~2012)은 영국 출신 종교철학자이자 신학자다. 에든버러 대학교에서 철학을 공부했으며 옥스퍼드 대학교 오리엘 칼리지와 에든버러 대학교에서 박사 학위를 받았다. 클레어몬트 대학교, 버밍엄 대학교, 코넬 대학교, 프린스턴 신학교 등에서 신학과 종교철학을 가르쳤다. 1986~87년 기포드 강연을 맡았으며 1991년 그라베마이어 상을 수상했다. 오랜 기간 개신교 신자로 지내다 2009년 퀘이커 교인이 된 뒤 2012년 세상을 떠났다. 20세기 종교철학, 종교신학 분야에서 커다란 영향력을 행사한 철학자, 신학자로 평가받는다. 주요 저서로 『신앙과 앎』Faith and Knowledge(1957), 『악과 사랑의 하느님』Evil and the God of Love(1966), 『종교철학』Faith and Knowledge(1970), 『종교들에 관한 그리스도교 신학』A Christian Theology of Religions(1995) 등이 있으며 한국어로 『종교철학』(동문선), 『신과 인간 그리고 악의 종교철학적 이해』(열린책들), 『성육신의 새로운 이해』(이화여자대학교출판문화원) 등이 소개된 바 있다.

앞서 창조를 다룬 장에서 살펴보았던 내용을 염두에 둔다면 힉의 견해는 충분히 반박할 수 있습니다. 그리스도 안에서 이루어지는 하느님과 인간의 관계를 원과 사각형의 관계에 견준다면 그는 하느님이 어떤 분이라고 추정하는 것일까요? 그리스도교에서는 하느님과 인간의 관계가 원과 사각형의 관계와 같다고 말하고 있는 것일까요?

문제는 바로 여기에 있습니다. 원과 사각형은 같은 공간에 있습니다. 즉 그들은 같은 세계에 속한 요소들입니다. 하지만 그리스도교 신앙은 하느님께서는 세계 안에 있는 어떤 '요소'가 아니라고 말합니다. 설사 그것이 가장 크고 막강한 힘을 가진 것이라 해도 말이지요. 하느님께서는 양이나 소행성과 같은 '사물'이 아닙니다. 같은 공간에서 인간이 양이나 소행성으로 동시에 존재한다는 것은 불가능합니다. 하지만 하느님께서는 만물을 존재하게 하는 순전한 삶, 생명 그 자체이시기에 우리가 인간이라고 부르는 특정한 존재와 나란히 있는 특정한 존재가 아닙니다.

원이 사각형이 될 수 있다고 말하는 것은 물론 말이 되지 않습니다. 하지만 인간 예수가 하느님이라고 말하는 것은 이와 같은 선상에서 논의할 수 있는 것이 아닙니다. 이 말은 내가 내 아이들을 안아줄 때, 이를 두고 사랑이 아이들을 안는다고도 말할 수 있는 것과 비슷합니다. 사랑이 아이들을 안는다고 표현할 때는 사랑이 나를 대신해 아이들을 안음을 뜻하지 않으며, 사랑으로 아이들을 안는다고 해서 내가 다른 존재가 되는 것도 아닙니다. 정확히 말하면 내 아이들을 안고 싶은 자유와 갈망은 사랑에서 나옵니다. 이때 사랑과 '나'는 상호 배타적이지 않습니다. 아이들을 안을 때에는 분명 사랑이 활동하고 있지만, '내'가 아이들을 안고 있다는 사실에는 변함이 없습니다. 사랑은 내 행동의 원천입니다. 사랑의 힘으로 나는 내 아이들에게 다가가 그들을 안아주며 그렇게 나는 '부모'로서 내 해야 할 일을 실현합니다. 그러므로 아이들을 안는 것이 나라 하더라도 이를 두고 내 안에서, 나를 통해 구체화한 사랑이 내 아이들을 안는다고 말하는 것은 결코 이치에 어긋나지 않습니다.

하느님은 이따금 우리에게 간섭해 우리를 지배하는 어떤 사물이 아니라 우리 존재의 원천이자 우리를 존재하게 하는 힘입니다. 사랑이, 사랑으로 아이들을 안아준다는 말은 소행성이 아이들을 안아준다는 말이나 우표가 아이들을 안아준다는 말과 같은 종류의 말이 아닙니다. 그리고 같은 맥락에서 예수가 하느님이라는 말은 인간이 양이라고 하는 것이나, 원이 사각형이라고 하는 것과 전혀 다른 성격을 지닌 말입니다.

하지만 이러한 하느님의 존재와 인간 존재의 관계에 대한 논리적인 혼동 외에 좀 더 심각한 혼동이 있습니다. 초기 그리스도교 당시에 이미 결론에 이른 아주 중요한 구별을 오늘날 많은 이가 제대로 이해하지 못합니다. 이는 앞서 소개한 '본성'nature과 '인격'person의 구별입니다. 이는 교회에서 삼위일체(한 분 하느님이 구별되는 세 위격(인격)을 지니고 있다는 것)를 이해하는 데 매우 중요한 역할을 할 뿐만 아니라 성육신을 이해하는 데도 상당한 도움을 줍니다. 예수 안에서 하느님과 인간이 하나가 된 것은 본성과 관련해 일어난 일이 아닙니다. 두 개의 본성이 하나가 되면 여기서 피하고자 했던 문제에 부딪히기 때문입니다.

그리스도교인들은 언제나 예수가 하느님이면서 인간이기도 하다는 생각에 저항했습니다. 그 말이 두 본성의 혼합체를 가리킨다고 여겼기 때문입니다. 누군가 이 길을 택할 때마다 생각은 뒤틀리곤 했습니다. 신적인 '것'과 인간적인 '것'을 조화시킬 방법을 찾지 못했기 때문입니다. 두 가지 중 어느 것도 공정하게 살리지 않은 혼합물이 끊임없이 나왔습니다. 둘을 섞어 인간의 몸을 가졌으나 인간의 영혼과 마음을 갖지는 않은, 양서류 같은 존재의 예수를 그릴 수도 있습니다. 영혼이나 마음과 연관되어 있어야 적절할 신적 본성을 예수의 인간적 본성이 대체하는 식으로 그릴 수도 있습니다. 한편으로는 신적 본성이 치명적인 기억상실증에 걸려 하느님의 특권을 포기하고 인간의 고통스러운 현실에 참여하는 예수상을 그릴 수도 있습니다. 그렇다고 구별되는 두 본성을 단순히 함께 있게만 하면 예수는 둘로 쪼개집니다. 어떤 때는 인간 예수가 드러나고, 어떤 때는 '성자' 예수가 드러나는 식으로 말이지요. 이렇게 되면 '성자' 예수는 혼란스러운 세상에 온전히 참여하지 않은 채 거리를 둔다는 식의 이야기가 가능해집니다.

칼케돈 공의회는 그리스도교 안에서 일어나는 갈등을 종식하

고 예수를 건전하게 정의할 수 있는 길을 열기 위해 다음과 같은
신조를 고백했습니다.

> 우리는 하나이며 동일한 그리스도, 성자, 주님, 독생자이신 그
> 분이 두 본성 안에서 **혼합 없이, 변화 없이, 구분 없이, 분리 없**
> **이** 존재하시며 본성들의 차이는 결합으로 인해 결코 없어지지
> 않는다. 오히려 각 본성의 특징은 보존되고 **한 인격과 생**을 이
> 루기 위해 함께 오며 두 인격으로 분리되거나 나누어지지 않고
> 하나이며 동일한 성자요 독생자이시며 하느님의 말씀, 주 예수
> 그리스도를 이룬다.

강조한 부분이 어떻게 앞서 이야기한 문제들을 피하는지 보입니
까? "혼합 없이, 변화 없이"는 이것도 저것도 아닌 본성들의 혼
합체를 배제합니다. "구분 없이, 분리 없이"는 이른바 '울타리를
쳐야 좋은 이웃이 된다'는 식으로 예수에게 접근하는 것을 배제
합니다. 이는 예수를 이해할 때 하느님의 본성과 인간의 본성을
기계적으로 나누는 것이 불가능함을 보여줍니다. 칼케돈 공의
회의 결정에 따르면 "한 인격과 생", 즉 예수라는 인격체의 삶을
통해, 그리스도 안에서 하느님의 본성과 인간의 본성은 일치를
이룹니다.

　인격, 위격을 뜻하는 영어 '퍼슨'person은 그리스어 '프로소
폰'πρόσωπον에서 유래합니다. '프로소폰'은 '~로', 혹은 '~을 향해'

를 뜻하는 '프로스'πρός와 '모습' 또는 '얼굴'을 의미하는 '옵스'ὤψ를 합친 말입니다. 그러므로 본래 삼위일체에서 위격이 된다는 것은 '서로를 향해 마주함', '마주해 봄'을 뜻합니다. 세 '마주함', 삼위일체를 이루는 세 '위격'은 서로를 향해 마주함으로써, 관계를 맺을 때 드러나는 특정한 형태를 뜻합니다. 이게 삼위일체가 지닌 본래 뜻입니다. 성부의 '아버지 됨'fatherhood에는 아무것도 남겨두지 않은 채 계속 내어주는 인격적인 특징이 있습니다. 성자의 '아들 됨'sonship에는 계속 받으며 그 사랑을 영원히 '말하는' 인격적인 특징이 있습니다. 성령의 '성령 됨'spirithood에는 성부가 성자를 향해, 성자가 성부를 향해 끊임없이 향하게 하는 사랑의 인격적인 특징이 있습니다. 그리스도교인들은 이러한 특징 중 두 번째, 우리가 말씀 혹은 성자라고 부르는 사랑의 인격적인 특징이야말로 예수의 핵심 정체성이라고 믿습니다.

예수가 삼위일체의 위격이라고 말하는 것은 그가 실제 인간이 아님을 뜻하지 않습니다. 그렇지 않습니다. 그리스도교는 예수가 고유한 심성, 특징, 남들과 구별되는 성향을 갖지 않았다고 절대 말하지 않습니다. 그리스도교에서는 언제나 예수가 모든 면에서 완전히 우리와 같은 인간이라고 이야기합니다. 그는 말씀을 선포하기도 했고 가르치기도 했으며 눈물을 흘릴 때도 있었고 배고파했고 목욕하고 수다도 떨었습니다. 그는 우리가 성자라고 부르는 사랑의 인격적인 특징을 살아냈습니다. 예수가 사도 베드로나 우리와 구별되는 인격적인 특징은 삼위일체에서 성부와 성령과 구별되는 성자의 인격적인 특징입니다.

예를 들어볼까요. 아이가 여럿 있는 가정에서는 아이들이 각자 자신만의 독특한 역할을 맡게 됩니다. 어떤 아이는 중재자 역할을 하는가 하면, 어떤 아이는 장난꾸러기 노릇을 합니다. 이와 마찬가지로 한 교회라는 '가족'에서도 이와 같은 역할을 맡은 이들이 있습니다. 교회에서 해야 할 일을 두고 위원회를 열었을 때 누군가는 중재자가 되고 누군가는 비판자가 됩니다. 좀 더 미묘한 예를 들어보겠습니다. 어렸을 때 자전거를 타다 장애인이 된 동생을 돌보고 있는 한 여인이 있습니다. 교회에서 그녀는 동생과 같은 장애인들, 분명한 결점을 가진 이들에게는 보통 사람들보다 훨씬 더 사려 깊은 태도를 보입니다. 반면 자신감이 넘치는 사람을 보면 (의기양양하게 자전거를 탔던 동생을 보듯) 매우 신중한 태도를 보입니다. 집에서 교회에 이르기까지 삶으로 구현되는 환경은 다르지만 그곳들에서 일관되게 흐르는, 한 사람의 인격체로서 그녀가 지닌 특징이 있습니다. 물론 이것은 얼마든지 다양한 형태를 입을 수 있습니다. 어디에서는 다친 사람을 돌보는 모습으로 나올 수도 있고, 어딘가에서는 봉사활동을 하는 모습으로 나올 수도 있겠지요. 이와 유사하게 성자가 간직한, 아버지를 사랑하고 성령을 통해 아버지와 신뢰하는 관계를 맺는 영원한 말씀의 인격적 특징은 이 세계, 곧 우리가 살아가는 세상에서 나자렛 예수로 자신을 구현하게 됩니다. 이것이 바로 성육신입니다.

예수가 삼위일체의 위격이라는 점이 그가 인간이 아니라는 것을 뜻하지는 않습니다. 하느님의 말씀, 성자는 인간이 되심으로써 그분이 어떤 분이고 어떤 분이 아닌지를 말씀하십니다. 잔인한 진실은 이러한 특정 방식으로 살아가는 인간을 십자가에 매달아 죽이는 세상을 우리가 만들었다는 것입니다. 이는 십자가 사건이 우리의 모습을 폭로함을 뜻하기도 합니다. 그러나 그렇다고 해서 우리의 인간성이 완전히 사라진 것은 아닙니다. 예수는 십자가에 매달림으로써, 그리고 부활함으로써 우리에게 우리가 진정 누구인지를 보여주는 새로운 길, 하느님께서 사랑하는 자녀로 세례를 받은 인간이 되는 새로운 길, 그리스도 안에서 새로운 인격체가 되는 길을 열어젖혔습니다.

19세기 신학자 존 헨리 뉴먼John Henry Newman*과 20세기 신학자 오스틴 패러의 이야기는 본성과 인격의 차이를 좀 더 분명하게 아는 데 도움을 줍니다. 뉴먼은 우리가 성육신을 난해하기 그지없는 퍼즐을 보듯 이를 '바깥에서' 이해하려는 경향이 있음을

---

* 존 헨리 뉴먼John Henry Newman(1801~1890)은 로마 가톨릭 추기경이자 신학자, 시인이다. 옥스퍼드 대학교 트리니티 칼리지에서 수학했으며 1825년 성공회 사제 서품을 받았다. 존 키블과 함께 성공회 전통을 새롭게 하려는 옥스퍼드 운동의 핵심 인물이었으나 1845년 로마 가톨릭 교회로 옮겨 로마 가톨릭 사제 서품을 받았으며 세상을 떠나기 직전 추기경으로 서품받았다. 19세기 말 성공회와 로마 가톨릭 양쪽에 커다란 영향을 미쳤으며 훗날 제2차 바티칸 공의회에 신학적 자양분을 제공한 신학자로 평가받는다. 주요 저서로『그리스도교 교리의 전개에 관한 에세이』Essay on the Development of Christian Doctrine(1845),『대학의 이념』The Idea of a University(1852),『그의 삶을 위한 변론』Apologia pro vita sua(1864),『성서 영감에 관하여』On the Inspiration of Scripture(1884) 등이 있다.

182 | 신앙의 논리

지적하고 '내부로부터', 예수의 관점에서 성육신의 의미를 생각해 보아야 한다고 지적합니다. 예수가 실현하고자 염원했던 것은 어떤 비인격적인 신의 움직임이 아니라 아버지에게 사랑으로 순종하는 것이었습니다. 이러한 그와 하느님의 특별한 관계에서 나오는 특정한 모습이 바로 그가 누구인지를 보여줍니다.

하느님의 본성이 어떻게 (신비롭게도) 인간적인 것이 될 수 있는지 감이 잡히지 않을 때 우리는 이러한 표현이 하느님의 본성이나 인간의 본성에 어떠한 변화가 일어났음을 뜻한다고 추측해 보곤 합니다. 그러나 뉴먼은 우리가 '아들 됨'이라는 활동이 어떠한 형태를 지닐지를 숙고해 본다면 "(성부의) 아들로 있으면서도 무한히 내려가 종servant이 될 수 있는지"를 감지할 수 있을 것이라고 권고합니다. 영원한 성자는 고통받는 인간이라는 종servant의 역할을 감당함으로써 성부에 대한 사랑을 표현하는 자신의 역할을 우리의 시공간에서 이행했다고 생각해 볼 수 있다는 것입니다.[4]

100년 후 뉴먼이 활동했던 곳에서 활동한 오스틴 패러에게서도 우리는 뉴먼과 비슷한 생각을 발견합니다. 성육신의 핵심을 잘 진술한 그의 설교문을 인용해 보겠습니다. 특히 설교문 마지막 부분을 주목해야 합니다.

---

[4] John Henry Newman, 'The Humiliation of the Eternal Son' in *Parochial and Plain Sermons*, vol. 3 (San Francisco: Ignatius Press, 1987), 586~587.

우리는 예수를 단순히 '인간이었던 신'the God who was man으로 이해해서는 안 됩니다. 여기에는 '아들 됨'이라는 예수의 핵심 요소가 빠져 있기 때문입니다. 그는 단순히 인간으로 나타난 신이 아닙니다. 그는 '인간이 되어가는 하느님의 아들'입니다. 지상에서 그가 인간으로서 표현한 것은 신성deity이 아니라 하느님의 '아들 됨'이었습니다. 하느님께서는 영원의 차원에서 사시는 것과 똑같이 인간의 이야기에서 살아가실 수는 없습니다. 그러나 성자는 이 땅에서 활동할 때도 (영원의 차원에서 이루어지는) 복된 삼위일체의 사랑의 활동과 똑같은 사랑을 아버지에게 돌릴 수 있습니다. 두 차원에서 행동의 모든 조건은 다르지만 아버지에 대한 반응은 같습니다. 영원의 차원에서 성자의 적절한 반응은 성부의 주권에 협력하며 기쁨으로 영원히 사랑을 나누는 것입니다. 지상의 차원, 성육신의 삶에서 적절한 반응은 성령의 감화에 대한 순종, 성부 하느님께서 내려주시는 지시에 대한 기다림, 고난을 받아들임, 신실하고도 정직한 선택, 유혹에 대한 저항, 죽음까지도 감내하는 삶입니다. 우리 삶의 핵심을 이루는 이러한 것들을 살아냄으로써 그리스도께서는 천국에서 이루는 아버지를 향한 사랑, 자신의 '아들 됨'을 이 세상에서 입증합니다. 그렇게 그리스도께서는 아들의 아버지를 향한 사랑을 계속해서 빈틈없이 수행했습니다.[5]

---

[5] Austin Farrer, 'Incarnation' in *The Brink of Mystery*, ed. Charles C. Conti (London: SPCK, 1976), 20.

예수는 우리에게 "당신의 뜻이 하늘에서 이루어진 것 같이 땅에서 이루어지게 하소서"라고 기도하라고 했습니다. 이것이 바로 예수의 핵심 정체입니다. 아버지의 뜻을 이루기 위해 삶으로써 그는 자신이 누구였으며, 누구인지를 우리에게 확실히 말해주었습니다. 그는 하느님께서 사랑과 생명의 능력을 주심을 영원토록 말합니다. 그는 천국의 언어뿐만 아니라 우리의 삶을 그대로 반영한, 어눌하고 갈피를 잡을 수 없는 지상의 언어를 통해서도 말합니다. 이를 두고 우리를 구원하시기 위한 하느님의 사랑의 말씀이 '인간이 됨'으로써, 우리가 있는 곳에서 우리를 향해, 우리 삶의 심연까지 닿는다고도 할 수 있을 것입니다. 그렇게 영원한 말씀은 길을 잃고 절망 속에 허덕이는 우리와 함께하시며 우리를 찾으시고 우리를 집으로 인도하십니다. 다음 장에서는 예수의 죽음과 부활을 중심으로 이루어지는 구원의 활동에 대해 좀 더 자세히 살펴보도록 하겠습니다.

제6장

구원의 신비 - 인간성의 승리

> 그는 철이 든 후 느껴 보지 못했던 깊은 고독감에 빠져들었다.
> 이 세상을 사랑함에도 이 세상에서 철저한 이방인이 된 것만
> 같았다. - 코맥 매카시, 『모두 다 예쁜 말들』中

소설가 코맥 매카시Cormac McCarthy가 쓴 『모두 다 예쁜 말들』
All the Pretty Horses의 한 대목입니다. 소설에서 주인공 존 그래디 콜
John Grady Cole은 외로움, 사랑의 아픔과 폭력이라는 대가를 치러
야만 자립할 수 있는 여정에 나섭니다. 매카시의 소설은 미국인
의 삶 저변에 흐르는 거대하고 무시무시한 신화를 간결하면서도
생생하게 그려냅니다. 그의 작품은 이 세상에서 인간으로 살아
갈 때 필연적으로 따르게 되는 고독, 적대심으로 가득한 세상을

강렬하게 묘사합니다.

그리스도교인들은 사랑과 아름다움이 보기 드물고 값진 것이 되어버린 이 세상, 우리가 만들어낸 모든 혼돈과 소란함 가운데 하느님께서 우리를 구원하신다고 믿습니다. 존 그래디 콜은 이처럼 혼란스러운 인생 경로를 걷습니다. 우리가 만든 세상을 살아가면 자연스럽게 따라오는 것 같은 선과 악, 사랑과 증오가 뒤엉키며 오가는 고통스럽고 설명하기 어려운 모습을 보며 그는 생각합니다.

> 그는 세상의 아름다움 속에 비밀이 숨겨져 있다고 생각했다. 세계의 심장은 끔찍한 희생을 바탕으로 뛰고 있으며 세계의 고통과 아름다움은 각자 지분을 나누어 갔는데, 끔찍한 적자로 허덕이는 와중에 단 한 송이의 꽃을 피우기 위해 어마어마한 피를 바치는 것인지도 모른다는 생각이 들었다.[1]

존 그래디 콜의 말대로 이 세상에서 어른이 되기 위해서는 "어마어마한 피"를 바쳐야 하는 것처럼 보입니다. 뉴스에는 전국 각지에 있는 학교에서 학생들이 또래 친구를 잔인하게 폭행했다는 소식이 시도 때도 없이 등장합니다. 아이들은 너무 일찍 '선과 악을 아는 지식'을 얻은 것처럼 보입니다. 그들은 더는 죽

---

[1] Cormac McCarthy, *All the pretty Horses* (New York: Vintage Books, 1993), 282. 『모두 다 예쁜 말들』(민음사)

음을 떼어놓고는 자신의 삶과 정체성을 찾을 수 없는 것만 같습니다. 마치 삶을 죽음의 관점에서 보는 것 같습니다.

이것이 이 세상 문화이고 시대의 흐름입니다. 그리고 바로 이러한 세상에 예수는 우리를 찾아옵니다. 세상이 그에게 어떤 일을 했는지 익히 알고 있기에 우리는 이곳이 그가 우리를 찾는 곳임을 압니다. 이 장에서는 예수가 어떻게 이러한 세상에서 우리를 구원하고 새로운 삶, 새로운 세상을 창조하는지를 살펴보려 합니다. 이를 그리스도교 신학은 구원의 신비라 부릅니다.

악의 본성

우리가 사는 세상에서 일어나는 수많은 폭력과 아픔에 대해 우리는 '세상은 원래 그렇다'고 생각할 수 있습니다. 만물의 중심에는 폭력의 원리가 흐르고 있으며 그래서 인간들을 그냥 내버려 두면 남의 것을 빼앗기 위해 타인을 파괴한다고 말입니다. 현대 사회 밑바닥에는 이러한 생각이 흐르고 있습니다. 이미 17세기에 영국의 정치철학자 토머스 홉스Thomas Hobbes는 자연 상태에 있는 인간의 삶을 간결하게 묘사했습니다.

> 끊임없는 두려움과 폭력에 의한 삶과 죽음의 갈림길에서, 인간의 삶은 고독하고, 가난하고, 비참하고, 잔인하며 그리고 짧다.

그는 시민 사회가 인간의 삶이 지향하는 바에 관해 어떠한 낙

관론도 배제하고 인간의 삶이 본래 폭력적이라는 사실을 염두에 두어야 한다고 주장했습니다. 이후 진화에 관한 이론들은 이러한 인간의 폭력성을 한층 더 강조했습니다. 사회적 다윈주의자Social Darwinist들은 현재 우리가 존재하는 것을 '적자생존'이라는 길고도 치열한 투쟁을 겪은 결과로 보았습니다. 그들의 논리에 따르면 강자는 약자를 말살함으로써 성장과 번영이라는 상품을 얻습니다. 같은 맥락에서 강한 유전자는 약한 유전자를, 우수한 종은 열등한 종을, 단단한 경제는 취약한 경제를 정복합니다. 존 그래디 콜이 생각했듯 인간의 삶에서 재화는 한정되어 있기에 내가 먼저 몫을 챙기기 위해서는 다른 누군가의 것을 빼앗거나 다른 누군가를 말살시켜야 하는 것처럼 보입니다.

그러나 예수를 처음 따르던 이들은 이와 전혀 다른 종류의 '경제'economy, 즉 제일 나중에 온 사람이 첫째가 되고 온유한 자가 세상을 물려받으며, 죽은 자가 하느님의 순전한 생명으로 살게 되는 풍요로운 경제를 보았습니다. 예수의 부활이 지닌 힘은 죽음에 바탕을 둔 경제, 우리를 죽음으로 몰아가는 경제가 끔찍한 거짓말, 인류를 혼란스럽게 하는 망상임을 폭로합니다. 부활은 우리도 모르게 인류가 시기, 두려움, 폭력에 눈이 멀어 하느님께서 정말로 살아 계심을, 하느님의 참된 삶을 보지 못하게 되었음을 깨닫게 합니다. 우리가 살아가는 세상이 예수를 어떻게 대했으며 예수가 이 세상에 어떠한 영향을 미쳤는지를 알지 못한다면 우리는 우리가 만든 세상의 진실한 모습, 그리고 이와 대비되는 참된 세상의 모습을 알 수 없습니다. 이 모든 일의 핵심에는 십자가가 있습니다. 히브리인들에게 보낸 편지의 저자는 예수가 우리가 처한 상황과 깊숙이 관계함으로써 이 삶의 끝에는 죽음만이 자리 잡고 있다는 거짓을 물리친다고, 그렇게 그가 거짓 세력에서 우리를 해방시킨다고 말합니다.

> 자녀들은 다 같이 피와 살을 가지고 있으므로 예수께서도 그들과 같은 피와 살을 가지고 오셨다가 죽으심으로써 죽음의 세력을 잡은 자 곧 악마를 멸망시키시고 한평생 죽음의 공포에 싸여 살던 사람들을 해방시켜 주셨습니다. (히브 2:14~15)

이처럼 두려움, 죽음 그리고 정체가 온전히 드러나지 않은 거짓 세력에 관한 이야기가 신약성경에 한 번 이상 나오고 있다는 것은 흥미로운 일입니다.[2] 두려움, 죽음, 거짓 세력은 서로 연합해

---

2 "그들은 "우리 조상은 아브라함입니다" 하며 예수께 대들었다. 예수께서 "만일 너희가 아브라함의 자손이라면 아브라함이 한 대로 할 것이다. 그런데 너희는 하느님에게서 들은 진리를 전하는 나를 죽이려고 한다. 아브라함은 이런 짓을 하지 않았다. 그러니 너희는 너희의 아비가 한 대로 하고 있는 것이다" 하고 말씀하시자 그들은 "우리는 사생아가 아닙니다! 우리 아버지는 오직 하느님 한 분이십니다" 하고 말하였다. 예수께서 또 이렇게 말씀하셨다. "내가 하느님에게서 나와 여기 와 있으니 만일 하느님께서 너희의 아버지시라면 너희는 나를 사랑했을 것이다. 나는 내 마음대로 온 것이 아니고 하느님께서 보내셔서 왔다. 너희는 왜 내 말을 알아듣지 못하느냐? 내 말을 새겨들을 줄 몰라서 그런 것이 아니냐? 너희는 악마의 자식들이다. 그래서 너희는 그 아비의 욕망대로 하려고 한다. 그는 처음부터 살인자였고 진리 쪽에 서본 적이 없다. 그에게는 진리가 없기 때문이다. 그는 거짓말을 할 때마다 제 본성을 드러

우리를 공허의 끝, 무와 혼돈으로 몰아가는 것처럼 보입니다.

이러한 악은 홀로는 어떠한 생명도, 에너지도 갖지 못합니

낸다. 그는 정녕 거짓말쟁이며 거짓말의 아비이기 때문이다. 그러나 나는 진리를 말한다. 너희가 나를 믿지 않는 이유가 바로 여기 있다. 너희 가운데 누가 나에게 죄가 있다고 증명할 수 있느냐? 내가 진리를 말하는데도 왜 나를 믿지 않느냐? 하느님에게서 온 사람은 하느님의 말씀을 듣는다. 너희가 그 말씀을 들으려 하지 않는 것은 너희가 하느님에게서 오지 않았기 때문이다." 유다인들은 "당신은 사마리아 사람이며 마귀 들린 사람이오. 우리 말이 틀렸소?" 하고 내대었다. 예수께서는 다음과 같이 대답하셨다. "나는 마귀 들린 것이 아니라 내 아버지를 높이고 있다. 그런데도 너희는 나를 헐뜯고 있다. 나는 나 자신의 영광을 찾지 않는다. 내 영광을 위해서 애쓰시고 나를 올바로 판단해 주시는 분이 따로 계시다. 정말 잘 들어두어라. 내 말을 잘 지키는 사람은 영원히 죽지 않을 것이다." 그러자 유다인들은 "이제 우리는 당신이 정녕 마귀 들린 사람이라는 것을 알았소. 아브라함도 죽고 예언자들도 죽었는데 당신은 '내 말을 잘 지키는 사람은 영원히 죽지 않는다' 하니 그래 당신이 이미 죽은 우리 조상 아브라함보다 더 훌륭하다는 말이오? 예언자들도 죽었는데 당신은 도대체 누구란 말이오?" 하고 대들었다. 예수께서 이렇게 대답하셨다. "내가 나 자신을 높인다면 그 영광은 아무것도 아니다. 그러나 나에게 영광을 주시는 분은 너희가 자기 하느님이라고 하는 나의 아버지이시다. 너희는 그분을 알지 못하지만 나는 그분을 알고 있다. 내가 만일 그분을 모른다고 말한다면 나도 너희처럼 거짓말쟁이가 될 것이다. 그러나 나는 그분을 알고 있으며 그분의 말씀을 지키고 있다. 너희의 조상 아브라함은 내 날을 보리라는 희망에 차 있었고 과연 그날을 보고 기뻐하였다." 유다인들은 이 말씀을 듣고 "당신이 아직 쉰 살도 못 되었는데 아브라함을 보았단 말이오?" 하고 따지고 들었다. 예수께서는 "정말 잘 들어두어라. 나는 아브라함이 태어나기 전부터 있었다" 하고 대답하셨다. 이 말씀을 듣고 그들은 돌을 집어 예수를 치려 하였다. 그러나 예수께서는 몸을 피하여 성전을 떠나가셨다." (요한 8:39~59)

"여러분이 받은 성령은 여러분을 다시 노예로 만들어서 공포에 몰아넣으시는 분이 아니라 여러분을 하느님의 자녀로 만들어 주시는 분이십니다. 그래서 우리는 그 성령에 힘입어 하느님을 "아빠, 아버지!"라고 부릅니다. 바로 그 성령께서 우리가 하느님의 자녀라는 것을 증명해 주십니다. 또 우리의 마음속에도 그러한 확신이 있습니다. 자녀가 되면 또한 상속자도 되는 것입니다. 과연 우리는 하느님의 상속자로서 그리스도와 함께 상속을 받을 사람입니다. 우리가 그리스도와 함께 고난을 받고 있으니 영광도 그와 함께 받을 것이 아닙니까?" (로마 8:15~17)

다. 악은 숨어서 무언가에 기생하며 숙주의 유순한 얼굴을 통해서 자신을 드러냅니다. 마치 악몽처럼, 악은 우리가 그것을 두려워하며 그것을 우리 삶의 기초로 삼을 때만 현실에 발판을 마련할 수 있습니다. 이 거짓을 위협하고 정체를 드러낼 수 있는 이는 악으로부터 자유로울 뿐 아니라 이를 드러내는 힘과 역량을 갖춘 공동체를 조직할 수 있어야 합니다. 예수와 그를 중심으로 형성된 공동체는 죽음의 세력에 위협이 되었을 뿐 아니라 그 정체를 적나라하게 들추어냈습니다. 묵시록(요한계시록)의 저자는 종말의 때 예수가 이 세상의 정치, 사회적인 힘을 대면하자 악의 세력이 폭로되는 것을 환상으로 그립니다.

그리고 하늘에는 큰 표징이 나타났습니다. 한 여자가 태양을 입고 달을 밟고 별이 열두 개 달린 월계관을 머리에 쓰고 나타났습니다. 그 여자는 배 속에 아이를 가졌으며 해산의 진통과 괴로움 때문에 울고 있었습니다. … 막 해산하려는 그 여자가 아기를 낳기만 하면 그 아기를 삼켜버리려고 그 용이 그 여자 앞에 지켜 서 있었습니다. … 용은 그 여자에 대하여 화가 치밀었습니다. 그리고 하느님의 계명을 지키고 예수를 위해서 증언하는 일에 충성스러운 그 여자의 남은 자손들과 싸우려고 했습니다. (묵시 12:1~2,4,17)

창세기 3장에서 하느님을 인류의 경쟁자, 두려움과 분노의 대상으로 보게끔 부추기던 뱀이 묵시록에 이르러 분노에 가득 찬 용으로 묘사되고 있다는 것은 의미심장한 일입니다. 겸손한 공동체적 삶, 연민의 삶이라는 예수의 길은 죽음의 길이 모든 인간 조직, 체제를 소유해 두려움, 배척, 폭력이라는 형태를 갖게 됨을 보여줍니다.

지금까지의 이야기가 어색하게 들릴지도 모르겠습니다. 우리는 적어도 살생부를 가지고 대량 학살을 시도하는 이가 아니니 말이지요. 그러나 우리 같은 사람들의 몸가짐이 반듯하다고 해서 세상이 좋은 곳이라고 섣불리 결론 내릴 수는 없습니다. 악에 물든 현대 문화는 죄를 그저 개인적인 차원에서만 생각해 보라고 우리에게 속삭입니다. 이 속삭임은 '꽤 그럴듯해' 보입니다. 악은 생명을 막고, 참된 삶을 옥죄는 방어 체제들로 우리 주위를 둘러싸기 때문입니다. 우리가 사는 이 세상이, 그리고 이 세상을 살아가는 이들이 본연의 모습이 아니라는 것은 세례를 받으며 질문을 받을 때 드러납니다.

당신은 하느님을 거역하는 사탄과

모든 악한 영의 세력을 거부합니까?

예, 거부합니다.

당신은 하느님께서 창조하신 피조물을

부패하게 만들고 파괴하는 악의 세력을 거부합니까?

예, 거부합니다.

당신은 하느님의 사랑으로부터 당신을 떼어 놓는

모든 죄된 욕망을 거부합니까?

　예, 거부합니다.

세례 문답은 일련의 단호한 '부정'을 요구합니다. 여기서 세상은 기쁨으로 가득 찬 공간이 아니라 하느님을 거역하는 세력이 반란을 일으킨 공간입니다. 그리고 이 세력은 우리를 공범자로 만드는 것이 가능할 만큼 매력적입니다. 세례 문답의 언어를 일종의 은유로 본다 하더라도 악은 매우 폭넓은 범위에서 파괴와 고립을 부추기고 하느님과 피조물을 향해 적대감을 갖게 만드는 것들의 망이자 체제입니다. 악이 위험한 이유는 우리가 이따금 그 일부만을 엿볼 수 있을 뿐이며, 그래서 우리가 그 망에 둘러싸여 있음을 알아차리지 못하도록 우리도 모르는 사이에 온갖 악의 체제들이 사방을 뒤덮기 때문입니다. 악이 꾸며낸 가장 음흉한 술책은 악의 현실을 감추는 것이 아니라, 우리가 개인적이고 '사적인' 죄에 골몰하게 만들어 세상의 모든 죄는 그저 우리의 나쁜 습관의 연장선이라고 지레짐작하게 만드는 것입니다. 이러한 맥락에서 때로는 죄를 의식하는 것이 더 깊은 죄의 수렁에 우리를 가둘 수 있습니다. 이것이야말로 죄의 위험성이자 사악함입니다.

　가끔 사랑하는 이에게 상처를 준 사실을 깨닫고 사과를 하고 용서를 받을 때 저는 말할 수 없는 감격을 느낍니다. 그리고 이를 통해 저는 그전까지 우리의 관계가 얼마나 뒤틀려 있었는지를 깨닫게 됩니다. 제자들도 마찬가지였습니다. 십자가에서 죽고 부활해 자신들 앞에 나타난 예수의 모습과 그가 베푼 용서는 그들의 눈을 열어주었습니다. 그들은 그때까지 자신들이 죽음의 세력에 얼마나 철저하게 지배당하고 있었는지를 깨달았습니다. 예수가 로마제국에 의해 유죄 판결을 받고 처형을 당했을 때 그때까지 그를 따르던 이들에게 어떠한 영향을 미쳤을지 상상해 보십시오. 신학자 제임스 엘리슨James Alison은 '법'의 이름으로 예수가 죽임을 당한 사실이 그를 따르던 이들에게 미친 영향을 예리하게 분석합니다.

> (예수가 살아있을 때) 예수를 따르던 제자들은 이스라엘 권력 기관, 종교 지도자들을 냉소 어린 눈으로 보았을 것이다. 그러나 예수가 죽음에 이르자 그들은 예수에 대한 권력자들의 견해를 무시하지 못하게 되었을 것이다. 죽음은 최종적인 성격을 갖고 있기에 누군가를 죽인 사람들을 나름대로 괜찮은 이들, 합리적인 사람들로 보이게 하며 이들에게 반대하던 목소리를 잠재운다. 그때 제자들은 이제 자신들과 부대끼며 살아야 할 사람은 예수가 아니라 권력자들이라고 생각했을 것이다. 엠마오로 가던 제자들은 예수의 죽음을 박해하던 자들의 승리, 그들이 내세운 관점의 승리로 보았기에 비탄에 빠졌다. 그 관점이란 예수는 죄인이며 하느님의 법을 어겼기에 그가 죽은 것은 하느님

의 뜻이라는 것이다. 모두가 알 듯 예수는 십자가에 매달려 죽었는데 신명기(21:23, 갈라 3:13 참조)에 따르면 이는 그가 하느님의 저주를 받고 죽었음을 뜻했다.[3]

예수가 처형됨으로써 죽음의 세력이 이 땅을 지배하는 것은 정당한 것으로 인정받는 듯했습니다. 그리고 그만큼 예수는 잘못된 것으로, 처음부터 잘못된 것으로 마무리가 되는 듯했습니다. 하지만 그렇게 이 세상, 우리가 만든 세상이 사형 선고를 내린 이가 죽었다가 다시 살아나 우리를 치유하고 용서한다면 어떻게 될까요? 엘리슨은 이에 답합니다.

예수를 죽음으로 몰고 간 생각의 전체 과정이 도마 위에 오르게 된다. 우선 예수의 부활은 하느님에 대한 예수의 증언이 옳음을 뜻한다. 예수가 말했던 하느님이야말로 진정한 하느님이시며 그를 반대한 세력이 주장한 하느님은 하느님이 아니었다. 그러므로 예수가 사형 선고를 받게 한 죄목은 무효가 된다. 그리고 예수를 죽음으로 몰고 간 것은 무고한 이를 제거하기 위해 죄로 물든 인간들이 만들어낸 체제임이 드러난다. 이는 하느님과 아무런 관련이 없다.[4]

3 James Alison, *Rasing Abel: The Recovery of the Eschatological Imagination* (New York: Crossroad, 1996), 26~27.

4 James Alison, *Raising Abel*, 27.

제자들은 예수를 죽음으로 몰고 간 이들이 얼마나 철저히 두려움과 죽음의 덫에 걸려 있는지를 보았을 뿐 아니라, 그들의 하느님에 관한 생각 역시 철저하게 잘못되었다는 것을 알게 되었습니다. 예수를 죽음에서 살아나게 하심으로써 하느님께서는 그의 죽음이 하느님과 아무런 상관이 없음을 보여주셨습니다. 하느님께서는 당신께서 사랑하는 이를 고문하고, 포기하고, 배신하지 않으십니다.

죄와 타락

우리는 무엇으로부터 구원을 받아야 합니까? 앞서 주변에서 불쾌한 일, 불편한 일, 불행한 일이 일어났을 때 거기서 섣불리 죄를 보거나, 죄와 연관 지어서 이해하면 안 된다고 이야기한 바 있습니다. 죄는 우리 삶 전반에 스며들어 있어 죄를 죄 자체로 볼 수 없기 때문입니다. 좀 더 심각한 문제는 어떤 그리스도교인의 경우 죄의 문제를 왜곡해 우리와 하느님의 관계조차 왜곡한다는 것입니다. 이러한 왜곡은 하느님의 정의, 진노, 질투하는 사랑에 대한 이해에 반영이 되고 그 결과 예배를 드리는 가운데, 기도하는 가운데 하느님을 향한 사랑이 아니라 적개심이 더욱 커지게 됩니다. 이러한 왜곡된 이해에 사로잡히면 하느님은 위대하고 전지전능한 분이시므로 '내'가 해야 할 몫만 잘 해내면 이에 따른 '보상'을 주시리라고 스스로 되뇝니다. 이웃, 주변에서 일어나는 고통과 희생은 전혀 상관할 바가 아니라는 교묘

한 속삭임에 귀가 솔깃해집니다. 그 결과 타인의 고통과 아픔은 '나', 혹은 '우리'가 아닌 '사악한 사람들'을 향해 하느님께서 정당하게 심판하고 정죄하신 것으로 여기게 됩니다.

그렇다면 우리는 진정 무엇으로부터 구원을 받아야 할까요? 그리고 구원은 어떻게 받게 되는 것일까요? 과거 신학자들은 '원죄'Original Sin로부터의 구원을 이야기하며 인간성을 붕괴시키는 원인으로 우상숭배, 교만, 자기혐오, 두려움 등 많은 용의자를 지목했습니다. 이들의 한 가지 공통점은 모두 세계와 하느님의 관계에 대한 끔찍한 왜곡이라는 점입니다. 이들은 모두 우리가 하느님께 자유롭게 받은 사랑을 타인, 그리고 하느님을 향해 돌리기를 끊임없이 거부하게 만듦으로써 우리가 폭력적이고 치명적인 자기 보존이라는 수렁에서 벗어나지 못하게 합니다. 이 수렁에 빠졌을 때 우리는 타인으로부터 우리 자신을 고립시키고 타인을 조종의 대상, 혹은 억압의 대상으로만 간주하게 됩니다. 또한 우리 자신과 남에게 가하는 폭력에 아무런 대응도 하지 않은 채 굴복하거나 묵인하게 됩니다.

성육신을 다루면서 저는 타인들에 의해, 그리고 하느님께서 그들을 통해 우리 안에서 일어나게 하는 갈망은 우리로 하여금 되어야 할 사람이 되게 한다고 이야기했습니다. 하지만 이 갈망이 불신과 적대감으로 오염된다면 어떻게 될까요? 그러면 우리 한 사람 한 사람이 건강하고 사랑하는 사람이 될 가능성은 낮아지고 뒤틀릴 것입니다. 우리를 유일하게 참된 인격체로 이끌어

줄 타인을 향한 사랑을 더는 하지 않으려 하겠지요. 대신 우리는 죽음에 매여 끊임없이 타인을 조종할 방법을 찾거나 스스로 구제할 수 없을 정도로 몰락해 버린 다음 절망으로 으스러지는 식으로 자신을 희화화하게 될 것입니다. 이와 비슷한 일이 인종 사이에, 민족 사이에, 종교 공동체 사이에, 사회 계층 사이에, 성별 사이에, 가족들 사이에, 자기 마음속에서 일어나고 있습니다.

어떻게 이런 일이 일어날까요? 이를 이해하려면 먼저 처음에 우리를 창조하신 하느님의 사랑부터 시작해야 합니다. 존재라는 선물은 언제나 하느님과의 친교로의 초대라는 특별한 형태를 취합니다. 창세기에서 하느님께서는 풍요롭고 장엄한 자연에 둘러싸인 아름다운 정원에 인류를 창조하십니다. 이는 존재라는 선물이 당신께서 이루시는 사랑의 친교로의 초대임을 보여주는 가장 탁월한 장면입니다. 성찬기도의 표현을 빌리면 하느님께서는 "우리로 하여금 창조주이신 당신께 순종하고 당신의 피조물을 다스리며 또한 그들을 섬기게 하셨습니다". 만물은 창조주와 나누는 교감의 수단입니다. 하느님께서는 당신의 피조물을 우리에게 소유하라고 주시지 않았습니다. 그분은 다른 피조물, 그리고 우리에게 당신의 창조성을 발휘할 수 있는 능력을 주신 창조주 하느님 당신과 친교를 나누기 위해, 즉 "그들을 섬기"라고 당신의 피조물을 우리에게 주셨습니다.

주 하느님이 사람을 데려다가 에덴동산에 두시고, 그곳을 맡아서 돌보게 하셨다. (창세 2:15)

이처럼 주고, 받고, 맡기고, 돌보는 과정을 대표적으로 보여주는 것은 음식이라는 선물입니다. 우리는 음식이 되는 재료를 자연에서 취해 하느님께서 주시는 선물로 받아들이고 이를 돌보며 (마찬가지로 그분께서 주신 창조성을 발휘해) 음식을 만들어 다른 이들과 친교를 맺기 위한 영양분을 취하고 때로는 이를 친교의 수단으로 삼기도 합니다. 이 중에 어느 순간도 하느님의 손길이 닿지 않는 순간은 없습니다. 만물은 사랑의 하느님께서 우리와 함께하심을 보여주는 징표입니다.

어떤 사람이 저녁 식사에 초대를 받았다고 생각해 봅시다. 온갖 음식과 과일, 음료들은 그 자체로 환대의 표시, 친교의 수단, 기쁨의 매개가 됩니다. 하지만 초대받은 사람이 식사만 허겁지겁 한 다음 가버린다면 어떻게 될까요? 이 경우 환대의 선물은 친교로 이어지지 않습니다. 초대받은 이가 초대한 사람의 선물, 친교로의 초대를 거부하고 이를 자신의 욕구만을 채우려는 수단으로 삼아버렸기 때문입니다. 그는 그렇게 함으로써 저녁 식사의 바탕이 되는 우애를 격하해 버립니다. 중요한 것은 누군가를 저녁 식사 자리에 초대한 순간 손님은 어떠한 방식으로든 이를 거부할 수 있는 선택권, 자유 또한 갖게 된다는 것입니다.

천상에서 하느님께서는 우리의 존재가 그 자체로 선물임을 확인시켜주는 신호로 우리에게 필요한 모든 피조물을 제공하십니다. 만물은 우리가 존재할 수 있는 바탕이 됨과 동시에, 우리가 삶을 이어갈 수 있도록 자양분을 제공합니다. 그러므로 우리가 만물이 하느님과 친밀한 친교의 수단임을 받아들이고 타인을 향한 사랑의 하느님을 가리키는 징표로서 우리 자신을 내어놓는다면 우리의 삶은 풍요로워질 것이며 온전해질 것입니다. 그러나 우리가 의심을 품고 하느님과의 친교에서 스스로 멀어져 우리 자신만을 위해 만물을 소유하려 한다면 혼란만이 가중될 것입니다.

하느님과의 친교에서 멀어지는 것은 동료 인간과의 친교 역시 거부하는 것을 뜻합니다. 이렇게 되면 우리는 우리를 참된 인격체로 만들어 주는 하느님 및 타인과의 친교가 아니라 단순한 생존만을 갈망하게 됩니다. 하느님께서 우리에게 주시고자 하는 염원에서 나오는 선물을 친교의 장에서 받아들임으로써 온전한 우리가 되는 것이 아니라 생존에 필요한 사물을 탐함으로써, 그러한 방식으로 우리 자신을 완성하려 합니다. 한 아기가 성장하는 과정을 떠올려보십시오. 아기는 태어나자마자 부모의 품에 안김으로써 부모를 통해 양육되고 음식을 먹음으로써 자신이 되어가고 타인들과의 관계에 들어갑니다. 하지만 태어나자마자 어떠한 만남도 배제한 채 그저 생존만을 위한 음식만을 제공하면 그 아기는 어떻게 될까요? 인간성을 상실한, 그저 생존만을 갈망하는 작은 피조물이 되겠지요.

창세기는 이러한 현실을 뱀의 이야기로 그려냅니다. 뱀은 의구심, 불신, 하느님에 대한 두려움을 심어줄 수 있는 음침한 모퉁이를 찾아냅니다. 뱀의 유혹에 넘어간 인류는 불신에 따라 행동하고 삶을 하느님과의 관계에서 비롯된 무한한 선물이 아니라 생존을 위해 소유하고 마음대로 할 수 있는 것으로 간주하게 됩니다. 창세기 이야기는 이렇게 타락한 삶, 인격체가 되지 못한 인간이 마주하게 되는 새로운 조건과 상황들(수치심, 의심, 두려움과 손가락질, 세계 및 다른 피조물로부터의 고립)을 암시합니다.

예수의 부활은 참된 삶에서 거리가 멀어진 삶이 현 세계의 구조, 체제에 이미 엮여 있음을 우리에게 보여줍니다. 우리는 보통 우리의 두려움을 개인적인 측면으로만 보기 쉽지만, 세계를 좀먹고 있는 폭력과 억압은 수많은 사회 구조와 문화적 관습, 경제 체제에 의해 합법화됩니다. 하느님과 친교의 수단이 되기 위해 돌보고 섬기도록 주어진 모든 피조물은 스스로 "허무한 데에 굴복"해 "멸망의 사슬"에 묶이게 되었습니다(로마 8:20,21). 세상은 하느님과 친교가 이루어지는 터전이 아닌 인간의 생존만을 위한 소모품이 되어버렸습니다.

구원에 관한 생각들

지금까지 예수의 죽음과 부활에 담긴 의미를 살펴봄으로써 이 세상의 문제가 무엇인지를 알아보았습니다. 그리스도교인들은 예수가 한 구원 활동의 의미를 끊임없이 숙고했고 이에 따라 구원에 관한 다양한 이론과 설명을 내놓았습니다. 그러나 구원의 실재는 너무나 경이롭기에 이에 관한 어떠한 이론과 묘사도 완벽하다고 할 수는 없습니다. 다만 이 다양한 이론들과 설명은 하느님께서 어떻게 활동하고 계신지를 우리가 생각해 볼 때 커다란 도움을 줍니다.

구원을 논의함에 있어 가장 근본적인 질문은 예수가 정말 우리를 구원하기 위해 죽었느냐는 물음과 구원에서 그의 부활이 어떠한 역할을 하느냐는 것입니다. 앞에서 살펴보았듯 예수의 부활은 하느님께서 그를 사랑으로 감싸주심을, 그의 죽음이 하느님의 법에 따른 결과라고 주장하는 세력들이 틀렸음을 보여준 사건입니다. 예수에게 사형 선고를 내린 이는 하느님이 아니라 인간, 인류입니다.

세상이 예수를 거부함으로써 그 정체를 드러낸 악에 하느님께서는 어떻게 반응하셨습니까? 그분의 무한한 사랑은 우리가 행하는 폭력과 왜곡된 언어에 이끌리지 않았으며 그렇다고 또 다른 방식의 폭력과 파괴로 응하지도 않았습니다. 부활을 통해 그분께서는 당신의 사랑으로 인간이라는 폭력적인 말을 깊고 평화로운 말씀으로 인도하셨습니다. 즉 그분은 우리의 "아니오"를 무한한 "예"로 뒤바꾸셨습니다. 예수의 부활은 그의 죽음에 대한 단순한 대응이 아닙니다. 부활은 우리의 폭력과 같은 선상에서 이루어지는 반작용, 우리의 폭력의 반대가 아닙니다. 부활은 하느님의 사랑이 우리의 폭력을 삼켜버린 사건입니다. 그렇게 그분은 우리의 폭력을 끌어안고 치유하십니다. 이 모든 과정을 통해 예수의 삶(그가 맺은 모든 관계, 그가 입은 상처들, 죽음)은 영광스럽고 무한한 생명을 지니며 생생하고 투명한 하느님의 말씀으로 되돌아갑니다.

이 과정에서 마지막 적인 죽음도 그 힘을 잃습니다. 부활은 죽음이 일어난 적이 없었던 것처럼 그 흔적을 지워버림으로써 예수의 죽음을 되돌린 사건이 아닙니다. 그렇게 할 경우 죽음은 정말로 끔찍하고 두려운 것, 감추어야 할 무언가가 됩니다. 물론 죽음을 어두운 마음의 충동에서 일어나는 것으로 치부할 수도 있습니다. 그러나 이 경우에도 죽음이 두려움을 일으키고 그렇게 우리 마음을 사로잡는다는 사실은 사라지지 않습니다. 예수의 부활은 이를 넘어 죽음조차 친구가 될 수 있음을 보여줍니다. 부활을 통해 죽음은 사랑의 하느님께서 세우신 계획의 일정한 역할을 맡으며 그분의 사랑을 받습니다. 그렇게 죽음은 우리 자신을 가장 온전히 하느님께 맡기는 수단으로서 창조 질서에 포함됩니다.

그러므로 예수의 죽음은 하느님께서 직접 일으키신 사건이 아니며 우연한 사건도 아닙니다. 잔인한 세상에서 인간으로 살아가면 필연적으로 일어나기 마련인 불행한 사건도 아닙니다. 예수는 죽음과 마주해 이를 우리의 손에, 그리고 아버지의 손에 온전히 맡깁니다. 이를 통해 그의 죽음은 그에게 온전히, 그리고 완전히 인간이 되는 기회를 '허용'allow합니다. 달리 말해 그의 죽음은 우리에게 본래 있으나 감추어지게 된 것, 휴면하게 된 것, 혹은 패배했던 참된 인간성을 다시금 우리에게 드러낸 사건입니다. 우리 인간은 본래 기쁨을 누리고 남을 용서하며 사랑을 베풀도록 창조되었습니다. 예수는 우리가 만든 비극적인 드라마를 끝까지 감내함으로써 우리에게 본래 주어진 이야기, 참된 결말과 목적을 회복시킵니다. 그는 인간의 생애에서 최후의 사건, 삶에서 가장 중대한 사건인 죽음을 변화시켜 온전히 하느님의 손에 있게 합니다.

이제 구원과 관련해 중요한 또 다른 질문을 살펴봅시다. 예수의 구원 활동은 누구를 향한 것일까요? 이 질문에 대해 그리스도교는 크게 세 가지 방식으로 답했습니다. 첫 번째 답은 대다수 초기 그리스도교인들이 했던 생각으로 예수의 활동은 악의 세력에 맞서 일어났다는 것입니다. 그의 지상에서의 활동과 십자가에서의 죽음은 이 세상에서 악이 맡은 역할을 드러냅니다. 예수는 악의 세력의 영향을 받아 고난을 당했지만, 악에 전염되지 않았기에 악을 파괴할 수 있었다고 사람들은 생각했습니다.

두 번째 답은 12세기 초에 활동했던 신학자 페트루스 아벨라르두스Peter Abelard가 제시했던 것으로 예수의 구원 활동은 근본적으로 인간을 염두에 두고 이루어진 것이라는 입장입니다. 이러한 입장에서 예수는 인류에게 사랑으로 자신을 내어놓는 새로운 본보기를 보여주며 새로운 차원의 연민을 갖게끔 회심을 끌어내 거룩한 삶을 살도록 인도합니다.

세 번째 답은 아벨라르두스로부터 한 세대 전쯤 활동했던 캔터베리의 안셀무스Anselm of Canterbury가 제시했던 것으로 예수의 구원 활동은 근본적으로 하느님을 향한다는 것입니다. 이 입장을 따르는 이들은 예수는 인류가 하느님에게 진 빚을 고난과 죽음을 통해 갚았다고 생각합니다. 16세기 장 칼뱅John Calvin 및 개신교 신학자들은 이러한 견해를 계승하고 진전시켜 죄에 대한 하느님의 영원한 분노를 예수가 고난받고 죽음으로써 짊어졌다고 이야기했습니다.

그전까지 살펴본 예수의 죽음과 부활의 의미를 염두에 둔다면 이러한 다양한 견해들을 어떻게 대해야 할지 도움을 얻을 수 있습니다. 일단 예수의 구원 활동은 인간만을 향한 것이 아닙니다. 예수가 우리에게 남긴 모든 것을 우리가 좀 더 품위 있게 살도록 도와주는 하나의 예로 보는 것은 합리적이며 탈신화적이지만 너무나도 얕은 견해입니다. 하느님의 사랑에서 멀어지는 문제, 결국 우리와 하느님의 관계가 어그러진 문제가 그저 좀 더 '선한' 행동을 한다고, 어떻게 살아야 할지를 보여주는 모범 하나가 더 있다고 해서 해결될 수 있을까요? 성경에 기록된 하느님은 어떤 모범적인 행동을 보여주신 것이 아니라 노예 상태에 있는 백성을 해방시킨 사건을 일으키신 게 아닙니까? 물론 예수의 구원 활동이 분명 인간을 향하는 측면이 있다는 점에서 이러한 견해는 일정한 가치가 있습니다. 앞서 언급했듯 예수는 우리의 현재 모습을 폭로하고, 우리의 참된 모습을 보여주며 하느님의 은총으로 우리가 본래 인간성을 회복할 수 있게 해주는 공동체로 우리를 인도합니다. 그리스도의 수난에 우리가 동참할 때 삶은 변화됩니다.

예수의 죽음이 오직 그와 사탄 사이에서 일어난 거래라는 생각 역시 잘못되었습니다. 십자가 사건은 평범한 인간으로 변장한 하느님의 아들을 악마가 죽이게 만들어 감당키 어려운 입장에 밀어 넣으려고 고안해낸 계략의 산물이 아닙니다. 예수는 속임수를 쓰지 않습니다. 십자가 위에서의 죽음이 사망의 노예가 된 인류를 해방시키는 대가로 악마에게 치른 몸값이라는 견해 역시 적절치 않습니다. 하느님께서 당신이 사랑하시는 피조물의 소유권을 정체도 모르는 세력, 더군다나 악의 세력에게 넘기려 하실까요? 하지만 예수의 죽음은 분명 악, 악의 세력과 연관이 있습니다. 예수가 사랑을 담아 자신을 내어줌으로써 무수한 사람을 지배하고 있는 악의 정체를 드러내기 때문입니다. 그는 죽음을 받아들이고 하느님께 자신의 생명을 맡김으로써 인간에 대한 죽음의 세력의 궁극적인 영향력을 소멸시킵니다.

세 번째 견해를 살펴보자면, 하느님의 정의에 반하는 죄를 지은 인류에 대한 정당한 응징으로써, 하느님의 체면을 세우기 위한 처벌로써 성부 하느님이 예수가 고문받고 죽음에 이르게 했다는 생각은 적절치 않습니다. 물론 이러한 견해를 액면 그대로 받아들이는 그리스도교인들은 많지 않지만 그렇다고 이러한 생각을 완전히 접기도 쉽지는 않습니다. 성경은 하느님의 분노와

앙갚음, 그리고 정의에 대해서 말하고 있으며 위와 같은 식으로 해석할 수 있는 여지가 있기 때문입니다. 그 결과 적지 않은 그리스도교인들은 이 부분에 관해서 침묵을 지키곤 합니다. 하지만 예수의 죽음이 우리 죄에 대한 하느님의 응징을 감내하는 것이라는 견해에 대해서 우리는 다음과 같은 사항을 염두에 두어야 합니다.

우선, 성경을 이렇게 해석하는 것은 전체 그리스도교의 절반이라 할 수 있는 동방교회에서는 낯선 일입니다. 그러므로 이는 분명 그리스도교 교회의 공통된 견해는 아닙니다. 저명한 동방 신학자 크리스토스 얀나라스Christos Yannaras는 예수의 수난이 하느님의 분노를 달래기 위해 일어난 일이라는 견해는 하느님에 대한 진리를 왜곡할 뿐 아니라 인간의 죄에 관한 진실 역시 왜곡하는 것이라고 비판했습니다.

이 이론이 교회의 신앙에 미친 영향은 헤아릴 수 없을 정도다. 이러한 이론은 사랑과 자유의 하느님을 가학적인 만족을 추구하는, 자기중심적이며 잔혹한 재판관으로 만들었다. 이 이론은 인류의 아버지 되시고 그들을 위해 자신의 생명을 내어줄 만큼 사랑하시는 하느님을 지옥에서 죄인들이 고문당하는 것을 즐기는, 그렇게 자신의 정의가 관철되기를 바라는 무시무시한 재

판관, 위협적인 복수의 신으로 그린다.[5]

얀나라스는 로마제국의 사법 전통과 개인주의적 관점이 이 이론에 스며들어 모든 피조물에게 자기를 내어주시는 하느님의 사랑을 개인의 죄를 가볍게 해주기 위한 법적 거래로 왜곡했다고 주장합니다. 그가 보기에 종교개혁 이후 서방 그리스도교에서 이 이론이 지배적인 가르침이 되자 많은 사람이 이러한 생각에 반발해 무신론자가 되어버린 것은 놀랄 일이 아닙니다.

이러한 관점에 대한 두 번째 비판은 현대 여성신학에서 나왔습니다. 엘리자베스 존슨은 말합니다.

> 여성신학은 예수의 죽음을 하느님이 요구한 죄의 보상으로 해석하는 것을 거부한다. 이런 시각은 오늘날 남성들의 가장 나쁜 모습, 분노하고, 피에 굶주리고, 폭력적이며, 가학적인 아버지를 하느님에게 반영한 것이다. 오히려 예수의 죽음은 험악한 남성들에 의해 일어난 폭력의 행위와 죄로 인해 일어난, 자비로운 하느님의 뜻을 거스르는 사건이었다. … (하지만) 이 사건으로 인해 분명하게 드러나는 것은 예수의 희생이 일종의 벌, 하느님의 판결을 따르는 필연적이고 수동적인 행동이 아니라는 것이다. 예수의 죽음을 통해 드러나는 것은 강렬한 인간

---

[5] Christos Yannaras, *Elements of Faith: An Introduction to Orthodox Theology*, trans. Keith Schram(Edinburgh: T & T Clark, 1991), 112~113.

사랑과 불행의 변증법적 관계다. 하느님은 예수를 통해 고통받고 버림받은 모든 이와 함께 하신다. 십자가는 폭력과 고통과 사랑의 모든 차원에 있으며, 바로 그렇기에 하느님께서 세상의 고통에 참여하고 계심을 보여준다.[6]

예수의 고통은 하느님께서 우리를 사랑하기 위해 치러야 하는 값이나 대가가 아니라 당신에게서 멀어진 우리와 다시 하나가 되시려는 하느님의 아픈 마음입니다. 십자가의 예수를 통해 하느님께서는 망가지고 고립된 우리를 찾아 우리와 함께하십니다. 이제 우리는 예전으로 되돌아갈 수 없습니다. 우리는 자유케 되었습니다.

예수의 죽음을 마땅히 받아야 할 하느님의 심판을 대신 치르는 것으로 보는 견해를 비판적으로 보아야 할 세 번째 이유는 이 견해가 부활의 의미를 충분히 담아내지 못할 수 있기 때문입니다. 앞에서 우리는 부활이 제자들의 자기 이해, 하느님 이해에 철저한 전환을 일으켰음을 살핀 바 있습니다. 예수의 아버지에 대한 이해를 나눔으로써 "그리스도의 생각"이 그들의 정신과 마음에 퍼져나갔습니다(1고린 2:16, 필립 2:5 참조). 그리고 '맞다, 그러나 …'으로 표현될 수 있는 하느님, 사랑을 조건부로 주시는 하느님, 고통이라는 대가를 치러야만 사랑을 주시는 하느님은

---

6 Elizabeth Johnson, *She Who Is*, 158~159.

위험한 생각임을 깨달았습니다. 이러한 그리스도의 생각, 그리스도의 마음이라는 새로운 선물, 사랑하는 "아빠"를 절대적으로 신뢰하는 그리스도의 마음이 초대교회에서 싹트는 모습을 우리는 볼 수 있습니다. 요한 복음서에서 예수는 자신과 제자들이 폭력의 희생자가 되는 것은 인간이 하느님과 거짓된 관계를 맺고 있음을 보여주는 징표라고 분명하게 가르칩니다.

세상이 너를 미워하거든 너희보다도 나를 먼저 미워했다는 것을 알아두어라. 너희가 만일 세상에 속한 사람이라면 세상은 너희를 한집안 식구로 여겨 사랑할 것이다. … 그러나 그들은 너희가 내 제자라 해서 이렇게 대할 것이다. 그들은 나를 보내신 분을 모르기 때문이다. 내가 와서 그들에게 일러주지 않았던들 그들에게는 죄가 없었을 것이다. 그러나 이제는 그들이 자기 죄를 변명할 길이 없게 되었다. 나를 미워하는 자는 내 아버지까지도 미워한다. 내가 일찍이 아무도 하지 못한 일들을 그들 앞에서 하지 않았던들 그들에게는 죄가 없었을 것이다. 그런데 내가 한 일을 보고서도 그들은 나와 또 나의 아버지까지 미워한다. … 내가 아버지께 청하여 너희에게 보낼 협조자 곧 아버지께로부터 나오시는 진리의 성령이 오시면 그분이 나를 증언할 것이다. … 너희를 죽이는 사람들이 그런 짓을 하고도 그것이 오히려 하느님을 섬기는 일이라고 생각할 때가 올 것이다. 그들은 아버지도 나도 모르기 때문에 그런 짓들을 하

게 되는 것이다. (요한 15:18~19, 21~24,26, 16:2~3)

이 놀라운 구절은 세 가지 중요한 점을 강조합니다. 우선, 예수가 다가오는 하느님의 참된 나라를 가르치면 악은 그 정체를 드러내고 하느님을 폭력으로 거부하며 참된 삶을 철저하게 배격합니다. 예수의 말과 행동으로 인해 인류는 죄를 지게 됩니다. 즉 인류는 하느님의 진리를 분명하게 보나 이를 거부함으로써 자신의 죄를 드러냅니다.

그다음, 예수의 죽음과 제자들을 향한 공격은 하느님께서 인류의 죄에 대한 응징을 그들이 대신 치르는 것이 아니라 예수를 통해 자신을 드러내신 하느님에 대한 인류의 반응이라는 것입니다. 모든 폭력은 인간에 대한 두려움과 하느님을 향한 분노가 행동으로 드러난 것이라 할 수 있습니다. 타락한 인류는 예수와 그의 제자들을 죽이고 폭력을 가함으로써 자신들이 예배하는 신이 참된 하느님이 아니라 악령임을 드러냅니다("너희를 죽이는 사람들이 그런 짓을 하고도 그것이 오히려 하느님을 섬기는 일이라고 생각할 때가 올 것이다").

마지막으로 예수가 성부와 나누는 사랑과 신뢰의 관계는 예수의 죽음 후 살아있고 생명을 내어주는 성령을 통해 드러납니다. 성령은 이제 제자들과 함께하면서 그들의 마음과 정신을 정화하고, 치유하며, 생명을 줍니다. 성부 하느님께서 그리스도를 사랑하신다는 진리를 선포하면서 성령은 제자들이 그 사랑을 따라 살게 합니다.

아마도 이 지점에서 여러분은 또 다른 질문을 떠올릴 것입니다. '그렇다면 하느님께서는 죄를 벌하지 않으신단 말인가?', '하느님은 악한 것에 분노하지 않으시는가?', '예수가 세상의 죄를 짊어진다면 하느님의 벌이 그에게 내리지는 않는 것인가?' 이러한 질문들을 제대로 다루기 위해서는 책 한 권을 따로 써야 할 것입니다. 하지만 그 이전에, 우리는 하느님의 분노, 하느님의 진노에서 비롯된 예수의 고난과 같은 성경의 표현을 예수의 삶, 죽음, 부활, 승천, 성령을 보냄이라는 흐름에 비추어 해석해야 합니다. 이 흐름은 성경의 모든 구절을 해석하는 원칙이라고 할 수 있습니다. 피조물인 인간은 혐오스럽고 역겨운 존재이며 하느님께서는 이런 인간을 벌하셔야 마땅하다는 생각에는 우리가 생각하는 정의, 우리가 느끼는 분노, 우리가 경험한 벌이 반영되어 있습니다. 하느님을 왜곡하는 것이지요. 아이러니하게도 이러한 생각을 강조하면 강조할수록 그리스도의 죽음이 이루어 낸 것, 그리스도를 통해 하느님께서 사랑으로 우리를 구원하셨다는 가장 중요한 진리는 흐릿해집니다.

사도 바울이 보았듯 예수의 자기 비움과 부활은 세상 사람이 보기에는 어리석고 약해 보이는 참된 힘으로 우리를 해방시킴으로써 힘과 분노를 향한 우리의 우상숭배를 해체합니다. 이러한 부활의 소식이 퍼지고 그 영향력이 깊어감에 따라 그리스도교인들은 자신들이 들은 복음을 급진적으로 재해석했습니다. (복음서 중 가장 나중에 완성된) 요한 복음서가 쓰일 무렵에는 예수의 죽음에 대한 해석이 완전히 바뀌었습니다. 즉, 예수의 죽음은 하느님께서 우리의 죗값을 요구하심으로써 일어난 사건이 아니라 하느님께서 당신과의 교제를 회복하시기 위해 자기를 내어주심으로써 악의 사슬로부터 우리를 해방하신 사건, 우리와의 친교를 다시 수립하는 사건이었습니다. 이러한 내용은 요한 복음서의 널리 알려진 구절에 반영되어 있습니다.

> 하느님은 이 세상을 극진히 사랑하셔서 외아들을 보내주시어 그를 믿는 사람은 누구든지 멸망하지 않고 영원한 생명을 얻게 하여 주셨다. 하느님이 아들을 세상에 보내신 것은 세상을 단죄하시려는 것이 아니라 아들을 시켜 구원하시려는 것이다. 그를 믿는 사람은 죄인으로 판결받지 않으나 믿지 않는 사람은 이미 죄인으로 판결을 받았다. 하느님의 외아들을 믿지 않았기 때문이다. 빛이 세상에 왔지만 사람들은 자기들의 행실이 악하여 빛보다 어둠을 더 사랑했다. 이것이 벌써 죄인으로 판결받았다는 것을 말해준다. (요한 3:16~19)

"단죄", "판결"은 하느님께서 내리시는 것이 아니라 우리가 회심하여 주님께 돌아가기를 거부할 때 경험하는 것입니다. 이는 하느님으로부터 단절되어 우리 자신이 만든 우상의 노예가 되는 것을 뜻합니다. 우리는 때때로 잘못을 저질렀을 때 자신에게 실망하고 좌절감을 느낀 나머지 하느님께서 우리를 찾아오시기를 거부하고 분노에 사로잡힐 때가 있습니다. 많은 경우 우리는 우리 자신도 모르는 사이에 우리 스스로는 이룰 수 없는 모든 선함과 완전함을 상징하는 하느님을 원망하고, 그분을 향해 분노를 토해냅니다. 이러한 과정을 통해 '하느님'은 우상, 나를 향한 자책감의 투사체가 됩니다. 이 우상은 엄청나게 부정적인 힘을 갖고 있습니다. 이 우상을 숭배하게 된 '나'는 무의미한 자기 정당화에 골몰하고, 모든 사람을 무자비한 시선으로 바라보며, 죄책감과 분노에 휩싸인 나머지 하느님의 사랑에서 점점 더 멀어집니다.

하지만 그리스도 안에서, 그리스도를 통해 우리는 하느님께서 선 그 자체, 사랑 그 자체임을, 폭력, 증오, 분노와는 아무런 연관이 없음을 배웁니다. 우리는 죄를 지었지만, 하느님께서는 우리를 혐오하거나 증오하거나 정죄하지 않으십니다. 좀 더 과감히 말하면 하느님께서는 우리가 죄를 짓는 것조차 증오하지 않으십니다. 정확히 말하면 하느님께서는 죄를 증오하실 필요가 없습니다. 그분께서는 순전히 우리가 죄의 굴레에서 벗어나 참된 삶으로 돌아오는 것을 사랑하시기 때문입니다. 설사 우리가 그분의 사랑을 거스른다 할지라도 우리는 우리를 거슬러 다가오는 그분의 사랑을 경험할 수밖에 없습니다. 이는 마치 알코올 중독자들이 가족을 만났을 때 경험하는 것과 비슷합니다. 그들은 자신을 향한 가족의 사랑이 담긴 염려와 이런저런 조치들을 자신의 자유와 정체성을 향한 공격으로 여깁니다. 하느님에게서 도망치는 죄인에게 자신을 찾아오시는 하느님의 끊임없는 자비와 사랑은 오히려 커다란 위협으로 다가옵니다. 분노에 차 있을 때, 수치심에 떨고 있을 때, 비참하다는 느낌에 젖어 있을 때 나를 사랑하는 누군가가 곁에 있으면 괴로울 수 있습니다. 사랑을 피하려, 사랑을 거부하려 발버둥 칠 때 무한한 사랑을 마주하게 된다면 그에게는 그곳이 지옥일 것입니다.

이제 세 번째이자 마지막 질문을 다룰 차례가 된 것 같습니다. 그렇다면 그리스도의 활동은 어떠한 차이를 만들어낼까요? 구원은 하느님과의 교제를 회복하게 됨을 뜻합니다. 우리는 이를 누리도록 창조되었으며 이러한 회복을 통해 참된 우리 자신이 됩니다. 이는 우리가 구원에 대해 논의할 때 양극단에 빠지지 말아야 함을 뜻하기도 합니다. 먼저 구원은 마치 반창고처럼 외부로부터 우리에게 부착되는 것이 아닙니다. 구원은 우리가 점차 하느님의 삶에 온전히 참여해나감으로써, 성장함으로써 일어납니다. 다른 한편, 구원은 단순히 우리의 행동을 변화시키는 것이 아닙니다. 하느님과 다시 연합할 때까지 우리는 바르게 행동할 수 없습니다. 그리스도를 통해, 그리스도 안에서 하느님과 관계할 때만 우리는 올바르게 두려움, 화, 교만, 절망에서 벗어나 자유롭게 행동할 수 있습니다. 하지만 이 새로운 관계를 우리 스스로는 불러일으킬 수 없습니다. 심지어 우리가 이를 원한다 해도 말입니다.

캔터베리 대주교를 지낸 윌리엄 템플은 우리가 하느님의 '분노'를 경험하는 일에 관해, 그리고 그리스도의 구원 활동 안에서 우리가 참여하고 거듭날 필요성에 관해 인상적인 글을 남겼습니다. 죄가 우리를 하느님의 확고한 사랑을 거스르는 방향으로 인도할 때 어떠한 일이 일어나는지 템플은 말합니다.

(내가 죄에 휘말릴 때) 하느님의 뜻이 세워지면 나는 그 반대로 뜻을 세웁니다. 두 개의 뜻이 충돌합니다. 충돌 과정에서 하느님의 뜻은 수동적이지 않습니다. 분명 하느님의 뜻은 '나'를 반대합니다. 그러나 이는 하느님께서 '나'에게 악의를 갖고 계셔서가 아닙니다. 오히려 당신의 뜻이 '나'에게 진실로 좋음을 아시기 때문입니다. 그렇기에 그분은 '나'를 적극적으로 반대하십니다. 그리하여 그분은 '나'를 용서하기를 간절히 바라시지만 내가 나의 죄 된 방향에서 돌이키거나, 내 안에 그러한 변화를 불러올 수 있는 어떤 힘이 작용하여 당신의 뜻에 순종하지 않는 이상 그분은 나를 용서하실 수 없습니다. 용서란 오랜 친밀함을 회복하는 것입니다. 내가 나의 뜻을 그분의 뜻에 거슬러 세우는 한, 하느님과 나 사이에는 친밀함이 있을 수 없습니다. 게다가 '나'는 하느님의 가족 중 한 명입니다. 내가 가족 중 다른 사람에게 좋지 않은 감정을 품고 있는 한 그분께서는 가족

이 누릴 수 있는 자유를 내가 누리게 하실 수 없습니다.[7]

나의 뜻을 고집하면 하느님의 용서는 "오랜 친밀감"을 회복하는
데 아무런 역할도 하지 않는 냉랭한 용서가 될 뿐입니다. 하느님
께서는 모든 이가 자유롭게 회심하여 하느님과 오랜 친밀함을
회복하기를, 사랑을 나누기를 바라십니다. 그리고 이것이 바로
그리스도께서 자신의 삶 전체를 통해 이루신 것입니다. 그러나
이를 깨닫기 위해서는 저 회복된 관계의 힘과 은총이 우리에게
쏟아져야만 합니다. 그리스도께서 우리를 회복된 친교로 이끌어
우리 안에서, 우리를 통해 당신을 성부께 바칠 수 있도록 말이지
요. 바로 이것이 우리가 성령을 받을 때 일어나는 일입니다. 성
령은 성부와 성자가 서로에게 갖는 무한한 친밀함을 그리스도를
통해 퍼뜨려 그를 따르는 이들이 서로 친교하게 합니다.

---

[7] William Temple, *Christus Veritas: An Essay* (London: Macmillan, 1954), 258~259.
이 탁월한 책에서 템플은 분명하게 죄를 향한 하느님의 증오, 분노를 이
야기합니다. 하지만 저는 예수의 부활은 증오, 분노와 분리된 하느님을
입증한다고 봅니다. 물론 템플은 죄를 향한 하느님의 분노가 통념적인
'분노'와는 다르다고 말합니다. "어떤 상한 감정, 어떤 염려에서 나온 감
정적인 반응을 뜻한다면 그것은 (하느님의) 분노가 아닙니다. 하느님의
분노란 어떤 의지에 반하는, 정의에 바탕을 둔 확고하고 끈질긴 반대를
뜻합니다. 하느님께서는 (정의로우시기에) 모든 죄인을 없애셔야 합니다.
하지만 그분은 그들을 그들의 죄 밖으로 끄집어내 당신의 집으로 인도
하심으로써, 사랑으로 그들의 신실함을 이끌어냄으로써 당신의 뜻을 이
루려 하십니다."(259)

희생하는 사랑의 통치

'희생하는 사랑의 통치'라는 제목은 전 캔터베리 대주교 마이클 램지가 그리스도교의 핵심을 이야기한 글에서 영감을 얻은 것입니다.

> 예수는 자신의 삶, 생명을 내주었습니다. 그는 자기 자신을 구원하려 하지 않았습니다. 그는 죄로 가득 찬, 소외된 세상의 깊은 어둠을 나누기 위해 자신의 삶, 생명을 내주었습니다. 사도들은 예수가 죽음을 맞이하며 자신을 내어주고, 자기 자신을 구원하려 하지 않은 것이 하느님의 통치에 반대하는 것이 아니라고 믿게 되었습니다. 오히려 성자인 그는 하느님의 통치가 어떤 것인지, 어떻게 그의 통치가 이루어지는지, 하느님은 어떤 분이신지를 보여주었습니다. 죽음이라는 적막함 가운데 그는 신성의 핵심인 하느님의 자기를 내어주는 사랑을 드러냈습니다. 그리스도교인으로서 우리는 하느님께서는 진정 전능하시며 만물을 통치하신다고 믿습니다. 하지만 그분의 통치는 언제나 자기를 내어주는 방식으로, 고통을 감내하는 사랑으로 이루어집니다. 이 세계에 이외에 다른 통치는 없습니다.[8]

이 신성한 사랑의 통치로 우리는 다른 어떤 세력에도 종속되지

---

[8] Michael Ramsey, *To Believe is to Pray: Readings from Michael Ramsey*, ed. James E. Griffiss (Cambridge, Mass.: Cowley Publications, 1996) 137~138.

않고 자유롭게 됩니다. 어떻게 그럴 수 있을까요? 어떻게 예수의 희생이 우리를 자유롭게 할까요? (진부한 표현이 되어버렸습니다만) 간단히 말하면 예수가 우리와 하느님의 관계를 회복시키기 때문입니다. 인류의 타락이 갈망을 왜곡하고 우리 본래의 모습을 일그러뜨린다면, 예수는 우리를 위해 인간이 되는 새로운 길을 만들어냅니다.

유혹을 받을 때마다 분투하고 매일매일 어떻게 해야 남을 가장 사랑할지를 결단하는 가운데, 예수는 자신의 인간 됨을 생존을 추구하는 것이 아니라 자신을 따르는 이들, 하느님을 향해 사랑으로 자신을 끊임없이 내어주는 것에서 찾았습니다. 그의 죽음은 그의 자신을 내어주는 삶을 파괴하지 못했으며 부활은 그 삶의 정당성을 입증했습니다. 예수에게 삶은 단지 지나가는 것이 아니었습니다. 그는 삶의 모든 순간을 자신을 내어주는 순간으로 삼았습니다. 그렇게 그는 타락한 인간의 갈망(스스로 존재하려는 갈망)을 자유케 해 한 인격체로서의 인간의 삶을 재창조하고 인간 삶의 참된 원천에 기대어 인간의 삶을 회복시켰습니다. 그 참된 원천이란 삼위일체 하느님의 삶의 모습인 자기 나눔입니다. 이러한 의미에서는 예수가 자신을 희생해 인간의 죗값을 치렀다고 할 수 있습니다. 인간이 하느님에게서 멀어진 쓰라린 현실을 예수는 자신의 삶으로 취하고 그 안에서 살아감으로써 그러한 현실로 인한 희생자들을 사랑하고 그 운명을 나누었습니다. 하지만 그렇게 함으로써 그는 이 모든 것을 자신의 아버지에게 가져왔습니다. 하느님으로부터 소외된 상태, 현실을 자신의 기도 주제, 자신과 하느님과의 관계의 문제로 삼은 것입니다. 그렇기에 이제 그 무엇도, 심지어 인간이 저지를 수 있는 가장 끔찍한 죄나 가장 처참한 고통도 하느님으로부터 우리를 떼어놓을 수는 없습니다.

그러므로 구원은 하느님께서 풍요로운 삶을 살 수 있는 유용한 조언을 주시기에 가능한 사건이 아니라 그분이 예수 안에서, 예수를 통해 인간이 되신 가운데 하느님 되는 위험을 감내하시기 때문에 가능한 사건입니다. 앞서 삼위일체 하느님께서는 영원한 친교를 기쁨으로 누리기 위해 다른 이와 함께 하는 가운데, '다름'과 '차이'를 가로질러 무한히 사랑하시는 가운데 하느님으로 계심을, 그렇게 삼위일체적 삶의 기쁨을 누리고 계심을 살펴본 바 있습니다. 그리스도를 통해 우리는 이 삼위일체 하느님의 사랑, 삼위일체 하느님의 삶, 삼위일체 하느님의 생명이 하느님과 '다른' 우리 인간의 삶뿐만 아니라 하느님을 적대하는 세상의 죄까지 끌어안으시는 것을 봅니다. 십자가를 통해 하느님께서는 인류의 절망적인 상황 가운데 들어오셔서 '내부로부터' 변화를 일으키심으로써 관계의 단절, 분열을 기쁨에 찬 포옹으로 끌어안으십니다. 그렇게 하느님의 말씀은 하느님을 전하고 이로써 이 세계의 모든 소외는 극복됩니다.

십자가의 예수가 성취한 말씀의 활동으로 하느님께서는 폭력적인 적대관계를 평화로운 상호관계로 새로이 만드십니다. 성부와 성자의 관계, 그리고 우리가 성령이라고 부르는 일체는 성자께서 점점 더 (하느님에게서 멀어진) 우리의 조건에 들어오심으로써 사랑으로 상처와 고통을 품으며 뻗어 나갑니다. 십자가에서 하느님의 관계적인 삶의 존재 자체는 극한에 이르게 됩니다. 성부 하느님께서는 예수를 저버린 것처럼 보일 정도로, 하느님의 사랑이 인류의 절망적인 상황을 모두 품지 못하는 것처럼 보일 정도로, 사랑은 극한까지 나아가 하느님에게서 멀어진 세상의 상처를 완전히 품으십니다. 예수의 부활과 성령이 내려오는 사건은 하느님께서 세상의 죄를 끌어안으시고 받아들이시며 용서하심을 경이롭게 보여줍니다. 사랑의 하느님께서는 진실로 우리를 용서하십니다. 삼위일체 하느님의 삶은 진실로 우리의 삶을 뒤바꿔 놓습니다.

지금까지 세 가지를 이야기했습니다. 먼저 예수의 자신을 내어주는 사랑은 인간이 되는 새로운 길, 우리의 인간성이 하느님과의 친교라고 부르는 온전한 삶으로 성장하는 길을 놓습니다. 둘째, 이러한 사건들은 악몽처럼 우리를 괴롭히는 악의 어두운 비밀을 드러냅니다. 예수의 부활은 악의 가장 사악한 계략인 죽음마저 극복하고 치유합니다. 이러한 그리스도의 아버지를 향한 신뢰가 우리 안에서 자라갈 때 죄와 죽음의 지배는 파괴됩니다. 죄는 더는 우리에게 위협이 되지 못합니다. 하느님에게서 우리를 멀어지게 하지 못합니다. 세 번째, 예수의 자신을 내어주는 사랑의 활동은 램지가 말했듯 하느님께서 자신을 나누는 활동

그 자체이므로 우리의 죄뿐 아니라 이 세상의 모든 죄가 하느님의 모습을 드러내는 재료가 됩니다. 그리스도 안에서, 그리스도를 통해 하느님께서는 성자를 향한 성부의 사랑이 죽음보다 더 강함을 우리에게 보여주십니다. 모든 것을 하나 되게 하는 성령의 힘은 만물을 끌어안아 만물을 교제케 함으로써 하느님의 사랑이 모든 피조물의 분열을 회복하며 뻗어 나가게 합니다.

따라서 그리스도 안에서 우리의 구원을 위해 이루어지는 하느님의 활동은 한 단계 높은 차원의 인간으로 우리를 변화시킵니다. 한 인격체로서 그리스도의 삶은 그저 하느님과 좋은 관계를 맺은 개인의 삶이 아닙니다. 성부 하느님과 그의 관계, 그의 아들 됨은 모든 인간이 세례를 거쳐 그와 같은 삶을 살게 하는 새로운 길을 열었습니다. 이제는 마지막으로 그리스도를 통해 이루어진 구원이 온 세상에 펼쳐지는 곳, 새 하늘과 새 땅을 일구어내는 곳인 교회, 그리고 다가올 하느님 나라의 신비에 관해 살펴볼 차례입니다.

제7장

친교의 신비 – 우주의 드라마

그 뒤에 나는 새 하늘과 새 땅을 보았습니다. 이전의 하늘과 이
전의 땅은 사라지고 바다도 없어졌습니다. 나는 또 거룩한 도
성 새 예루살렘이 신랑을 맞을 신부가 단장한 것처럼 차리고
하느님께서 계시는 하늘로부터 내려오는 것을 보았습니다. 그
때 나는 옥좌로부터 울려 나오는 큰 음성을 들었습니다. "이제
하느님의 집은 사람들이 사는 곳에 있다. 하느님은 사람들과
함께 계시고 사람들은 하느님의 백성이 될 것이다. 하느님께
서는 친히 그들과 함께 계시고 그들의 하느님이 되셔서 그들의
눈에서 모든 눈물을 씻어주실 것이다."

- 요한 묵시록 21:1~4

왜 하느님께서는 우리를 창조하고 계실까요? 무슨 이유로 바로 지금 이 순간에도 그분은 "별들 사이의 광활한 공간과 은하계와 태양과 행성들"이 있게 하실까요? 현대 과학자들은 우리가 아는 우주 너머에 이와 병행하거나 관계를 맺고 있는 우주들 즉 '다중 우주'multiverse가 존재한다고 말합니다. 왜 그럴까요? 언뜻 보기에도 경이로울 정도로 다채롭고, 소스라칠 정도로 광활하게 뻗어 있는 존재의 여정이 모든 가능한 종착점과 붕괴의 가능성을 넘어 의식과 사랑의 세계를 향하는 이유는 무엇일까요?

지금까지 살펴본 바에 따르면 이 물음에 대한 답은 '창조주 하느님께서 사랑으로 창조'하셨기 때문이라고 할 수 있습니다. 그리스도교에서는 하느님께서 끊임없이 사랑으로 창조하시기에 만물은 그분의 생명을 나누며 하느님의 무한한 자기 나눔에서 삶의 본향을 찾고 온전한 삶을 이룰 수 있다고 믿습니다. 하느님의 삶으로 들어온 피조물은 각 위격의 사랑의 나눔을 통해 하느님 안에서 하느님께서 하느님에게 주는 선물, 새로운 순간으로 거듭납니다. 이러한 삼위일체 하느님께서 나누는 사랑의 대화를 우리는 요한 복음서를 통해 듣습니다.

나는 아버지께서 세상 사람들 가운데서 내게 맡겨주신 이 사람들에게 아버지를 분명히 알려 주었습니다. 이 사람들은 아버지의 사람들이었지만 내게 맡겨주셨습니다. 이 사람들은 과연 아버지의 말씀을 잘 지켰습니다. 이제 그들은 나에게 주신 모든

것이 아버지께로부터 왔다는 것을 압니다. … 나의 것은 다 아
버지의 것이며 아버지의 것은 다 나의 것입니다. 그래서 이 사
람들로 말미암아 내 영광이 나타났습니다. … 하지만 이제 나
는 아버지께로 갑니다. 아직 세상에 있으면서 이 말씀을 드리
는 것은 이 사람들이 내 기쁨을 마음껏 누리게 하려는 것입니
다. (요한 17:6~7,10,13)

여기서 예수는 자신의 아버지와 함께하는 삶을 그의 친구들에게
열어 보입니다.

나는 너희를 친구라 부른다. 내가 너희에게 내 아버지에게서
들은 것을 모두 다 알려주었기 때문이다. (요한 15:15)

예수는 제자들이 하느님과의 대화라는 커다란 기쁨을 누리게 합
니다. 제자들은 예수와 아버지가 자신들에 관해 이야기를 나누
고 있음을 듣습니다. 그들은 영원히 자신을 내어주는 하느님의
삶이라는 드라마에 자신들이 참여하도록 창조되었음을, 그 드라
마의 배우로 창조되었음을 깨닫게 됩니다. 예수와 아버지가 나
누는 대화에서 제자들은 자신들이 성부 하느님이 사랑으로 성자
에게 주는 선물로 표현됩니다. 예수는 이 살아있는 선물들을 받
아 자신의 활동에 사용합니다. 제자들은 그의 활동의 도구로 쓰
이고 치유되고, 사랑받고, 부서지고, 열려 하나의 인격체로 꽃을

피우게 됩니다. 예수는 우리를 자유롭게 합니다. 그는 우리가 우리의 재능을 만발하게 하며 하느님께서 바라시고 초대하시는 인격체로 성장할 수 있게 해줍니다. 마지막으로 자신의 죽음과 부활을 통해 예수는 제자들을 모아 공동체를 이루게 하며 그의 정신과 하느님과의 관계를 성령을 통해 줍니다.

성령강림절에 우리는 이러한 예수의 마지막 활동을 봅니다. 그가 준비한 신앙 공동체는 이제 성령 하느님에 의해 불타올라 온 세상에 말씀을 전하고 모든 사람을 위한 사랑의 제물이 됩니다. 이렇게 우리는 교회, 그리스도의 몸이 되고 우리와 함께 하는 성령의 끊임없는 갱신을 통해 그리스도께서 자신을 아버지에게 돌려드렸듯 "우리 자신, 우리의 영혼과 몸"을 아버지에게 돌려드립니다. 이것이 하느님께서 우리를 창조하신 이유이며 이 장에서 말하고자 하는 핵심입니다. 그렇다면 피조물이 어떻게 하느님의 삶에 참여할 수 있는지, 이 세상에서 교회로 드러나는, 영원히 자신을 내어주는 삶에 참여할 수 있는지 좀 더 살펴보도록 하겠습니다.

어떤 면에서 예수는 새로운 창조의 시작이라 할 수 있습니다. 하느님의 영원한 사랑을 받는 아들로서 그는 세상의 뒤틀리고 왜곡된 방식이 아닌, 하느님과 관계를 맺으며 성장하는 본래 인간이 창조된 방식으로 이 세상에서의 삶을 완성했습니다. 영원한 아들과 아버지의 관계, 사랑으로 자기를 나누는 삶의 형태를 예수는 이 지상에서 구현했습니다. 이것이 예수의 참된 정체입니다. 우리는 그의 삶을 이 세상의 중심으로 삼도록, 이 세상을 부활의 생명으로 채우도록 부름을 받았습니다. 이 세상, 그리고 이 세상에 만연한 왜곡되고 뒤틀린 삶을 예수가 성부와 맺는 관계의 모습으로 바꾸는 곳, 이곳이 바로 교회입니다.

음악에 재능이 있지만, 그래서 어린 시절 현악 4중주단의 단원이 되는 꿈을 꾸었지만 여러 사정으로 인해 그 음악적 재능을 십분 발휘하지 못한 사람이 있다고 생각해봅시다. 부모가 음악 교육을 따로 시켜주거나 악기를 마련해줄 만한 여유가 없었을 수도 있고, 친구들이 그만두라고 설득했을 수도 있으며, 음악가가 되는 느리고 고통스러운 과정이 버거웠을 수도 있었겠지요. 그래서 한때 현악 4중주단에 속해 음악을 연주하는 기쁨을 누리고자 했던 그는 컴퓨터 신디사이저 앞에 홀로 앉아 잡다한 상품을 선전하는 광고에 쓰이는 음악을 만들며 살아갑니다.

교회는 이런 그가 그리스도의 사명, 그를 치유하고 용서하며, 구원하는 힘과 만나게 해주는 공동체입니다. 그의 삶이 성장하지 못하도록 막아온 흐름은 그리스도를 향한 교회의 충성과 신뢰라는 흐름으로 인도되어 새롭게 창조됩니다. 그의 재능과 인간성을 우울과 낙심으로 묶어놓은 것은 그것이 무엇이든 풀릴 수 있으며, 이제 그는 그것에서 멀어질 수 있게 됩니다. 이를 통해 그는 다시 현악기를 연주하는 모험을 감행할 수 있고 그 연주를 다른 이들에게 들려줍니다. 좀 더 깊은 차원에서는 자신의 본모습을 발견한 기쁨에 기대어 그는 스스로 선물, 제물이 됩니다.

마침내 그는 하느님의 삶에 온전히 참여하게 되어 그의 삶 자체가 하느님의 연주가 됩니다. 그의 존재 전체, 삶 전체가 하느님 안에서 하느님이 하느님에게 내어주는 기쁨의 선물, 성령을 통해 그리스도가 성부에게 드리는 제물이 됩니다. 이러한 이야기가 너무 이상적으로 들릴지도 모르겠습니다. 그러나 교회에서 우리는 끊임없이 사람들이 자신의 삶에서 해방되어 그리스도의 삶, 생명을 자유롭게 누리는 모습, 사람들이 점차 진정한 인격체로 성장하는 모습을 봅니다. 물론 현실 교회 안에서 사람들은 고립될 수 있으며 자기 자신과 타인을 불신할 수 있습니다. 이러한 모습을 보일 때 교회는 비난의 도마 위에 오르며 새로 거듭나야 한다는 강력한 요구를 받게 됩니다.

이 장에서는 우리가 어떻게 진실하고 신뢰할 만하며 사랑을 실천하는 인격체가 될 수 있는지를 살피고 그 과정에서 교회의 역할이란 무엇인지를 생각해 보도록 하겠습니다. 하지만 궁극적으로 이를 통해 끊임없이 되새겨야 하는 것은 삼위일체 하느님께서 자신을 내어주시는 영원한 사랑의 사건, 그 친교가 자아내는 기쁨입니다. 우리 모두를 온전한 인격체로 빚어내고자 하시는 하느님의 갈망과 이 세상을 새롭게 창조하시려는 하느님의 갈망은 같으며 그렇기에 우리의 미래(우리가 되어야 할 바)와 세상의 미래(이 세상이 되어야 할 바)는 분리될 수 없습니다.

삶에서 우리의 역할과 목적을 찾기

소설을 써 본 적이 있습니까? 탁월한 작가들은 자신이 창조한 인물의 삶을 구체적이고 활기차게 묘사하기 때문에 '이야기가 스스로 말하는 것처럼' 이야기를 풀어나가곤 합니다. 탁월한 이야기는 각 인물 특유의 습관, 인물들의 상호작용, 각 인물이 가진 두려움, 희망, 사랑이 자연스럽게 엮이면서 전개되어 갑니다. 이야기 세계에서 인물들은 각기 나름의 방식으로 성장합니다. 소설 속 인물들이 활기가 넘치고 구체적일수록, 그리고 나름의 방식으로 실패하고 성취하며, 화해하고 성장할수록 이야기 세계는 더 풍요로워집니다. 인물의 성장은 이야기의 의미, 소설 세계의 구조와 변화에 있어 매우 중요한 비중을 차지합니다. 왜 그럴까요? 작가의 이야기는 이야기 속 인물들에 의해서 살아나고 전개될 수 있기 때문입니다. 소설의 줄거리는 인물과 동떨어져 있지 않으며 인물의 성장, 인물들 간의 상호작용을 통해 그 가능성을 실현합니다. 이야기의 결과와 목적은 인물들의 삶을 통해 활력을 얻게 됩니다. 이와 마찬가지로 우리는 하느님께서 창조하시는 이야기의 한 부분을 이루는, 그분이 소중히 여기시는 인물들입니다. 우리의 분투, 우리의 사랑, 우리가 지닌 두려움, 우리가 흘리는 눈물, 우리의 연민, 우리가 지은 죄, 이 모든 것을 바탕으로 하느님께서는 세계에 관한 이야기를 쓰고 계십니다.

하느님과 우리의 관계는 소설 작가와 소설 속 인물의 관계보다는 한 희곡 작가와 연극배우에 견주는 것이 더 적절할지도 모르겠습니다.[1] 작가가 소설을 쓸 때 이야기가 자신의 의도와 맞지 않게 진행되고 있다고 판단하면 그는 개입해 이야기를 중단할 수 있습니다. 이때 소설 속 인물은 할 수 있는 것이 별로 없습니다. 이와 달리 연극에서 배우들은 작가의 목적을 구체화하는 데 완전히 능동적으로 참여합니다. 그들이 자신이 맡은 역을 잘못 해석하거나 살리는 데 실패하면 연극은 작가의 의도에 어긋난 실패한 연극이 되어버릴 것입니다. 좋은 연극에서 배우는 작가의 생각이 담긴 말들을 살아 숨 쉬는 의미로 탈바꿈해냅니다. 연극이 진행되는 동안 배우들은 극 속의 인물이 되어 이야기가 품고 있는 모든 가능성을 고려한 뒤 특정 의미를 끄집어내 구현해냅니다. 그들이 자신이 맡은 역할, 자신이 참여하는 순간을 어떻게 연기하느냐, 해석하느냐에 따라 극의 의미는 완전히 바뀔 수 있습니다. 그리고 이는 모두 그들이 얼마나 자신이 맡은 인물의 가능성을 실현해내는지, 그 인물의 참된 모습을 얼마나 잘 이해하는지에 달려있습니다.

연극에 관한 비유는 이야기의 의미를 드러낼 때 이야기에서 역할을 맡은 인간이 얼마나 중요한지를 알려줍니다. 연극에서

---

[1] 이 장 전체에 걸쳐 저는 드라마라는 은유를 적극적으로 활용했습니다. 로마 가톨릭 신학자 한스 우르스 폰 발타사르Hans Urs von Balthasar는 이 은유를 매우 폭넓고 깊게 썼습니다. 여기에 관심 있는 분은 다섯 권으로 이루어진 *Theo-Drama* (San Francisco: Ignatius Press, 1988~1998)를 살펴보시기를 바랍니다. 발타사르에 관한 입문서로는 제가 쓴 책이 있습니다. *Christology from Within: Spirituality and the Incarnation in Hans Urs von Balthasar* (Notre Dame: University of Notre Dame Press, 1996)

배우가 자신이 맡은 역할에 대해 이해를 잘하면 잘할수록 역할이라는 새로운 인격은 더욱 살아 움직이게 됩니다. 연극에서 배우가 맡은 극 중 인물의 페르소나persona에는 배우 본인의 인간성의 상당 부분이 반영됩니다. 어떤 역할은 특정 배우에게 놀라울 정도로 잘 어울려서 그 배우가 그 역할을 연기할 때면 그들은 더 온전히 자기 자신이 됩니다. 그들은 이 역할을 맡음으로써 그때까지 자신이 쓰지 못한 재능뿐만 아니라 잘못 써왔던 재능을 알게 되고, 이전보다 훨씬 더 큰 기쁨을 느끼며 통찰력 또한 갖게 됩니다. 적절한 역을 맡은 배우는 그 역할을 받아들이고 연기할 때 그 누구보다도, 그리고 자신의 과거와 견주어 보았을 때도 훨씬 더 인간으로서 살아있는 것으로 보입니다.

특정 직업을 탁월하게 수행하는 사람, 말과 행동, 기질과 생각이 더도 말고 그 직업에 딱 들어맞는 사람을 볼 때가 있습니다. 그렇다면 우리는 우리에게 가장 잘 맞는, 우리 자신의 참모습을 발견하게 해주고, 우리에게 활력을 가져다주는 그러한 '역할'을 어떻게 찾을 수 있을까요? 삶을 살다 보면 자기 자신의 가능성을 발견하는 순간이 있습니다. 이 순간은 다른 어떤 순간보다도 강렬하게 기억에 남습니다. 이때 우리는 바로 이것을 하기 위해 우리가 창조되었다는 깊은 기쁨과 평안을 느낍니다. 그런가 하면 자신의 본연의 모습은커녕 마치 다른 사람이 된 것처럼 '자신과 단절된' 상태를 경험할 때도 있습니다. 때로 이러한 경험은 아주 오랫동안 이어지기도 합니다. 이러한 일은 문화를 비롯해 성장 과정 동안 관계 맺게 되는 여러 요소의 영향으로 우리의 자의식, 자아에 대한 감각이 왜곡되어 우리 자신이 누구인지 참 모습을 볼 수 있도록 인도하시는 하느님을 향한 깊은 염원과 갈망을 느끼지 못하게 되기 때문에 일어납니다. 이 상태에 함몰될 경우 우리의 두려움과 상처는 우리가 무언가 하기를 주저하게 하거나 별다른 초점 없이 평생 이것저것 시도만 하게끔 우리를 몰아갑니다.

예수는 한 인간이 하나의 인격체가 되는 과정을 밟았습니다. 그의 인간성은 그가 모태에 있을 때부터 시작되어 독특한 인격체로 성장해 인간으로서 자신이 해야 할 바를 온전히 성취했습니다. 그의 '역할', 하느님께서 사랑하시는 아들이라는 본연의 모습을 살아내기 위해 분투할수록 그는 더 자유롭고 성숙한 인격체로 성장하며 자신이 참된 말씀의 사람임을 온 세상이 알게 합니다. 예수가 기도하는 모습을 보십시오. 그는 하느님의 뜻을 찾으며 온 힘을 다해 자신이 처한 상황에서 아버지의 아들이 되기를 갈망합니다.

물론 예수는 하느님의 아들로서 삶의 여정을 걷는 동안 다른 이들과 충돌하기도 했고 아픔을 느끼기도 했습니다. 우리가 만든 세상은 온갖 메시지와 상황을 끊임없이 쏟아내 우리를 우리의 인격을 빚으시는 하느님과의 관계에서 멀어지게 합니다. 예수도 이러한 세상을 살았습니다. 자신이 맡은 역할에 완전히 몰입하려는 위대한 배우처럼 예수는 자신의 역할을 잘 수행하려고, 자신의 사명을 따라 살려고, 타인들에게 자신의 뜻을 제대로 전하려고 애씁니다.

> 내가 지금 이렇게 마음을 걷잡을 수 없으니 무슨 말을 할까?
> "아버지, 이 시간을 면하게 하여 주소서"하고 기원할까? 아니
> 다. 나는 바로 이 고난의 시간을 겪으러 온 것이다. (요한 12:27)

"무슨 말을 할까?" 가장 진정성 있게 '나'를 '나' 되게 해주는 말은, 억양은, 마음은 무엇일까? 예수는 성령의 인도를 받아 자신이 누구인지를, 어떻게 해야 하늘에서와같이 땅에서도 아버지의 뜻이 이루어지게 하는 이가 될 수 있는지 끊임없이 물으며 각 상황을 마주해야 했습니다.

그렇다고 그가 남을 위해 얼마나 사랑을 해야 하는지 계산한 것은 아닙니다. 그는 순전히 타인들을 사랑하기 위해 그들과 모든 것을 함께 나누는 위험을 감내함으로써 자신의 인격을 완전히 열어젖혔습니다. 우리의 인격은 우리 안에서 이미 완성된 것이 아니라 타인들과의 관계를 통해, 특히 우리가 스스로 규정한 나, 규정하게 된 나에게서 벗어나 자신을 내어주는 관계를 통해 발견되고 성장합니다. 예수의 인격 또한 그 안에서 살아 숨 쉬고 있었음에도 불구하고 이는 예수라는 개인의 소유물이 아니라 성부 하느님께서 사랑으로 끊임없이 그에게 주신 선물이었습니다. 이 세상에서 성부의 선물은 예수에게 제자들을 보내주신 것

과 같은 형태를 취합니다. 이러한 맥락에서 예수의 인격성은 언제나 "저 밖을" 향해 성부가 그에게 준 사람들과의 구체적인 만남을 통해 발견되고 무르익습니다. 당신의 백성을 끝까지 사랑함으로써 예수는 자신의 인격성을 온전히 실현하고 자신이 하느님께서 사랑하시는 자녀임을 깨닫습니다. 우리의 인격 또한 이와 같은 사랑의 관계를 통해, 그 관계 안에서, 그러한 관계를 위해 창조되었습니다.

우리의 역할과 단절되는 것

불안과 두려움은 우리가 하느님께서 창조하신 본연의 모습을 향한 여정을 떠나지 못하게 합니다. 아이러니하게도 이로 인해 우리는 한층 더 쓰라린 외로움을 느낍니다. 분명 하느님께서 우리에게 주시는 말씀의 깊은 뜻은 타인과 깊은 관계를 맺음으로써만, 참되고 진실한 관계를 맺음으로써만 발견할 수 있습니다. 그러나 이러한 관계를 맺기란 어려운 일입니다. 우리는 타인에게 우리 자신을 정직하게, 온전히 드러내기를 두려워하며 이 때문에 우리의 말과 행동은 우리가 염원하는 것만큼 우리를 깊게 연결시키지 못합니다. 우리의 말과 행동 자체가 피상적이고 비어 있으며 의미 없는 몸짓일 때가 많기 때문입니다. 자신에게 상처를 준 상사를 회의에서 다시 봐야 한다고 생각해 보십시오. 그때 회의 자리는 그 사람과 같이 있다는 것만으로 짜증 나고 고통스러운 자리가 됩니다. 그래서 우리는 그 사람으로부터 우리 자신을 보호하기 위해 겉으로는 웃고 속으로는 우리 자신을 닫아 버립니다. 이처럼 죄는 관계를 갉아먹으며 상처를 입힌 사람뿐만 아니라 상처를 입은 사람의 영혼, 주변 세계, 구조도 오염시킵니다. 그리하여 본래 친교의 수단이 되어야 할 우리의 말과 손짓, 포옹은 위선의 도구로 변질되거나 악의 무기로 전도됩니다. 우리가 서로를 향해 자신을 열지 않는다면 우리가 사는 세상에서 함께 살고 소통할 가능성은 실현될 수 없습니다.

중학교 2학년 때 저는 뮤지컬에 출연한 적이 있습니다. 문제는 그 뮤지컬이 사춘기 소년 소녀가 소화하기에는 너무나 심오했다는 데 있습니다. 우리는 우리의 감정, 이해, 경험의 폭을 훨씬 넘어서는 대사들을 읽고 연기해야 했습니다. 그리고 바로 그이유로 우리의 뮤지컬은 본래 작품이 아니라 일종의 청소년 익살극이 되어버렸지요. 저는 여자친구에게 다정하면서도 유쾌한 남자친구 연기를 해야 했는데 누군가와 사귀어 본 경험 자체가 없었기에 이를 잘 살리기란 불가능에 가까웠습니다. 그렇다고 해서 제가 그런 경험이 없어서 어떻게 연기해야 할지 모르겠다고 말하기에는 너무 부끄러웠습니다. 다른 친구들 역시 마찬가지였습니다. 우리 중 누구도 우리에게 주어진 역할이 요구하는 관계 방법을 아는 사람이 없었습니다. 그렇기에 우리 중 누구도 각자가 맡은 역할이라는 현실과 마주해 성장하도록 도와줄 수 없었습니다. 그리하여 잠재적인 의미를 품고 있는 본래 뮤지컬의 말들은 우리를 통해 '메시지'가 되지 못하고 '소음'이 되어

버리고 말았습니다.

우리의 현 상황은 제 중학교 시절 뮤지컬과 비슷합니다. 인간의 언어, 온갖 도구들, 관계, 만남, 무대까지를 포함해서 말이지요. 죄로 인해 이 드라마는 그 본래의 깊이를 잃고 엉망진창이 되어버렸습니다. 잠재성은 실현되지 못했고 이에 따라 의미는 파묻혀 버렸습니다. 이를 희망하는 일은 당치 않은 것처럼 여겨지게 되었습니다. 이 세계가 무엇을 위해 존재하는지를 우리는 망각했습니다. 그리하여 우리는 주변 세계를 착취하는 데 참여합니다. 그 방식의 정도는 다르다 할지라도 말이지요. 안타깝게도 우리는 이 사회 전체가 극심한 가난에 처하게 되고 전쟁에 휘말리게 되고 나서야, 누군가 우리 집에 나치 표시를 칠하고, 교회에서 사람들이, 혹은 학교에서 아이들이 테러를 당하는 것과 같은 비극적인 사태를 마주하고서야 이 세상이 무언가 철저하게 잘못된 방향으로 나아가고 있다는 사실을 깨닫습니다.

좀 더 깊은 차원에서, 우리 대다수가 겪는 삶이 우리를 인격체로 성장시켜 주지 못한다면 이 세계가 참된 의미를 얻는 것은 불가능합니다. 죄로 인해 뒤틀리고 연약해진 우리는 이 세계의 참된 의미와 목적을 드러내는 하느님의 드라마를 연기할 자유도, 사랑할 능력도 갖지 못합니다. 눈에 보이는, 또 보이지 않는 폭력들로 둘러싸인 일상에서 잔뜩 움츠러든 우리는 하느님께서 창조하신 아름다운 피조물을 우리의 생존을 위한 도구로 여겨 착취하거나, 반대로 '우상'으로 삼아 숭배합니다. 어떠한 식으로든 관계는 또다시 뒤틀립니다. 우리는 주어진 역할을 잊어버렸고 그래서 자신이 오른 연극의 의미와 목적 또한 헤아리지 못하는 배우와 같습니다. 자신의 역할을 잘 이해한 배우는 무대에 있는 모든 도구를 중요하고 의미를 담은 무언가로 변화시킵니다. 평범한 모자가 용기의 상징이 될 수도 있으며, 편지 하나가 희망의 상징이 될 수도 있습니다. 탁월한 배우는 하나의 물체가 이야기가 펼쳐지는 동안 고유의 역할을 감당하게 해 거기에 생명과 의미를 부여합니다.

우리 삶으로 들어오게 된 피조물, 피조물의 작은 파편들을 생각해 보십시오. 아무런 배경도, 맥락도 없는 곳에서 그것들은 별다른 의미가 없는, 그저 파편들에 불과합니다. 하지만 그들이 우리 삶이라는 이야기의 요소가 되었을 때 그들은 우리 삶에 가치를 지니게 되고 다른 사람에게도 그 의미를 전할 수 있게 됩니다. 처음 바닷가에 놀러 갔을 때 발견해 가져온 조개껍데기, 지금은 이 세상에 없는 아버지께서 쓰시던 안경, 연인과 처음 입맞추던 날의 풍경이 그렇고, 한 식탁에 올라온 빵과 포도주도 그렇습니다. 그리고 이 빵과 포도주가 그리스도의 손에 넘겨져 축복을 받고 우리에게 되돌아오면 이들은 새로운 세상, 새로운 관계, 새로운 약속이라는 의미를 얻게 됩니다.

만물이 하느님께서 세우신 계획이라는 용광로에 담겨 그 의미와 가치가 빛을 발하도록 벼려지기 위해서는 하느님께서 쓰신 드라마의 목적이 무엇인지를 이해하는, 권위 있는 누군가가 필요합니다. 우리가 참된 인격체로 성장하는 길을 알지 못하면 하느님께서 지으신 다른 피조물들 또한 의미를 입을 수 없게 되고, 하느님의 뜻을 따라 각 피조물 고유의 광채를 발하지도 못하게 됩니다. 이러한 맥락에서 바울이 "모든 피조물은 하느님의 자녀가 나타나기를 간절히 기다리고 있습니다. ··· 거기에는 희망이 있습니다. 피조물에게도 멸망의 사슬에서 풀려나서 하느님의 자녀들이 누리는 영광스러운 자유에 참여할 날이 올 것입니다"(로마 8:19~21)라고 말했던 것은 그리 놀라운 일이 아닙니다. 우리는 자신의 역할을 아는 인격체가 되는 길을 망각했기에, 하느님의 자녀로서 다른 피조물과 더불어 사랑으로 자신을 내어주며 사는 법을 잊어버렸기에 이 세상 또한 창조의 뜻에 걸맞게 자유로이 성장할 수 없게 되어버렸습니다. 우리의 타락과 오용으로 세상은 더는 하느님을 향한 성사로 기능하지 않으며 하느님의 영광을 자아내는 요소로 살아 숨 쉬지 못하게 되었습니다.

하지만 하느님께서 지으신 이 우주의 드라마는 텅 빈 극장에서 의미 없는 소음만을 남긴 채 막을 내리지는 않을 것입니다. 모든 피조물은 다시 새롭게 창조될 것이며 그리하여 드라마는 다시 상연될 것입니다. 새로운 창조는 옛것을 없애는 방식이 아닌 새로운 질서로 만물을 인도하는 방식으로 이루어질 것입니다. 드라마의 핵심, 성부와 관계함으로써 모든 피조물의 존재를 지탱하는 말씀은 우리가 만든 혼돈 가운데 다시금 울려 퍼집니다. 예수는 우리를 위해 당신과 하느님의 관계 맺는 법을 세계라는 무대 위에서 몸소 보여주며 이를 따라, 이 관계에 기대어 우리는 참된 인격체가 되어갑니다. 예수가 자신의 역할, 자신의 사명을 삶으로 살아냄으로써 우리의 역할, 우리의 사명을 살아내는 길이 열렸습니다. 이 길을 걸어가면서 우리는 본연의 모습을 찾게 되며 온전한 인격체가 되어갑니다. 나를 과대평가하지도 않고 그렇다고 과소평가하지도 않은 채 자유롭게 우리를 부르시는 하느님의 부름을 따라 기쁘게 걷는 존재로 우리는 거듭나게 됩니다. 요한 복음서는 말합니다.

> 그분을 맞아들이고 그의 이름을 믿는 사람들에게는 하느님의 자녀가 되는 특권을 주셨다. 그들은 혈육으로나 육정으로나 사람의 욕망으로 난 것이 아니라 하느님에게서 난 것이다. (요한 1:12~13).

단순한 생존, 혹은 죄로 얼룩진 세상의 뒤틀린 유혹에서 벗어나 우리는 진실로 새롭게 태어나야 합니다. 하느님께서 본래 의도하신 온전한 인격체로 성장해야 합니다.

교회에서 새로운 인격체가 되기

지금까지는 참된 인격체를 향해 나아가는 우리의 성장과, 하느님께서 마련하신 목적을 향해 나아가는 온 피조물의 여정 사이에 어떠한 관계가 있는지를 살펴보았습니다. 우리가 현실의

충만함, 곧 하느님께서 쓰신 이야기의 의미를 향해 서로를 이끌어 갈 잠재성을 은총으로 선물받았다는 사실도 알게 되었습니다. 그러나 우리가 속한 이 상처 입고 깨어진 세계로 인해 우리에게 맡겨진 참 역할을 발견하기가 갈수록 어려워지고 있다는 사실, 그래서 자유와 신뢰, 기쁨으로 이 역할을 받아들여 참된 삶을 향해 나아가기가 지독히도 힘들다는 사실 또한, 우리는 압니다. 이렇게 보면 오늘날 인류는 전체 드라마의 흐름과 내용을 알지 못한 채 드라마의 특정 장면만 무의미하게 반복 연습하는 (그래서 서로 연결도 안 되는) 무기력한 삼류 배우 집단처럼 보이기도 합니다. 가끔 우리는 의미가 일어나는 대화에 참여해 잠시나마 이야기를 나누는 것 같지만 이는 일순간에 불과합니다. 순간은 어느새 사라지고 우리는 다시금 각자의 일상에 파묻힙니다.

그런데 누군가 자신의 역할을 깨닫고 열정을 가지고 우리 가운데에서 그 역할을 제대로 살아낸다면 어떨까요? 슬픔, 연민, 기쁨을 단순히 '연기'하는 것이 아니라 자신이 속한 드라마의 메시지를 완전히 삶으로 살아내어 자신보다 더 큰 무언가와 연결되어 있는 것처럼, 드라마의 핵심 내용을 드러낸다면 어떨까요? 이런 배우를 만난다면 드라마는 생기를 얻고 풍요롭게 되어 우리는 그가 보여주는 드라마를 통해 우리 자신이 맡은 역할이 무엇인지, 우리가 어설프게 연기하던 장면이 드라마의 어디에 속해 있는지를 깨닫게 될 것입니다. 그리고 그의 드라마 안에서 우리의 이야기들은 마침내 의미와 일관성을 얻게 될 것입니다('내가 하고 있던 일의 뜻, 내가 하고 싶은 일이 바로 이거였어'). 그리고 우리의 일상은 우리도 모르게 다른 이들에게 심대한 영향을 미치고 있음이 드러날 것입니다. 누군가 우리의 단편적인 일상에 배경과 맥락을 부여해 그 안에 담긴 희망, 일군 성취를 모아 목적과 의미를 엮어내기 때문입니다. 복음서를 보십시오. 사도 베드로는 연이어 고기를 잡는 데 실패하나 그럼에도 불구하고 계속 고기를 잡으려 합니다. 그런데 예수와 만나자 그가 고기를 잡으려는 갈망이 지닌 참된 뜻, 그 목적이 드러납니다.

> 예수께서 갈릴리 호숫가를 지나가시다가 호수에서 그물을 던지고 있는 어부 시몬과 그의 동생 안드레아를 보시고 "나를 따라오라. 내가 너희를 사람 낚는 어부가 되게 하겠다" 하고 말씀하셨다. (마르 1:16~17)

지상에서 활동할 때 예수는 이러한 일을 끊임없이 반복했습니다. 그와 교제를 나눈 사람들은 그를 통해 삶의 진정한 의미와 목적이 무엇인지 어렴풋하게나마 깨달았습니다. 어떠한 인격체가 되어야 하는지, 자신에게 주어진 운명이 자신을 어디로 인도하는지를 감지했습니다. 이는 결코 우연이 아닙니다. 예수는 신중하게 자신의 주위로 모여든 사람들과 만나 그들의 정체, 그들의 사명을 드러냈습니다. 자신을 따르는 이들을 새로운 인격체로 성장시키는 것은 예수가 한 지상 활동의 핵심이었습니다. 병든 이들을 방문할 때 그는 제자 중 일부를 데리고 갔습니다. 그들에게 비유를 들어 설명해주기도 했고 자신의 활동을 어떻게 이해하고 있는지 물어보기도 했습니다. 예수는 그들에게 기도하는 법을 가르쳐주었으며, 믿음을 가지고 자신과 함께 깨어있으라고 말했습니다. 그렇게 그는 제자들의 정체성을 새롭게 빚어내려 애썼습니다. 성숙하고 품이 넓은 인격체가 되는 길, 다른 이들을 품어 안을 수 있는 공동체적 인간이 되는 길, 하느님의 친교에 참여하는 삶의 길로 예수는 제자 한 사람 한 사람을 이끌었습니다.

다시 말해 그는 의도적으로 공동체를 만들었습니다. 예수는 자신의 공동체를 열두 제자를 중심으로 구성함으로써 그들이 하느님의 백성, 하느님께서 계약을 맺으신 이스라엘의 열두 지파로 새롭게 창조되었음을 선포했습니다. 그는 자신에게 주어진 역할이 열두 제자를 자신을 통해 하느님께서 일으키고 계신 새로운 활동의 증인으로 삼는 것이라고 여겼습니다. 그는 열두 사도('사도'apostle는 '보내다'라는 뜻을 지닌 그리스어 '아포스텔로'ἀποστέλλω에서 나왔습니다)로 대표되는 무리를 하느님께서 일으키고 계신 새로운 활동의 목격자들로 세상에 보냈습니다. 오병이어 이야기를 보면 열두 제자는 그리스도의 일꾼으로서 새로운 순례자들을 먹입니다. 그들은 예수의 삶에서 일관되게 흐르는 모습을 공동체의 삶으로 구현했습니다.

그렇다면 예수는 왜 공동체를 형성하면서 자신의 사명을 수

행했을까요? 탁월한 개인을 대상으로 지혜를 전할 수는 없었을까요? 예수가 그렇게 하지 않은 이유는 그가 우리 가운데에서 구현하고자 한 것이 하느님의 말씀이기 때문에, 그가 하느님의 자기표현이기 때문입니다. 하느님은 초월적인 개별자super-individual가 아니라 친교를 이루시는 삼위일체이십니다. 우리 삶 한가운데서 하느님을 구현하는, 하느님의 삶을 구체화하는 예수는 인간 사이에 일어나는 폭력과 두려움을 하느님의 평화, 함께 서로를 내어주는 사랑으로 대체합니다.

두 아이가 티격태격하고 있을 때 저는 소리를 지를 때가 있습니다. 실망감과 짜증이 섞여 그들의 '싸움'에 합류합니다. 그들 각자의 판단에 저의 판단까지 더해짐으로써 상황은 더 심각해집니다. 이러한 맥락에서 저는 그들만큼이나 나쁜 행동을 한다고 볼 수 있습니다. 우리의 세상은 이렇게 돌아갑니다. 세상은 우리가 특정한 방식으로 행동하도록, (하느님께서 주신 역할이 아닌) 세상이 부여한 역할과 삶에 우리를 맞추게 한 뒤 온갖 갈등 속으로 우리를 집어넣습니다. 때로 세상은 이러한 모습이 매혹적이고 아름답다며 우리를 유혹합니다. 우리 안에 있는 생존 본능, 두려움, 불안을 극대화해 폭력을 지향하게 만듭니다. 세상은 경쟁하는 '나', 싸우는 '나', 이기는 '나', 패자를 전멸시키는 '나'로 살라며 우리를 부릅니다. 그 부름과 형태는 비디오 게임부터 주식까지 다양하나 잔인함을 요구한다는 점, 나의 생존, 이익을 위해서는 타인이 희생해야만 한다는 논리, 경쟁 논리가 관철되고 있다는 점에서는 동일합니다. 복음서에서도 사람들은 자신들의 논쟁과 갈등, 그리하여 자신들이 세계를 대하는 관점에 예수를 끌어들이려 합니다.

> 군중 속에서 어떤 사람이 예수께 "선생님, 제 형더러 저에게 아버지의 유산을 나누어 주라고 일러 주십시오" 하고 부탁하자 예수께서는 "친구여, 누가 나를 너희의 재판관이나 재산분배자로 세웠단 말이냐?" 하고 대답하셨다. (루가 12:13~14)

이 세상의 군주는 경쟁, 두려움, 적개심에 바탕을 두고 돌아가는 세상에 예수를 끌어들이려 합니다. 하지만 (우리가 보듯) 이에 예수는 다른 답을 제시합니다. 앞서 아이들이 싸우는 경우 제가 좀 더 '온전'했을 때, 그들의 부모로서 사랑의 시선으로 그들을 대할 때는 그들의 싸움에 휘말리는 대신 "아이스크림 먹으러 갈래?", "아빠가 이야기를 들려줄까?"라고 말하곤 합니다. 이렇게 말하는 것은 비단 아이들의 주의를 딴 곳으로 돌리기 위해서만은 아닙니다. 미약하게나마, 아이들 안에 있는 갈망의 방향을 다시금 설정해주려는 것이지요. 예수가 한 것도 이와 다르지 않습니다. 그는 사람들의 갈망을 진정으로 충족시켜 줄 수 있는 유일한 분, 하느님을 향하게끔 환경을 새로이 빚어냅니다. 그가 공

동체를 일구어낸 것은 바로 이 때문입니다.[2]

그렇다면 예수는 어떻게 공동체를 일굴까요? 우선은 하느님 나라와 하느님을 선포하는 것을 들 수 있겠습니다. 물론 맞는 이야기이며 이는 중요합니다. 그러나 그가 그렇게 하는 이유는 친구들의 갈망이 자신의 갈망을 닮게 하기 위해서입니다. 달리 말하면 그는 자신과 성부 하느님과의 관계로 친구들을 인도합니다. 그는 그들과 이야기 나눔으로써, 그들에게 기도를 가르침으로써 창조주 하느님의 따뜻한 손길을, 그분과 관계함으로써 나오는 기쁨을 느끼게 합니다.

> 내 기쁨을 같이 나누어 너희 마음에 기쁨이 넘치게 하려는 것이다. (요한 15:11)

하느님께서 끊임없이 사랑으로 자신을 내어주시기에 하느님의 말씀, 성자인 예수는 우리를 세상에서 구원할 수 있습니다. 그는 자신의 손을 우리의 머리에 얹어 우리의 시선을 그를 사랑하는 아버지께로 향하게 합니다. 이를 통해 우리는 우리가 속해 있던 세상의 뒤틀린 모습을 보게 되며 그의 축복 속에 새로운 신

---

[2] 예수가 우리에게 자신의 아버지에 대한 갈망을 일으킴으로써 새로운 정체성을 '제안한다'는 생각을 좀 더 자세히 살펴보고 싶은 분들은 제임스 앨리슨의 두 책을 살펴보시기를 바랍니다. 저는 그의 깊은 통찰에 큰 빚을 졌습니다. *Raising Abel: The Recovery of the Eschatological Imagination* (New York: Crossroad, 1996), *The Joy of Being Wrong: Original Sin through Easter Eyes* (New York: Crossroad, 1997)

분, 새로운 인격체, 하느님께서 사랑하시는 자녀로 거듭납니다.

예수가 사람들을 불러 새로운 인격체로 거듭나게 하는 과정은 공생애 기간 계속되었습니다. 그러나 무엇보다도 이러한 사랑의 활동이 두드러지게 나타난 것은 십자가에 매달려 죽은 이후, 우리를 향한 하느님의 사랑으로 다시 살아나 희생자로서 (자신을 배신한) 우리를 용서하는 대목입니다. 제자들을 좇아 우리가 예수를 배신했음을, 그러나 그는 그런 우리를 전적으로 용서할 뿐만 아니라 우리가 그의 사랑, 그를 사랑하는 아버지의 무한한 사랑을 받고 있음을 보여줄 때 우리는 우리 안에서 무언가가 무너져 내리는 것을 느낍니다. (예상치 못한 사랑에) 괴로움과 고통을 겪으나 동시에 우리는 우리 안에서, 우리가 오랫동안 염원하던 참된 우리의 정체, 새로운 인격이 탄생함을 느낍니다. 이 새로운 삶, 생명을 주시는 하느님에 대해 예수는 다양한 방식으로 설명했습니다. 하지만 그곳에서 일관되게 발견되는 것은 하느님께서 당신을 향한 신뢰와 모든 두려움을 물리칠 수 있는 사랑을 우리에게 심어주신다는 것입니다.

저 까마귀들을 생각해 보아라. 그것들은 씨도 뿌리지 않고 거두어들이지도 않는다. 그리고 곳간도 창고도 없다. 그러나 하느님께서는 그들을 먹여주신다. 너희는 저 날짐승들보다 훨씬 더 귀하지 않으냐! … 그러니 무엇을 먹을까 무엇을 마실까 하고 염려하며 애쓰지 말라. 그런 것들은 다 이 세상 사람들이 찾는 것이다. 너희의 아버지께서는 이 모든 것이 너희에게 있어야 할 것을 잘 알고 계신다. 너희는 먼저 하느님의 나라를 찾아라. 그러면 이 모든 것도 곁들여 받게 될 것이다. 내 어린 양 떼들아, 조금도 무서워하지 말라. 너희 아버지께서는 하늘나라를 너희에게 기꺼이 주시기로 하셨다. (루가 12:24,29~32)

그리스도교 역사를 보면 그리스도를 따르기 위해서는 우리의 갈망, 혹은 욕망을 없애거나 억제해야 한다는 움직임이 언제나 있었습니다. 그러나 예수는 불안과 두려움, 강박관념이라는 속박에서 우리의 갈망, 혹은 욕망의 방향을 다시금 설정함으로써 갈망을 자유케 하는 데 관심이 있었습니다. 널리 알려진 아우구스티누스Augustine of Hippo의 『고백록』Confessiones은 우리의 인격이 다시, 새롭게 창조됨으로써 갈망의 방향이 전환된 모습을 아름답게 보여줍니다. 여기서 그는 세상의 것들로 자신의 갈망을 충족하려는 유혹에 자신이 너무나 쉽게 빠지는 것을 두고 한탄합니다. 그러나 그다음에는 자신을 돌이켜 새로운 갈망을 일으키시는 하느님을 찬미합니다.

당신께서 저를 부르시고 소리 지르시고 제 어두운 귀를 뚫어 놓으셨고, 당신께서 비추시고 밝히시어 제 맹목을 몰아내셨으며, 당신께서 향기를 풍기셨으므로 저는 숨을 깊게 들이켜고서 당신이 그리워 숨 가쁘며, 맛보고 나니까 주리고 목이 마르며,

당신께서 저를 만져주시고 나니 저는 당신의 평화가 그리워 불
타올랐습니다.[3]

하느님께서는 당신의 생명을 내어주심으로써 아우구스티누스
안에서 새로운 갈망이 일어나게 하십니다. 여기서 좀 더 주목해
야 할 것은 하느님께서 당신의 생명을 선물로 주시는 방식입니
다. 그분께서는 그의 모든 감각을, 그의 몸과 마음의 모든 구성
을 일깨우심으로써 당신의 선물을 건네십니다. 다시 말해 하느
님께서는 '나'의 갈망, 욕망을 새롭게 조정하심으로써 그를 다
시, 새롭게 창조하신다고 말할 수 있습니다. 아우구스티누스는
하느님께서 자신을 새롭게 창조하시는 것을 자신의 감각이 본래
기능을 회복하게 된 것으로 묘사합니다. 이로써 그는 하느님께
온전히 반응할 수 있게 되었으며 그분과 제대로 된 관계를 이어
갈 수 있게 되었습니다. 그리하여 그는 그 어떤 때보다도 "숨 가
쁘"고, "주리고 목이 마르며", "불타" 오르는, 활력있는 인격체
가 되었습니다.

앞에서 이야기했듯 성부께서 내어주시고 성자가 우리의 마음
을 열어 받아들이게 하는 갈망은 다름 아닌 성령 하느님입니다.
이 거룩한 갈망이야말로 우리 영혼의 핵이자, 정신의 정수입니
다. 하지만 이러한 일은 개인적으로 일어나지 않으며 교회라고

<hr />

[3] Augustine, *The Confessions*, X, 27, trans. John K. Ryan (Garden City: Image Books, 1960), 254~255. 『고백록』(경세원)

불리는 새로운 관계망 안에서, 친교를 통해서 일어납니다. 왜 그럴까요? 하느님께서는 삼위일체 하느님, 사랑으로 이어지는 공동체적 사건이시기 때문입니다. 그렇기에 하느님의 사랑은 관계의 형식, 공동체의 형태를 취하지 않고서는 우리 가운데에서 일어나지 않습니다. 진실로, 성부 하느님께서는 예수에게 가르칠 제자들과 위로를 줄 상처 입은 사람들, 그리고 구원할 세상을 주심으로써 성자로서의 정체를 구현하도록 하셨고 예수는 이에 응함으로써 하느님의 사랑하는 아들이 되었습니다. 아버지와의 관계 속에서 사랑으로 모든 이를 섬기는 것이야말로 하느님의 아들 예수의 핵심 정체입니다. 우리 또한 성부와 예수의 관계에 참여할 때 참된 우리 자신이 됩니다. 이 관계는 이 세상에서 때로는 너무나 아무것도 아닌 것처럼 보이나 너무나 눈부시도록 아름답고, 때로는 너무나 고되어 보이는가 하면 때로는 너무나 즐거워 보이며, 때로는 너무나 심각해 보이는가 하면 때로는 너무나 우스워 보이며, 때로는 안쓰러울 정도로 서툴고 비효율적인 제자들의 공동체라는 형태로 나타납니다.

성령강림절에 성령은 마치 훌륭한 무대 감독처럼 이러한 개인들의 무리에 내려와 한 사람 한 사람이 예수가 한 활동의 특정 역할을 감당케 합니다. 타인을 위해 자신을 내어줌으로써 예수가 자신의 정체를 드러냈듯이 우리 또한 교회 안에서 이루어지는, 자신을 내어주는 새로운 삶의 형태를 익힘으로써 우리 본연의 정체, 그러나 이 세상에서는 새로운 정체를 드러냅니다. 성령은 우리를 감싸 그리스도의 몸인 교회의 구성원이 되게 하고 친교를 나누게 함으로써 우리가 온전한 인격체가 되게 합니다. 교회에서 이루어지는 성경 공부, 바자회, 수련회, 기도 모임, 봉사 활동, 병자 방문, 교인 방문 등 이 모든 활동은 우리가 "세례를 받음으로써 성령의 날인을 받았으며 영원히 그리스도의 자녀가 되었"음을 보여줍니다.* 그리스도교 공동체의 삶을 이루는 요소들은 그것이 아무리 사소한 일이라 할지라도 우리를 새로운 피조물로 빚을 수 있는 잠재력을 지니고 있습니다.

이 잠재력을 실현하기 위해 교회는 우리가 회심하여 진정한 사명을 발견하고 이를 향하도록 자양분을 주어야 합니다. 하느님께서 우리를 새로이 빚어내신다고 해서 우리의 과거가 잊힌다거나 무의미해지는 것은 아닙니다. 거듭난다는 것은 이제 우리 안에 타인을 위한 공간이 생기고 이 공간이 확장되는 식으로 성장하는 것을 뜻합니다. 물론 교회의 구성원이 되고 난 뒤에도 우리는 상처를 입으며 때로는 심란한 마음으로 교회를 찾습니다. 이때 우리의 몸은 교회에 있다 할지라도 마음은 다른 곳에 있지요. 마음을 단단히 붙잡아 이를 애써 덮을 수도 있겠습니다만 이렇게 되면 '나'는 또다시 분리됩니다. 이때 우리에게 필요한 것은 참회입니다. 참회를 통해 우리는 분열된 상태에서 다시금 방향을 찾아갑니다. 무덤에서 일어나 우리를 불러주시는 그분을

---

* 성공회 기도서 세례성사 예식 中

향해 달려가게 됩니다. 참회를 통해 우리는 우리의 모든 죄, 시시각각 입게 되는 상처, 초라하고 추잡한 모습에도 불구하고 하느님께 받아들여집니다. 이러한 과정이 되풀이되면 우리는 우리 삶이 그분의 계획에 속해 있음을, 그분의 계획에서 어떠한 역할을 맡는지를 서서히 감지하기 시작합니다.

로완 윌리엄스는 어떻게 변화된 우리, 다시, 새롭게 창조되고 있는 인격체들이 교회를 통해 자신을 내어주는 삶으로 이어지는지를 말합니다.

'나'의 카리스마, 공동체에 내놓도록 받은 선물은 궁극적으로 '나 자신'입니다. 그리스도의 교회란 나라는 이야기와 선물을 나누고 또 다른 선물을 받는 교류의 망, 선물들을 주고받는 장이라 할 수 있습니다. 사랑을 담아 나는 나 자신을 선물로 내놓습니다. 그것이 가치가 없어서가 아니라 하느님의 은총으로 내 기억이 돌아왔기에, 하느님의 손길이 빚은 소중한 선물임을 깨달았기에 나를 내어주는 것입니다. 나라는 이야기 속에서 예수의 성령은 나 자신에 대한 이해, 나 고유의 타인을 향한 연민을 바탕으로 자기 나눔의 가능성을 구성합니다. … 타락한 인간의 상태란 서로를 약탈하는 폭력이 끊임없이 이어지는 것입니다. 구원받은 인격체들은 교회에서 이러한 체제를 선물의 교류, 삶을 나누는 것으로 대체합니다. 물론 처음에 이렇게 하는 것이 고통스럽고 부끄러울지도 모릅니다. 그러나 부활하신 그리스

도께서는 우리의 이름을 부르시고 그렇게 우리를 선물로 회복시켜 나가십니다.[4]

나 자신을 타인에게 주는 선물로 받아들이는 것은 하루아침에 이루어지지 않습니다. 세상에 태어난 '나'는 자기만족을 위해 분투하면서 자신을 내어줄 때라야 이루어지는 진정한 성장을 거부합니다. 세상에 머무른, 죄에 물든 '나'는 나 자신을 지켜야 한다고, 다칠 수 있으니 사랑을 무릅쓰지 말라고, 자신을 내어주어서는 안 된다고, 용서하지 말라고 속삭입니다. 교회는 이에 맞서 구성원들이 자신을 내어주는 삶을 익히고 되새기게 합니다. 그곳에서 우리는 '타인'을 그리스도께서 생명을 내놓으시면서까지 살리려 하신 '형제자매'로 봅니다. 그곳에서 우리는 한 사람 한 사람을 인내하고 용서하며, 정직하게 서로를 선물로 받아들이는 이들을 찾을 수 있습니다.

세상을 성체로 만들기

이제는 지금까지 살펴본 모든 내용이 어떻게 하느님의 궁극적인 통치와 새로운 세상의 창조에 관해 생각하는 데 도움을 주는지 살펴보도록 하겠습니다. 이 장에서 시도한 것은 시적으로 표현해보자면 밤하늘에 빛나는 별과 우리를 연결하는 것입니다.

---

4 Rowan Williams, *Resurrection: Interpreting the Easter Gospel* (New York: Pilgrim Press, 1984), 43~44.

예수의 인격은 그가 성부와 맺은 관계의 표현입니다. 그는 우리를 그 관계로 불러 우리 또한 그러한 나눔을 하게 합니다. 우리는 사랑으로 자신을 내어주는 삼위일체 하느님의 삶으로 들어가면서 진정한 인격체, 온전한 인간이 됩니다. 예수를 이 땅에 보내고, 활동하게 하고, 죽고 부활하게 한 것이 삼위일체 하느님이라는 공동체적 삶이듯 예수가 자신을 따르는 이들을 공동체로 일구어내는 것은 그의 핵심 활동이었습니다. 천상의 삶, 영원한 친교는 이 지구상에서 공동체를 통해서만 이룰 수 있습니다.

연극의 비유를 통해 우리는 하느님의 부름을 받는다는 것이란 하느님께서 우리 한 사람 한 사람에게 맡긴 독특한 '역할'을 감당하고 사는 것이며 이로써 우리가 더욱 온전하고 생동감 있는 인격체로 거듭날 수 있음을 살펴보았습니다. 또한 우리는 그리스도를 통해, 그리스도 안에서 참된 '나'를 향한 공동의 여정이 창조와 긴밀하게 연결되어 있음을 알게 되었습니다.

하느님의 형상을 따라 창조된 피조물로서 나머지 피조물들이 각각의 의미를 얻게 하는 것, 궁극적인 완성으로 인도하는 것, 하느님을 향해 투명해지는 것, 하느님의 영광으로 불타오르는 것이 바로 우리에게 주어진 임무입니다. 인간은 의식적으로, 의도적으로 그리고 자유롭게 자기 자신을 하느님께 드릴 수 있는 특별한 피조물입니다. 세계를 이루는 황량한 물질은 인간이 됨으로써 자유롭게 사랑으로 타인에게 자신을 내어줄 가능성을 품은 인격체로 성장했습니다. 그리스도를 통해, 그리스도 안에서 하느님께서는 당신과의 친밀한 관계를 회복시키셨으며 그리하여 우리는 아버지께 다시 한번 모든 것을 맡기는 믿음을 갖게 되었습니다.

아버지, 제 영혼을 아버지 손에 맡깁니다. (루가 23:46)

예수를 통해 만물이 하느님께로 귀환하는 사건이 시작되었습니다. 이제 그리스도께서는 성령의 힘으로 당신의 몸인 교회를 통해 이 세상을 드립니다.

　우리가 살아가는 세상은 상처 입고 망가졌습니다. 이 세상은 박탈감과 두려움, 자신의 생존을 위해 다른 존재의 생명을 강탈하려는 폭력의 순환이라는 특성을 보입니다. 이러한 세상 가운데 "하느님과 본질이 같은 분이셨지만 굳이 하느님과 동등한 존재가 되려 하지 않으시고 오히려 당신의 것을 다 내어놓으신"(필립 2:6~7) 이가 새로운 창조를 시작했습니다. 예수는 우리의 인간성이 열매 맺을 수 있는 길을 열어젖혔습니다. 그는 사랑은 무한하기에 누구도 소유할 수 없으며 언제든 넘쳐 흐름을 알고 있습니다. 이 상처 입고 망가진 세상이 두려워하는 것은 단 하나, 영원히 자신을 내어주는 사랑입니다. 예수는 이 세상 한가운데서 타인에게 사랑과 신뢰를 담아 자신을 기꺼이 내어줌으로써 그러한 사랑이 이 세상에서 가능함을, 그 진리를 자신을 따르는 이들의 공동체에 불어넣습니다.

상처 입고 망가진 이 세상은 죽음에 바탕을 둔 경제 원리로 돌아갑니다. 이 경제 원리에 우리가 사로잡힌 이유는 이 세상에 생명과 사랑이 부족해서, 다른 이의 생명을 앗아가는 것이 유일한 희망이어서가 아닙니다. 우리가 이 끔찍한 세상에 살게 된 이유는 사랑의 흐름을 탐탁지 않게 여기는 데서, 사랑의 흐름을 거리끼는 데서 온 결과입니다. 우리는 하느님과 친교를 나누려 하지 않은 채 스스로의 힘으로 살기 위해 필사적으로 발버둥칩니다. 이 세상에서, 이처럼 발버둥치는 우리 눈에 사랑의 친교는 언제나 위험하고 위태로워 보입니다. 삼위일체 하느님의 친교, 그리고 삼위일체 하느님의 삶은 자신을 내어주는(그리하여 자신이 빨려 들어가 소멸될 것만 같은) 거대한 심연으로 우리에게 다가오기 때문입니다. 실제로 이 심연에서 우리가 만든 세상, 그리고 이 세상에서 뒤틀리고 왜곡되게 자라난 '나'는 종말을 맞이할 것입니다. 그러나 이 종말은 동시에 새로운 세상, 새로운 '나'의 시작이 될 것입니다.

시몬 베이유는 가장 온전한 삶이란 타인을 위한 삶이라는 존재의 비밀에 대해 인상적인 글을 남겼습니다. 여기서 그녀는 '나'는 타인을 온전히 끌어안을 때, 하느님의 사랑을 자유롭게 누릴 때 주어지는 선물이라고 말합니다.

우리는 우리가 존재하지 않는 것을 하느님께서 유보하시며 기다리실 때만 존재할 수 있다. 그분은 끊임없이 우리가 존재하도록 하시며 그 사랑을 돌려주기를 바라신다. 또한 그분은 자신이 주신 존재라는 선물을 타인을 위해 주라고 우리에게 애원하신다.[5]

베이유는 극적인 언어로 이 세상이 왜곡하고 날조한 거짓된 '나'의 이면에는 하느님의 스스로를 내어주는 사랑으로 시시각각 새롭게 빚어지는 참된 '나'가 존재한다고 말합니다. 이 참된 '나'는 거룩한 존재의 형상으로 있으며, 앞서 살펴보았듯 삼위일체 하느님의 한 위격이 다른 위격에게 영원히 자신을 내어줌으로써 이루어집니다. 베이유는 이 "묶여있는 에너지가 풀려나 방출되기 위해서는 거짓 '나'가 죽어야 한다"고, 그래야만 "만물의 참된 관계를 이해할 수 있게 된다"고, 자기를 보존하느라 억압받고, 낭비되며 탈진해버린 생명을 자유롭게 해주어야 한다고 말합니다. 이를 복음서의 언어로 풀면 이렇게 말할 수 있을 것입니다.

누구든지 제 목숨을 구하고자 하는 사람은 잃을 것이요, 누구든지 나와 복음을 위하여 제 목숨을 잃는 사람은 구할 것이다.

(마르 8:35)

그리스도께서 자기를 내어주는 삶을 통해 하느님께서는 만물

---

5   Simone Weil, *Gravity and Grace*, trans. Emma Craufurd (London: Rouledge, 1963), 28.

을 점점 더 하느님 자신의 삶(삼위일체적 삶)에 참여케 하십니다. 모든 피조물이 서로에게, 그리고 하느님에게 자신을 내어줄수록 그들은 삼위일체 하느님과 투명한 관계를 이루게 됩니다. 우리는 바울의 글에서 다가오는 변화의 전조를 봅니다.

> 우리는 모두 너울을 벗어버리고, 주님의 영광을 바라봅니다. 이렇게 해서, 우리는 주님과 같은 모습으로 변화하여, 점점 더 큰 영광에 이르게 됩니다. (2고린 3:18)

우리는 이를 통해 인격체들이 모인 공동체가 자유롭게 사랑으로 자신을 내어줌으로써 모든 피조물이 서로에게, 하느님에게 자신을 내어주는 삶의 모습을 상상해 볼 수 있습니다. 교회란 바로 이 인격체들의 공동체입니다. 교회는 세상을 교회 안으로 끌어들여 삼위일체 하느님의 삶을 닮게 만들어갑니다. 이렇게 교회는 자신을 향한 하느님의 부름에 응답합니다. 이러한 조화가 일어날 때, 모든 피조물이 완전히 자신을 내어주고 새롭게 거듭날 때 하느님의 영광이 모든 피조물과 세상에 드러납니다.

이러한 변화가 불가능해 보입니까? 그러나 일상에서 일어나고 있는 사건들은 이러한 변화를 충분히 상상할 수 있음을 가리킵니다. 바닷가에서 아이는 한 더미의 모래를 택해 성으로 빚어냅니다. 소설가는 자신의 삶에서 일어난 고통스러운 일들, 파편들을 모아 예술가적 기교를 발휘해 마치 장작에 불을 붙이듯 진실을 드러내는 이야기를 만들어냅니다. 예수는 우리에게 자신의 영을 불어넣어 사랑으로 자신을 내어주는 삶으로 초대함으로써 우리를 변화시켜 부활의 징표로 삼습니다.

　이것은 단지 시작에 불과합니다. 예수는 자신의 죽음과 부활을 통해 제자들이 아버지의 사랑을 맛보게 했습니다. 그는 제자들을 용서함으로써 그들이 더는 죽음의 두려움에 사로잡히지 않게 새로운 생명으로 그들을 가득 채웠습니다. 그리고 그들에게 성령을 보냄으로써 제자들이 단순히 자신의 가르침을 표현하는 집단이 아닌, 자신과 아버지의 관계를 드러내는 공동체를 세우도록 했습니다. 당시 사람들이 '함께' 식사를 나눌 때 흔히 먹고 마셨던 빵과 포도주를 취해 자신을 전달하는 수단으로 삼았듯 ("받아먹어라. 이것은 너희를 위하여 주는 내 몸이니 …") 예수는 평범한 사람들을 제자로 삼아 아버지와 자신의 관계를 구체적으로 표현하게 했습니다.

　교회는 그리스도의 삶이 지닌 두 가지 근본적인 특징을 실현하기 위해 부름받았습니다. 첫 번째 특징은 아버지에게 자신의 정체, 인격을 받는 것이고 두 번째 특징은 자신을 성부에게 바치는 것입니다. 이 두 가지 특징을 실현하는 가운데 성령은 위로를 주기 위해 교회에 임하지 않습니다. 성령은 성부와 그리스도가 사랑으로 친교를 나누게 하는 실질적인 힘이며 이와 동일한 힘을 교회에 불어넣습니다. 그리하여 교회가 이 세상 사람들을 친교에 참여하는 인격체들로 거듭나게 하고 신뢰와 기쁨으로 자신을 포함한 모든 피조물과 이 세상을 하느님께 되돌려 드릴 수 있게 합니다.

교회에서 거행하는 성사들의 핵심에는 이 두 가지 특징이 흐르고 있습니다. 세례의 순간baptismal moment, 피조물인 우리는 그리스도의 죽음과 부활에 참여함으로써 과거의 우리에서 벗어나 새로운 인격체로 태어납니다. 성찬의 순간eucharistic moment, 교회는 하느님의 창조 활동을 '인격화'해 만물을 그리스도의 자기를 내어주는 사랑의 활동으로 끌어안아 세계와 만물을 하느님과 친교를 나누는 상태로 회복시킵니다. 세례에서 성찬례에 이르는 순례의 여정을 끊임없이 이어감으로써 교회는 성령이 소유에서 선물로, 무언가를 조정하고 비축해두려는 욕망에서 자유롭게 사랑을 흐르게 하려는 갈망으로 우리의 삶, 우리가 만든 세상을 변화시켜 나가는 장이 됩니다.

한 아이의 생일을 축하하는 잔치가 열렸다고 생각해 봅시다. 생일잔치 때 흔히 하는 놀이 중 하나로, 잔치에 온 아이들 한 사람 한 사람마다 퍼즐 한 조각을 쥐여주고 큰 그림을 완성하게 하는 활동이 있습니다. 부모는 이 놀이를 하면서 아이들이 협력해 아름다운 그림을 완성하기 바라겠지만, 현실은 부모의 기대와는 한참 어긋나기 마련입니다. 아이들은 퍼즐 전체를 맞추려 하기보다는 자신이 가진 퍼즐 한 조각이 다른 아이가 가진 퍼즐 조각보다 큰지, 더 멋있는지에 관심을 기울입니다. 급기야는 힘 있는 아이가 약한 아이에게 겁을 주어 퍼즐 조각을 빼앗기도 하고 그럴싸해 보이는 퍼즐 조각을 두고 싸움이 일어나기도 합니다. 내 퍼즐 조각을 빼앗길지도 모른다는 불안, 두려움, 다른 아이의 퍼즐 조각을 빼앗아야겠다는 소유욕이 '잔치 자리'를 아수라장으로 만듭니다. 이 아수라장을 '잔치 자리'로 회복하기 위해서 부모가 해야 할 일은 '생일잔치에 참여하는 손님'이라는 본래의 목적에 걸맞은 정체성(이 혼란의 도가니에서는 새로운 정체성)을 입힐 수 있는 선물을 건네는 것입니다. 보통 이 경우 부모들은 아이들에게 생일 케이크를 잘라 골고루 나누어주면서(이때 부모는 모든 아이가 먹고도 남을 정도로 케이크를 충분히 준비해야 합니다) 탁자 위에 퍼즐 조각을 내려놓으라고 권유합니다(케이크를 주면서 부모는 아이들이 퍼즐을 맞출 수 있도록 돕습니다). 아이들은 서서히 포악하게 움켜쥐고 있던 퍼즐 조각을 탁자 위에 내려놓고 케이크를 먹기 시작합니다. 모든 아이가 케이크를 즐기게 되면서 퍼즐은 하나의 그림으로 완성되고 그 모임은 '생일잔치'라는 본래의 목적을 회복합니다.

하느님께서 당신의 친교에 참여하도록 창조하신 우리, 그리고 이 세계는 그 영광스러운 역할을 이행하지 못한 채 망가지고 산산조각 났습니다. 생일잔치에 초대받았으나 퍼즐을 소유하려 안달복달하는 아이처럼 우리는 산산조각이 된 피조물들을 움켜쥐고 타인에게서 강탈하고 비축해 놓은 뒤 고립되어 불안과 두려움을 느낍니다. 이렇게 고립 속에 움켜쥐고 있는 한 우리는 각 피조물의 의미, 그리고 우리의 의미를 절대로 헤아릴 수 없습니다. 예수는 이러한 혼돈에 들어와 (부모가 생일케이크를 건넴으로써 아이들에게 자신들의 정체성을 상기시키듯) 삼위일체 하느님의 친교라는 영원한 잔치에 우리를 초대함으로써 우리의 인격성을 회복시킵니다. 우리 스스로 만든 혼돈에서 그리스도께서는 우리를 끌어내어 새로운 관계를 맺게 하심으로써 우리는, 그리고 우리와 함께 고립되었던 피조물은 자유롭게 됩니다. 그분은 이 모두를 하느님의 풍요로운 삶을 드러내는 그림, 성화icon로 삼아 아버지께 돌려드립니다.

성공회 사제이자 물리학자인 존 폴킹혼John Polkinghorne은 이러한 거대한 비전이 결코 비현실적이지 않다고 말합니다. 분명 현재까지 이 세계의 모든 생명체는 진화를 위한 투쟁으로 얼룩져 있음을 그는 인정합니다. '나'를 형성하기 위해, '나'의 생존을 위해 모든 생명체는 고통을 겪고 서로 고립되어 있습니다. 하지만 하느님께서 세계, 피조물과 우리 사이에서 일어나는 상호작용의 형태를 새롭게 하신다면 어떨까요?

새로운 창조는 세계가 자유롭게 창조주와 새롭고 좀 더 친밀한 관계를 맺음으로써 변화되는 것을 뜻합니다. 하느님께서는 이 세계와 더 풍요롭게 관계 맺으심으로써 세계 전체, 모든 피조물을 거룩하게 만드십니다. 이러한 과정은 고통으로부터 세계와 피조물을 자유롭게 합니다. 지금까지는 하느님께서 만드신 자연법칙을 따라 세계는 자신을 스스로 만듦으로써 고통을 겪었으나 이제는 하느님과 함께함으로써, 자유롭게 그분에게 돌아옴으로써 이에 걸맞게 '물질'을 새롭게 구성할 것이기 때문입니다.[6]

세계는 그리스도와 성부의 친교를 따르는 형태로, 즉 소유, 폭력, 고립이 아니라 신뢰, 자신을 내어줌, 사랑의 관계로 나아가고 있습니다. 폴킹혼은 이러한 변화가 개인의 차원, 사회의 차원뿐만 아니라 물질의 차원에서도 이루어질 수 있다고 말합니다. 이러한 변화가 교회에서 '이미' 시작되었다고, 그리스도교인은 믿습니다. 다시 말해 교회는 성령의 인도를 받아 세계와 모든 피조물을 그리스도와 성부의 관계로 이끕니다. 삼위일체 하느님의 삶은 세계와 모든 피조물이 새로운 흐름에 변화됨으로써 빛을 발하기 시작합니다. 예수의 변모 사건transfiguration은 장차 도래할 세계가 어떠한 모습일지를 보여줍니다. 이 변모는 부활에 앞서 하느님께서 일으키시는 변화가 어떠한지를 보여주는 사건입니다. 그의 변모를 통해 나타난 하느님의 무한한 나눔은 우리가 사는 세상에 빛을 비추고 불타오르게 합니다. 이 빛으로 밝혀진, 불타오르는 세상은 점점 더 하느님을 향해 자신을 열게 됩니다.

복음서에 나오는 변모 이야기는 두 가지 특징을 보입니다. 첫

---

[6]   John Polkinghorne, *The Faith of a Physicist: Reflections of a Bottom-Up Thinker*, The Gifford Lectures, 1993~94 (Minneapolis: Fortress Press, 1996), 167.

번째로, 복음서 저자들은 예수의 공적인 활동이라는 맥락에서, 즉 그가 예루살렘으로 들어가 자신의 사명을 완수하기 전에 이 사건을 배치했습니다. 두 번째로, 복음서 저자들은 이 사건을 통해 새로운 피조물로의 변화, 변모는 우리의 물질성이 사라지는 형태가 아니라 이 세상에서 하느님의 삶을 반영해 빛을 발하는 형태가 되는 것임을 암시합니다. 예수의 변모를 통해 우리는 우리의 변모, 인격적 갱신 또한 그리스도를 통해 하느님께서 자유롭게 내어주신 인격을 받음으로써 우리 본연의 사명을 다할 수 있게 되는 것임을 알 수 있습니다. 물질을 창조하신 분에게 물질을 다루는 것은 그리 어려운 일이 아닙니다. 복음서 속 변모 이야기에서 인간 예수를 이루는 물질은 자기를 내어주는 예수의 삶에 부합하는 방식으로 변화합니다. 그렇게 물질은 영광스러운 하느님께서 임하실 때 자신을 열고 그 결과 새로운 의미를 획득합니다.

인간 존재로서 예수는 더는 자신의 생존에 집착하는 완고한 세상, 그 세상 질서에 종속되지 않습니다. 예수가 이 세상과 그 세상의 질서를 거슬러 하느님과 관계를 맺는 인격체로 온전히 살아냄으로써 그의 육신, 즉 그의 인간성은 자기를 내어주는 삶이 자아내는 빛을 이 세상에 비추는 성사가 됩니다. 인간 존재로서 예수는 이제 단순한 '한 사람'으로 동결되지 않습니다. 인간 존재로서 예수가 갖고 있는 잠재성이 구체화할 때 이 세상의 두려움은 더는 그를 가로막지 못합니다. 예수를 통해 인간 존재는 인격을 갖게 되어 자유롭게 사랑을 내어주는 존재라는 의미를 획득하게 됩니다. 늦은 가을, 흐린 날 단풍나무를 보면 매우 음산해 보이지만, 구름 사이로 햇빛이 들어와 단풍나무를 비추면 잎들은 생기를 얻으며 빛이 없을 때는 상상할 수 없는 붉은 빛으로 빛납니다. 이 땅에서 예수의 삶은 바로 이 빛나는 단풍잎과 같습니다. 그의 인간성은 영광스러운 하느님께서 자신을 내어주심으로써 일어나는 환한 빛을 받아 생동감 있게 이 세상에 빛을 퍼뜨립니다.

예수의 삶이 이러한 변모를 극적으로 묘사한다면, 이를 우리 삶에 되새긴다면 우리는 우리 삶에서도 이러한 변모가 일어나는 것을 볼 수 있습니다. 우리는 종종 자신의 재능, 하느님께 받은 선물을 그리스도의 부름을 따라 자유롭게 쓰는 사람을 보곤 합니다. 이때 그는 이 세상에서 자신의 사명을 분명하게 자각함으로써 자신의 모든 것을 그리스도의 죽음과 부활에 내던집니다. 이로써 그의 '자아'는 제대로 기능을 발휘하지 못한 상태에서 벗어나게 되거나, (방향이 엇나갔다면) 제대로 된 방향을 찾게 됩니다. 그렇게 그는 하느님께서 그를 향해 바라던 바를 실현해 나갑니다. 그는 세례를 받음으로써 하나의 인격체로 성장합니다. 그리고 이 새로운 정체성을 가진 채 다른 그리스도교인과 협력하고 자신의 재능을 십분 발휘함으로써 그의 삶은 이전보다 한결 더 풍요로워지고 깊어집니다. 그는 다른 그리스도교인들과 함께 세상을 하느님에게로 인도하며 하느님의 성체라는 본연의 모습을 회복시킴으로써 세상을 이루는 물질, 세상에 속한 피조물들이 새로운 의미를 얻게 합니다. 인격화된 세상은 이러한 방식으로 하느님과 친교를 맺습니다. 이러한 맥락에서 성찬은 어떤 상징적인 의례가 아닙니다. 성찬례는 그 자체로 무언가를 이루는 사건, 성령의 능력으로 세상과 온 피조물이 하느님과 친교를 나누는 순간이라 할 수 있습니다.

허버트 매케이브는 이와 관련해 매우 인상적인 글을 남긴 바 있습니다.[7] 여기서는 그의 글을 제 나름대로 풀어서 옮기도록 하겠습니다. 그에 따르면 삼위일체 하느님께서는 당신의 거룩한 친교에 참여시키기 위해 세계와 만물을 창조하셨습니다. 이 하느님의 친교는 앞에서 살펴보았듯 우리 세상, 그리고 우리 삶과 무관하게 이루어지지 않습니다. 그렇기에 지금 이 순간에도 하느님께서는 당신께서 이루시는 친교를 바로 지금, 여기서 우리와 나누고 계십니다. 예수는 우리 가운데 자신이 성부께 받은 사랑을 내어줍니다. 이 부서지고 폭력적인 구조에서 예수는 인간들 간의 새로운 소통을, 교류를 가능케 하는 수단으로 자신을 내어줍니다. 예수는 자신과 성부가 맺은 친교의 삶, 성령이라고 부르는 생명을 우리 손에 건넵니다. 그렇게 그는 우리가 죄, 죽음, 두려움, 폭력, 억압, 모멸감에서 해방되어 평화로운 화합과 신뢰의 삶을 살도록 우리를 초대합니다. 세상은 예수가 보여준 우애

---

[7] Herbert McCabe, *God Matters*, 123~129, 153~154를 보십시오.

를 없애기 위해 그를 죽음으로 몰아넣고 그가 보여준 것이 하느님에 반하는 사악한 신성 모독이라고 비난합니다. 하지만 부활은 예수가 드러낸 삶이 신성 모독은커녕 인간이라는 조건 안에서 표현된 하느님의 자신을 내어주시는 삶임을, 성부의 뜻을 따라 점점 더 온전히, 그리하여 더 생명력을 발휘해 죽음까지 끌어안는 삶임을 보여줍니다.

예수의 부활과 성령의 능력으로 교회가 형성되었다는 것을 염두에 둔다면 우리는 교회가 세상에 뿌리내리게 됨으로써 이루어지는 친교의 삶이 어떤 것인지도 가늠해 볼 수 있습니다. 달리 말해 예수 그리스도의 몸으로서 교회가 인종, 국가, 기타 등등 모든 경계를 넘어 형성되고 있다는 사실을 통해 우리는 이 세상, 이 세상 질서가 하느님의 삶으로 들어와 어떻게 새롭게 거듭나는지를 볼 수 있습니다. 그리스도의 사랑은 이 세상의 습관, 질서를 끌어안아 이들을 떠받치던 두려움과 지배를 연대와 서로에 대한 격려로 바꿉니다. 이를 따라서 세상의 습관, 질서는 조정됩니다. 그렇게 거듭난 세상은 비현실적이지 않으며, 덜 현실적이지도 않습니다. 그 세상은 훨씬 더 온전한 의미에서의 세상이, 하느님의 친교에 우리가 참여할 수 있게 해주는 터전이 됩니다.

이는 교회에서 이루어지는 성찬례가 확장되는 것으로도 볼 수 있습니다. 물리적인 차원에서 제대 위에 있는 것은 두 가지 화학 물질입니다. 하지만 이 화학 물질들이 인간의 삶에 들어와 일정한 수단으로 취해질 때, 음식 혹은 친구들과 함께 나누는 식사로 취해질 때 이들은 인간 사이에서 중요한 소통의 매개 역할을 합니다. 예수가 인간 사이에 소통의 매개로 다름 아닌 자신을 내놓았을 때 그는 빵과 포도주를 능가하는 온전한 음식과 음료가 되며 이로써 우리는 좀 더 온전하게 삶을 나눌 수 있게 됩니다. 이러한 까닭에 요한 복음서에서 예수는 자신을 천국에서 내려온 진정한 빵이라고 말합니다.

> 그는 우리가 서로를 더 진실하게 만게 하고, 서로 더 투명하게 소통하게 하는 진정한 매개이다. 그렇기에 그는 빵과 포도주가 될 수 있는 것보다 더 강렬한 음식, 강렬한 음료가 된다.[8]

그는 이 세상의 것들을 취해 자신의 삶에 가져와 그것들을 자신의 생명을 전하는 매개로 만들었습니다. 이를 사회적인 차원으로 연결해 보자면 그는 우리의 문화적 '요소'들, 사회적 '요소'들을 교회를 통해 자신의 것으로 취해 그것들을 삼위일체적 삶을 반영하는 문화, 사회로 새롭게 빚어냅니다.

예수가 자신을 전달하는 매개라 할지라도 제대 위에 있는 빵과 포도주가 누군가의 눈에는 평범하기 그지없는 빵과 포도주로 보일 수 있듯, 교회 또한 여타 다른 집단과 다를 바 없는 집단, 혹은 사회로 보일 수 있습니다(때로는 절망감이 들 정도로 그렇습니

---

[8] Herbert McCabe, *God Matters*, 127.

다). 성찬례가 그리스도께서 자신을 내어주는 삶을 가리키는 성사이듯 교회는 삼위일체 하느님의 삶을 본받는 공동체를 가리키는 성사입니다. 성사는 그 자체로 우리가 하느님과 온전한 일치를 이루지 못했음을 상기시킵니다. 궁극적으로 성찬례와 교회는 하느님께서 '다가올 세상'에 관해 말씀하시기 위해 들어 쓰시는 '우리 세상'의 말과 사건입니다.

그러므로 우리는 우리의 성사적 삶이 그 자체로 절대적인 것처럼 가장해서는 안 됩니다. 그렇게 되면 우리는 또다시 우상숭배라는 심각한 위험에 빠지게 됩니다. 그리스도교 역사에서 교회는 자신이 다가오는 하느님 나라를 가리키는 신호라는 것을 잊고 그 나라 자체인 척할 때 몇 가지 치명적인 잘못을 저지르곤 했습니다.

진실로 오늘날에도 우리는 그리스도를 볼 수 있다. 하지만 오늘날 그분은 세상이 거부하고 거절하는 자로서 그렇게 현 세상의 정체를 드러내는 자로서 당신을 드러내신다. 가난한 이들, 괄시받는 이들, 이 사회의 무의미함, 비인간성, 온갖 모순을 그대로 노출 시키는 그런 사람들 사이에서 우리는 그리스도를 발견할 수 있다. 그러므로 그리스도께서 자신의 집처럼 편안함을 느끼실 곳은 결국 장차 올 그리스도 당신의 왕국뿐이다. 그때는 우리의 인간 존재가 그 자체로 하느님께서 물리적 삶으로 드러나실 때 이루어지는 사랑의 교류를 할 수 있으며 이를 온

전히 언어로 표현하는 것 또한 가능할 것이다.[9]

이는 요한의 첫째 편지에 있는 신비롭고도 놀라운 말씀이 가리키고자 하는 바와 유사해 보입니다.

> 사랑하는 여러분, 이제 우리는 하느님의 자녀입니다. 우리가
> 장차 어떻게 될지는 분명하지 않지만 그리스도께서 나타나시
> 면 우리도 그리스도와 같은 사람들이 되리라는 것을 우리는 알
> 고 있습니다. 그때에는 우리가 그리스도의 참모습을 뵙겠기 때
> 문입니다. (1요한 3:1)

하느님의 나라가 도래하면 우리는 하느님과 같이 될 것입니다. 그때에는 하느님의 삶이 온전히 우리의 삶을 이끌 것입니다. 그때에는 모든 피조물이 사랑을 나누어 삼위일체 하느님께서 나누시는 사랑, 성령에 온전히 참여하게 될 것입니다. 그때 성사들은 중단될 것입니다. 하느님의 친교가 모든 피조물을 통해서 끊임없이 그리고 완전하게 이루어질 것이기 때문입니다. 세계는 그 자체로 아버지가 사랑을 담아 아들에게 주는 선물이 될 것입니다. 그리고 아들은 이를 기뻐하며 성령을 통해 그 선물을 다시금 아버지께 바칠 것입니다.

---

9   Herbert McCabe, *God Matters*, 175.

참고 자료

　많은 사람이 신학을 전문적인 학문기관에서 나오는 사유로 간주하기 때문에 순전히 머리로만 접근하려는 유혹에 빠지기 쉽습니다. 물론 신학에 그러한 측면이 있음을 부정할 수는 없지만, 모든 신학은 최종적으로 교회가 고유한 방식으로 하느님과 만나는 것을 따르고 그 만남을 해석하는 데 초점을 맞추어야 합니다. 신학의 가장 기본적인, 그리고 가장 중요한 활동은 세례의 가치, 세례를 통해 우리가 만나게 되는 무언가, 하게 되는 무언가를 성찰하는 것입니다.

　그리스도교 신학사에는 신학과 영성, 기도와 이해를 분리하지 않고 긴밀하게 엮은 오랜 전통이 있습니다. 캔터베리의 안셀무스Anselm of Canterbury, 리보의 엘레드Aelred of Rievaulx, 노리치의 줄리안Julian of Norwich, 랜슬럿 앤드류스Lancelot Andrewes, 존 던John Donne, 조지 허버트George Herbert, 토머스 트라헌Thomas Traherne의 저작들을 살펴보기를 바랍니다. 이들의 저작들은 다양한 판본으로 나와 있어 손쉽게 구할 수 있습니다.

주목할 만한 근대 혹은 현대 신학자들과 저작

· John Henry Newman, *Selected Sermons, Prayers, and Devotions* (Vintage, 1999)
  이 선집에서 그는 기도와 전통적인 신앙의 고백, 개인의 신앙생
  활의 관계를 집중하여 다루고 있습니다.

· Evelyn Underhill, *School of Charity: Meditations on the Christian Creed*
  (Morehouse, 1991)
  그리스도교 신앙의 핵심을 바탕으로 기도하고자 하는 이의 관점
  에서 중요한 그리스도교 신조들을 살핀 아름다운 책입니다.

· Austin Farrer, *Essential Sermons*, edited by Leslie Houlden (Cowley, 1991)
  오스틴 패러의 모든 작품은 하느님의 비전을 갈망하는 지성의 탁
  월한 사례라 할 수 있습니다. 위의 책은 그의 신학 사상을 살필
  수 있게 해주는 좋은 입문서입니다.

· Michael Ramsey, *Believe is to Pray: Readings from Michael Ramsey*, edited by
  James E. Griffiss (Cowley, 1996)
  마이클 램지 대주교는 오늘날 신학과 영성이 함께 가야 함을 보
  여 준 대표적인 인물이며 그가 남긴 수많은 글은 다시금 진지하
  게 살펴볼 만한 가치가 있습니다.

이외에도 아래의 신학자들과 그들의 저작들을 살펴보기를 바랍니다.

· Mother Mary Clare, SLG, *Encountering the Depths* (Morehouse, 1981)
· A. M. Allchin, *Participation in God: A Forgotten Strand in Anglican Tradition*

(Morehouse, 1988)

· John Macquarrie, *Paths in Spirituality* (SCM, 1972)

· Andrew Louth, *Discerning the Mystery: An Essay on the Nature of Theology* (Oxford, 1983) 그리고 *Theology and Spirituality* (Cistercian, 1976)

· Kenneth Leech, *Experiencing God: Theology and Spirituality* (HarperCollins, 1985),『하나님 체험』(청림출판)

· Ellen Charry, *By the Renewing of Your Minds: The Pastoral Function of Christian Doctrine* (Oxford, 1997)

· Mark A. McIntosh, *Mystical Theology: The Integrity of Spirituality and Theology* (Blackwell, 1998),『신비주의 신학』(다산글방)

· Rowan Williams, *A Ray of Darkness: Semons and Reflections* (Cowley, 1995)

신학이란 무엇인지를 보여주는 책들

신학을 다룬 책들은 너무나 많습니다만 여기서는 통찰력 있고 명료하며 풍부한 영감을 주는 책들을 선별해 보았습니다.

· C. S. Lewis, *Mere Christianity* (HarperOne, 2015),『순전한 기독교』(홍성사)
그리스도교 신앙에 관해 가장 널리 알려진 변증서이자 가장 유익한 입문서입니다.

· Nicholas Lash, *Believing Three Ways in Ond God: A Reading of the Apostles' Creed* (University of Notre Dame Press, 1994)
루이스의 저작보다 좀 더 미묘하지만 그만큼 많은 도움을 주는 저작입니다.

· William Temple, *Christus Veritas* (Macmillan, 1924)
  그리스도교 신학이 얼마나 광범위한 문제를 다룰 수 있는지를
  보여주는 주목할 만한 저작입니다.

· Austin Farrer, *Saving Belief: A Discussion of Essentials* (Hodder&Stoughton,
  1964)
  오스틴 패러의 탁월한 지성이 돋보이는 저작입니다.

· John Polkinghorne, *Faith of a Physicist: Reflections of a Bottom-up Thinker*
  (Princeton University Press, 2014)
  현대 과학의 관점으로 신경을 살핀 저작입니다.

· Karl Barth, *Dogmatics in Outline* (Harper&Row, 1959), 『교의학 개요』
  (복 있는 사람)

· Richard A. Norris, *Understanding the Faith of the Church* (Seabury Press,
  1979)
  신경에 관한 탁월한 해설을 담고 있는 저작들입니다.

· Christos Yannaras, *Elements of Faith: An Introduction to Orthodox Theology*
  (T&T Clark, 1991)
  동방정교회의 관점으로 신경을 해설한 저작입니다.

· Elizabeth Johnson, *She Who Is: The Mystery of God in Feminist Theological*

Discourse (Crossroad, 1993), 『하느님의 백한번째 이름』(바오로딸)
그리스도교 신앙의 주요 내용을 여성신학의 관점으로 살핀 저
작입니다.

· Gareth Jones, *Christian Theology: A Brief Introduction* (Polity, 1999)
신학의 성격과 방법론을 살피기에 적절한 책입니다.

· Herbert McCabe, *God Matters* (Bloomsbury, 1999)
하느님에 관한 사유가 얼마나 지적으로 매력적인 활동인지를
보여주는 저작입니다.

· James Alison, *The Joy of Being Wrong: Original Sin through Easter Eyes*
(Crossroad Publishing, 1998)
부활의 관점으로 원죄를 살핀 신학적 인간학 저작으로 창의적
인 해석이 돋보입니다.

특정 교리들을 살피고 있는 저작들

각 교리의 고전적인 저작들과 중요 저작들을 열거하기란 지
면상 불가능한 일입니다. 여기에는 제가 속한 전통의 현대 신학
자들이 쓴 저작들을 추려보았습니다. 먼저 하느님의 본성에 관
해 주목할 만한 저작들은 아래와 같습니다.

· William Temple, *Nature, Man and God* (Macmillan, 1934)

- E. L. Mascall, *He Who is: A Study in Traditional Theism* (Longmans, 1943)

- Dorothy L. Sayers, *The Mind of the Maker* (Harper&Row, 1979), 『창조자의 정신』(IVP)

삼위일체 신학에 관해서는 다음의 저작을 살펴보십시오.

- David S. Cunningham, *These Three Are One: The Practice of Trinitarian Theology the Practice of Trinitarian Theology* (Blackwell, 1998)

그리스도교와 다른 세계종교와의 대화에 관련해서는 키스 워드 Keith Ward의 저작이 주목할 만 합니다.

- Keith Ward, *Religion and Human Nature* (Clarendon Press, 1998)

인간론에 관해서는 다음의 저작을 살펴보십시오.

- David E. Jenkins, *The glory of man* (SCM Press, 1967)

성육신과 구원에 관한 통찰력 있는 견해들을 살펴볼 수 있는 저작들은 아래와 같습니다.

- Frank Weston, *The One Christ, an Enquiry Into the Manner of the Incarnation* (Longmans, 1914)

- R. C. Moberly, *Atonement and Personality* (BiblioBazaar, 2009)

- L. S. Thornton, *The Incarnate Lord* (Longmans, 1928)

- Rowan Williams, *Resurrection: Interpreting the Easter Gospel* (Darton, Longman and Todd, 2002)

- Arthur A. Vogel, *Radical Christianity and the Flesh of Jesus* (Darton, Longman & Todd, 1996)

- John Macquarrie, *Christology Revisited* (SCM, 2013)

성서해석과 그리스도의 의미에 관한 책으로는 한스 프라이의 저작들을 추천합니다.

- Hans Frei, *The Eclipse of the Biblical Narrative* (Yale, 1974)

- Hans Frei, *The Identity of Jesus Christ* (Cascade Books, 2013)

- Hans Frei, *Theology and Narrative: Selected Essays* (Oxford University Press, 1993)

교회론 및 교회와 역사와 문화의 관계에 관해서는 아래의 저작들을 참조하십시오.

- Michael Ramsey, *The Gospel and the Catholic Church* (Hendrickson, 2009)

- Ephraim Radner, *The End of the Church: A Pneumatology of Christian Division in the West* (Eerdmans, 1998)

- Kathryn Tanner, *Theories of culture: A New Agenda for Theology* (Augsburg Fortress, 1997)

그리스도교인의 삶의 목적을 제시한 책으로는 아래와 같은 책들이 있습니다.

- Kenneth Kirk, *The Vision of God: Christian Doctrine of the 'Summum Bonum'* (James Clarke and Co, 1990)

- A. N. Williams, *The Ground of Union: Deification in Aquinas and Palamas* (Oxford University Press, 1999)

탈근대주의와 진지한 대화를 주고 받은 그리스도교 신학 저작은
아래와 같습니다.

- John Milbank, *Radical Orthodoxy: New Theology* (Routledge, 1999)

- John Milbank, *The Word Made Strange: Theology, Language, Culture*
  (BlackWell, 1997)

- Catherien Pinckstock, *After Writing: On the Liturgical Consummation of
  Philosophy* (BlackWell, 1998)

신앙의 논리
- 그리스도교 신학의 넓이와 깊이

초판 발행 | 2019년 3월 1일

지은이 | 마크 A. 매킨토시
옮긴이 | 안에스더

발행처 | ㈜타임교육
발행인 | 이길호
편집인 | 김경문
편 집 | 민경찬 · 양지우
검 토 | 손승우 · 정다운
제 작 | 김진식 · 김진현
재 무 | 강상원 · 이남구 · 진제성
마케팅 | 이태훈 · 방현철
디자인 | 손승우

출판등록 | 2009년 3월 4일 제322-2009-000050호
주 소 | 서울시 성동구 성수동2가 281-4 푸조비즈타워 5층
주문전화 | 010-9217-4313
팩 스 | 02-395-0251
이메일 | innuender@gmail.com

ISBN | 978-89-286-4522-0 04230
ISBN(세트) | 978-89-286-3798-0 04230
한국어판 저작권 ⓒ 2019 ㈜타임교육

* 이 책이 출판될 수 있도록 후원해주신
  비아·성공회 독서운동 후원자분들께 감사를 드립니다.
* 값은 뒤표지에 있습니다. 잘못된 책은 구입하신 곳에서 바꾸어 드립니다.
* 비아는 (주)타임교육의 단행본 출판 브랜드입니다.